CORPVS SCRIPTORVM ECCLESIASTICORVM LATINORVM

EDITVM CONSILIO ET IMPENSIS'

ACADEMIAE LITTERARVM CAESAREAE VINDOBONENSIS

VOL. XXXVI

SANCTI AVRELI AVGVSTINI

OPERA (SECT. I PARS 2):

RETRACTATIONVM LIBRI DVO

EX RECENSIONE

PII KNÖLL

VINDOBONAE
F. TEMPSKY

LIPSIAE
G. FREYTAG

MDCCCCII.

SANCTI
AVRELI AVGVSTINI
RETRACTATIONVM
LIBRI DVO

RECENSVIT

ET

COMMENTARIO CRITICO INSTRVXIT

PIVS KNÖLL

VINDOBONAE
F. TEMPSKY

LIPSIAE
G. FREYTAG

MDCCCCII.

JOHNSON REPRINT CORPORATION
NEW YORK and LONDON

First reprinting, 1963, Johnson Reprint Corporation

Printed in Germany

Lessing-Druckerei Wiesbaden

INDEX SIGLORVM.

B = codex Bambergensis B III, 16. X—XI s.
C = codex Corbeiensis, nunc Petropolitanus n. 199. VIII s.
D = codex Bononiensis n. 44. VIIII s.
E = codex Parisinus n. 11104. XII s.
F = codex Wirceburgensis th. f. 125. XII s.
G = codex Sangallensis n. 153. VIIII s.
H = codex Wirceburgensis th. f. 40. VIIII s.
M = codex Monacensis n. 8107. VIIII s.
N = codex Parisinus n. 12225. XII s.
O = codex Parisinus n. 12160. XII s.
P = codex Parisinus n. 1905. X s.
Q = codex Parisinus n. 2693. XII s.
R = codex Vindobonensis lat. n. 1077. XII s.
S = codex Sessorianus n. 38. VIIII s.
V = codex Vercellensis n. CLXXXIII, 3. VIII—VIIII s.
W = codex Vindobonensis lat. n. 651. XII s.
cet. = ceteri codices.
a = editio Amerbachiana.
l = editio theologorum Louaniensium.
m = editio Maurina.
v = consensus editionum.

S. AVRELI AVGVSTINI

RETRACTATIONVM

LIBRI DVO

PRAEFATIO.

S. Aurelius Augustinus cum sub finem uitae laboris et contentionis plenae annum aetatis fere septuagesimum quartum agens a. 427 libros, quos inde ab ineunte adulescentia scripserat, praeter epistulas et sermones recognoscere aggrederetur, primum id egit, ut exponeret, quo temporum ordine quibusque de causis unusquisque ortus esset, tum autem, ut eas sententias, quibus haeretici, imprimis Pelagiani, ad defendendam haeresem suam abuti possent, uel explicando uel corrigendo subdolae eorum et maliuolae interpretationi extorqueret. quo factum est, ut prioribus opusculis eius duo libri accederent, quas ipse Retractationes nuncupasse uidetur. quarum editionem cum mihi Academia litterarum Vindobonensis iniunxisset, ante omnia elaboraui, ut quotquot indagare potui codices conferrem uel conferendos curarem, quorum subsidio adiutus laborem subirem.

Libri manuscripti, quibus Retractationes traditae sunt, in duas familias discedunt. alterius familiae et aetate et uirtute
principem locum obtinet codex Petropolitanus[1]) n. 199. C
L. Otd. 1 membranaceus, 0·27 m altus, 0·17 m latus, VIII s. litteris, quae langobardicae uocantur, exaratus. specimen scripturae simillimum est apud Arndt *Schrifttafeln vol. I tab. VI ed. 3.* liber olim monasterii s. Petri Corbeiensis erat, ubi etiam scriptus esse uidetur. unde circa annum 1638 propter turbas bellicas in monasterium sancti Germani a Pratis Parisios cum aliis pretiosis manuscriptis translatus est, id quod pluribus Leopoldus Delisle in opere,

[1]) Agit de codice Gillert *N. Archiv der Gesellschaft für ältere deutsche Geschichtskunde V. (1880.)*

cui inscribitur: *Le Cabinet des manuscrits II, p. 137 sq.* narrauit. num Montfaucon eum a. 1677 ibi uiderit, incertum est. nam duo Retractationum codices, quos in *Bibliotheca bibliothecarum II, p. 1126* sub n. 200 et 224 laudat, a nostro diuersi esse uidentur. ex monasterio Sangermanensi anno 1791 furto ablatus in possessionem Petri Dubrowsky, a secretis legati Rossici, transiit, qui eum cum compluribus aliis uetustis manuscriptis in patriam suam transportatum imperatori donauit: nunc autem in bibliotheca caesarea asseruatur. qua de re uide sis L. Delisle l. l. *II p. 52 et 55*, ubi sub catalogi recentioris numero 737 „*Augustini retractationum libros duos VIIIe s. Écriture lombardique*" laudat. liber 65 foliorum Retractationes praemissis capitulis et prologo inde a fol. 1^u ad fol. 64^u continet; tria folia membranacea in fronte libri uacua relicta sunt. quaterniones notati sunt in calce folii 7^u littera *a*, in fol. 15^u littera *b*, in fol. 23^u et 31^u litteris *c* et *d*; sequitur semiquaternio, qui notatus est littera *e* in fol. 35^u, quem quaterniones litteris *f*, *g*, *h* in fol. 43^u, 51^u, 59^u notati excipiunt. singulae paginae tricenis uersibus constant; numerus autem litterarum uersuum singulorum non idem est, cum litterae magnitudine inter se differant; nam librarius in foll. 24^r sqq. et in foll. 52^r sqq. litteris aliquanto maioribus et crassioribus, uerbis magis diductis quam in priore libri parte usus est. dubitandum tamen non esse uidetur, quin totus ab una eademque manu scriptus sit. in fronte prioris tegumenti haec uerba inauratis litteris impressa leguntur: *AUGUSTINI | RETRACTATIONES | MANUSCRIPTVM | LONGOBARDICIS | LITTERIS | SAECULI | OCTAVI.* in dorso alterius tegumenti nomen Petri Dubrowsky item inauratis litteris impressum est: *EX MUSEO | PETRI | DUBROWSKY.* in margine summo folii 1^r uacui *C* littera scripta est, cui addidit manus XV fere saeculi: *Corbeiensis | Monast̄.* paulo inferius a manu XVII, ut uidetur, saeculi, fortasse ab ipsis Maurinis, adnotatum est: *Hic continentur | Retractationum S. Augustini | Libri duo.* haud multo inferius manus XIII uel XIIII saeculi scripsit: *Retractacionū augustini lib^i. I·I· Liber sc̄i pet^i* *corbeie.* alius autem scriba fortasse stili probandi causa haec ascripsit: **rimo tempore alleuiata ē t̄ra zabulon,* quod est initium capitis VII uersus 1 Esaiae prophetae secundum uulgatam uersionem. in folii 1ᵘ margine summo iterata est manu Maurinorum inscriptio: *Retractationum S. Augustini | Libri duo;* deinde iam capitula librorum enarrantur.

In calce autem libri, fol. 65ᵘ, scriptae leguntur litterae *OTD 1,* quas sequitur nota bibliographica lingua et litteris Rossicis conscripta. infra haec uerba a m. XII uel XIII s. scripta sunt: *liber sancti petri corbeie qui furatus fuerit | anathema sit* ||. *Celestinus eps seruus seruorum dei dilecto filio suo abbi Corbeien | Salt et aplicam benedictioem. Ad audientiam apostolatus un*[1]) | et post spatium uacuum trium uersuum eadem manus hunc uersiculum addidit: *Cum p tres casus neutrū genus optineat plus.*

Librarius uerba atramento pallido scriptura langobardica exarauit, inscriptiones autem capitum, imprimis initio libri fere ubique litteris uncialibus ita scripsit, ut primum quemque uersum minio pictum alter sequatur, qui uiridi colore illitus est, tertius rursus rubricatus sit atque ita ceteri deinceps. nonnusquam autem, maxime sub finem libri (uelut in cap. II. 27. 33. 35. 36. 37. 38—41. 77 sqq.) prima uel ultima uerba capitum miniatis uel uiridibus litteris uncialibus sunt depicta. cum tituli ipsi capitum litteris langobardicis minusculis atramento nigro scripti sint.

Tres autem emendatores liber, postquam exaratus est, passus esse uidetur. atque primus quidem aetate librarii atramento eodem pallenti pauca quaedam menda ad exemplar eiusdem libri, unde C descriptus est, sustulisse censendus est, cum lapsus nonnullos calami corrigeret uel dittographias deleret. non ita uerecunde rem gessit alter, qui uno fere saeculo post nigro atramento uerba emendauit; iste enim adeo sibi non temperauit, ut, si codex C nunc speciem interpolatissimi libri

[1]) Gillert l. l. per errorem *alberti* pro *abbi* (= *abbati*) et *nostri* pro *un* legit.

prae se fert, istius potissimum culpa factum esse censendum sit. nam iste non solum leuiuscula quaedam corrigebat, cum euanidas litteras primarias atramento suo obducens redintegrabat, uel pro minusculis maiusculas litteras inserebat (uelut *Itemque* pro *itemque* p. 13, 4 scribens) uel compendia quaedam scripturae in textu aut in margine soluebat (uelut pro *sps* scribens *spiritus*) uel cum peculiarem librarii orthographiam mutabat (uelut *e* pro *i*, *i* pro *e*, *o* pro *u*, *u* pro *o* substituens); multo autem magis deplorandum est, quod iste corrector ex alio alterius familiae exemplari uerbis librarii aut expunctis aut rasura deletis scripturas istius libri aut supra uersus aut in lituris ascripsit. plerumque quidem corrector iste uerbis a librario exaratis uerecunde pepercit; nonnumquam uero ita radicitus primariam scripturam deleuit, ut, nisi alius eiusdem familiae codex scripturam primae manus seruasset, prorsus ignoraremus, quid primitus in C scriptum esset; uelut uerba I, 12, 2 (p. 58, 4) *euanescamus*, I, 12, 9 (p. 62, 12) *transeuntium*, I, 14, 11 (p. 80, 16) *sanata*, II, 66, 1 (p. 178, 16) *uno die* partim uel tota a manu istius correctoris scripta sunt; primarias uero scripturas fuisse *uane sciamus, transeuntem, ista, num idie* scripturae libri D testantur. has autem alterius manus interpolationes tertius corrector rectissimo iudicio usus delendas scripturasque primarias restituendas esse censuit.

Peculiari autem scriptura in rebus orthographicis, sicut iam supra dixi, librarius usus est. saepe enim scripsit:

e pro *i*: uelut *legeret* (p. 10, 9), *possedeamus* (p. 15, 13), *condedit* (p. 16, 8), *uero* (p. 18, 12), *accepi* (p. 88, 16), *relegio* (p. 67, 17), *siue* pro *sibi* (p. 51, 1)

e pro *oe*: *pena, penalis* (p. 73, 9)

ae pro *e*: *adsiduae* (p. 14, 13), *praesentae* (p. 141, 14), *trinitatae* (p. 147, 6)

i pro *a*: *quintum* (p. 201, 5), *miximinus* (p. 179, 1), *acipite* pro *a capite* (p. 148, 1), *mendicio* (p. 129, 16)

i pro *e*: *uiro* (p. 8, 13), *cathecuminus* (p. 10, 1), *proibit* et *debit* (p. 12, 5, 12), *placit* (p. 16, 13)

i pro *o*: *silito* (p. 181, 3)

i pro *y*: *phitonissa* (p. 133, 11), *presbiteri* (p. 183, 10), *porfirio* (p. 168, 7)

i uel *hi* protheticum superflue addidit: *iscisma* et *hiscismaticus* (p. 162, 13, 174, 3)

hi omisit: *spani* pro *hispani* (p. 138, 10)

u pro *o*: *censurio* (p. 7, 6), *ignuscatur* (p. 10, 5), *reculo* (p. 14, 11), *contruuersia* (p. 16, 2), *sula* (p. 114, 6), *romanus* (p. 114, 4), *geneseus* (p. 49, 7), *propusuit* (p. 168, 5), *lutum* (p. 193, 4)

u pro *e*: *utilitur* (p. 68, 9), *diligentur* (p. 175, 17)

u omisit: *alid* pro *aliud* (p. 120, 5)

u pro *b*: *deuerem* (p. 18, 13), *corruptiuilia* (p. 24, 9), *concuuitu* (p. 193, 3)

o pro *u*: *lectoris* (p. 10, 6), *opuscola* (p. 10, 9), *noncupabant* (p. 17, 6), *poniuntur* (p. 117, 15), *docebant* (p, 194, 15)

o pro *um*: *saeculario* (p. 10, 2), *caelo* (p. 15, 10)

o et *u* promiscue adhibuit: *epistola* (p. 111, 3) et *epistula* (p. 114, 2)

y pro *oe*: *proymium* (p. 97, 1. 3)

b pro *u*: *ebitata* (p. 23, 11), *brebem* (p. 198, 13), *brebiter* (p. 177, 16), *brebicolo* (p. 166, 7)

c pro *t*: *iusticiae* (p. 113, 5), *exposicio* (p. 114, 2), *inicio* (p. 114, 7), *tercia* (p. 116, 6)

c pro *g*: *concruentissime* (p. 33, 12 cf. p. 34, 1), *docma* (p. 201, 2)

c pro *ch*: *pulcritudinis* (p. 15, 2)

ch pro *c*: *achademicis* (p. 11, 3)

c pro *qu*: *corum* (p. 25, 3), *alico* (p. 97, 3), *corundam* (p. 169, 18), *comodo* (p. 179, 9)

d pro *t*: *inquid* (p. 8, 17), *adque* (p. 9, 8), *idemque* (p. 26, 2), *pertinead* (p. 115, 3)

d omisit: *rearguendum* (p. 197, 14. 198, 17. 201, 1)

f pro *ph*: *fariseorum* (p. 90, 15. 19. 20), *metafora* (p. 141, 1), *porfyrio* (p. 168, 7. 8)

pro *p*: *ficturam* (p. 201, 11)

g pro *i*: *degerare* (p. 16, 13), *egecit* (p. 61, 12)

g pro *c*: *grega* (p. 152, 4. 170, 3)
gh pro *g*: *paghanus* (p. 117, 4. cf. 181, 2)
h omisit: *ac* (p. 8, 2), *proibent* (p. 11, 9), *aborret* (p. 112, 17), *exortans* (p. 143, 9)
h abunde addidit: *hac* (p. 195, 11), *habundauerit* (p. 90, 14), *hid* (p. 33, 12. 14), *hieronia* (p. 17, 14)
h transposuit: *cathecuminus* (p. 10, 1), *cathecizandis* (p. 3, 8. 146, 14), *rethorica* (p. 28, 5), *phitonissa* (p. 133, 11), *anthiociam* (p. 59, 18)
ll pro *l*: *uellemus* pro *uelimus* (p. 20, 14), *contulli* (p. 168, 9), *retulli* (p. 36, 10), *hillarum* (p. 144, 2. 10), *assollet* (p. 144, 4)
m abunde addidit: *multitudinem* (p. 8, 9), *omnem uerbum* (p. 8, 14), *pessimam consuetudinem* (p. 12, 12), *iocom* (p. 14, 10)
n pro *m*: *anbas* (p. 198, 17)
n abunde: *inmitentur* (p. 10, 7)
qu pro *c*: *quur* (p. 91, 16), *inquoat* (p. 109, 20)
s superflue addidit: *corporis nostris* (p. 12, 4)
t pro *c*: *mendatium* (p. 199, 10), *constientia* (p. 95, 1)
t pro *d*: *aput* (p. 13, 11. semper), *illut* (p. 17, 10), *exartescens* (p. 181, 4)
t in exitu uerbi omisit: *habere* (p. 192, 16), *esse* (p. 37, 13. 42, 3). *cruciare* (p. 45, 8), *delectare* (p. 82, 6)
t superflue addidit: *adiuxit* pro *adiunxi* (p. 43, 15).
syllabae saepe omittuntur, uelut *pro<fi>cerem* (p. 10, 8), *re<li>gio* (p. 12, 5), *re<si>sterit* (p. 88, 13), *affini<ta>tes* (p. 91, 14), *litte<ra>rum* (p. 97, 2), *cu<iu>s* (p. 99, 4), *tamen<un>us* (p. 115, 14), *sangui<ni>s* (p. 135, 7), *dona<ti>stas* (p. 152, 14), *ba<si>licae* (p. 164, 1), *const<ant>iniensis* (p. 172, 14), *bre<ui>us* (p. 178, 15), *pe<pe>rit* (p. 140, 8).
syllabae subinde perperam iteratae sunt, uelut *soro[ro]ris* (p. 15, 5), *criminatio[natio]nes* (p. 139, 6), *ue[ni]nit* (p. 180, 3), cf. *ammi[se]rationem* (p. 20, 3), *s[ol]um* (p. 176, 14), *peccat[or]um* (p. 129, 6).

Praepositionum exeuntes consonae fere numquam in uerbis

compositis assimilatae sunt; sed ne hac quidem in re librarius sibi constat. nam ante *m* et *n* fere semper et nonnumquam ante *f* littera *d* praepositionis *ad* ad sequentem consonam assimilatur: quare semper fere *ammoneatur*, *ammoueatur*, *ammiratio*, *annotatio*, *affinis* et *affinitates* scripta leguntur. quae in hac editione retinere potui, sicut Engelbrecht uoluit. nam eas scripturas ad ipsum Augustinum reuocari posse illa, quae Papirianus grammaticus, fere aequalis s. Augustini, ea de re tradidit, fidem faciunt.

Ut singulas syllabas, ita etiam uerba uel singula uel plura librarius inter scribendum iterauit; uelut p. 19, 10 *duos* | *duos*; p. 177, 16 *breuiter* | *breuiter*; p. 191, 17 *quos ideo quos ideo*; corrector dittographiam uel limando uel expungendo sustulit. dittographiae autem non sunt p. 24, 10 *sensibilia sensibilia*; p. 67, 3 *ex parte ex parte*; p. 160, 15 *terra terra*.

Saepe et singula et plura uerba librarius inter scribendum similitudine plerumque ductuum deceptus omisit, uelut: *uita* post *ita* (p. 23, 16), *ad naturam* (p. 51, 13), *scriptura* post *sancta* et *significare* (p. 56, 4), *factum* post *peccato* (p. 73, 9), *hoc est* — *peccando* post *peccando* (p. 74, 11), *non* — *similitudinem* post *dissimilitudinem* (p. 87, 6), *uoluerunt* post *responderem* (p. 105, 2), *quod* — *carnalis sum et* (p. 105, 14—17) post uerbum similiter desinens; *qui uiderunt* post *uiderunt* (p. 112, 8) alia.

Maurinos codicem Corbeiensem in adornanda editione sua adhibuisse cum aliunde tum ex lineis rubrica ductis apparet, quibus plurimas scripturas discrepantes maxime initio libri notauerunt, uelut: *omnia eis* (p. 11, 10), *quia* (p. 11, 11), *placet totiens* (p. 12, 1), *corporis nostris* (p. 12, 4), *hominem* (p. 13, 13), *sunt* (p. 14, 15), *pulcritudinis significat* (p. 15, 2). *animo* (p. 15, 5), *fruendum* (p. 40, 7), *in alio loco* (p. 40, 8) al. scripturae uero libri uetustissimi plausum eorum non tulerunt, quamquam hic illic lectiones quasdam eius receperunt, uelut: *diei natalis* (p. 18, 7), *tractandus* (p. 85, 4). ipse cur potissimum codicem Corbeiensem adhibito libro D simillimo ducem in recensendis Retractationibus secutus sim, alio loco, cum plus otii nactus ero, exponam. hic sufficiat nonnullos tantum locos attulisse, unde genuina uerba scriptoris in codicibus CD sincerius quam in libris melioribus alterius familiae (MV) seruata esse appareat, uelut p. 94, 10 *cum sit utique dominus;* p. 97, 1 *quod uoluimus ut cantaretur;* p. 109, 18 *non opera sed;* p. 119, 16; p. 150, 9; p. 153, 16; p. 160, 15; p. 165, 14; p. 172, 16; p. 174, 14; p. 184, 13; p. 204, 19 al.

D Bononiensis, bibliothecae urbis Boulogne-sur-Mer, n. 44 signatus, membranaceus, 0·25 m altus, 0·17 m latus, scriptus litteris Carolingicis minusculis intra annos 804—820 a subdiacono Leodhardo (Leothardo) uel Leonhardo[1]), sicut ex subscriptione in folio 77[a] ascripta colligitur:

//////// //////////////////////////// *EGO LEONHARDUS*	***indignus*** (m. 2.) *INDIGNUS*
//////////////////////////// *SUBDIACONUS*	***iubente dom*** (m. 2.) *IUBENTE DoM*
/// //////////////////// *N NANT𝔥^{A}RIO*	//////////////***e librū*** (m. 2.) *ABBATI L^{I}BRŪ*
hunc emendaui 𝔥*UNC SCRIPSI*	***pax legenti*** (m. 2.) *PAX LEGENTI*
bus Hec ** p flua sunt (m. 2.) *BUS. ORO QUICUMQUE*	 *LEGERIT LIBRŪ*
a 𝔥*UNC. UT CORRIGET*	 *ILLUM INQUANTŪ*
PREUAL&	*$\overline{XPO}$ ADIUUANTE.*

Specimen scripturae libri exhibent Bond et Thompson *Facsimiles of ancient manuscripts and inscriptions, Londini 1873, tab. 45;* agit de eo etiam Laplane in libro, cui inscribitur: *Les Abbés de S. Bertin 1854, p. 46;* qui recte de eo iudicare non uidetur, cum dicit: *extare opus sed non bonae notae*; sed aetatem manuscripti accuratius definiuit. cum enim duo abbates Bertinenses eius nominis fuerint, alter Nantharius I, qui ab anno 745—754, alter, qui inter annos 804—820 monasterium regebat, Laplane librum aetate alterius

[1]) Ipse cum codicem conferrem, mihi hanc nominis formam adnotaui, etsi me errare potuisse non negauerim.

Nantharii scriptum esse recte iudicat. sed num liber in monasterio Bertinensi scriptus sit, ut idem Laplane autumat, mihi his de causis incertum esse uidetur. extant enim in libri folio 77ᵘ duae subscriptiones, quarum altera in margine superiore a manu XIII fere s. addita haec est: *dĩ p uulſ̄ alb̄ corb̄ | sup omīā liua (?)*, altera paulo inferius ascripta haec est: *codex | dĩ p uulſ̄ alb̄ · CORb̄*, quae ad Corbeiense monasterium reuocandae esse uidentur. accedit, quod tam arta cum codice Corbeiensi cognatione cohaeret, ut eum ex eodem archetypo, unde codex C descriptus est, deriuatum esse iudicandum sit. quare ego eum potius in monasterio Corbeiensi scriptum esse crediderim.

Codex a folio 1ᵘ ad fol. 77ʳ integras Retractationes eodem quo in Corbeiensi ordine scriptas complectitur, ut a fol. 1ᵘ ad fol. 3ᵘ capitula enarrentur, sequatur titulo omisso prologus (fol. 3ᵘ— 4ᵘ) cum utroque Retractationum libro. exaratus est autem a librario accuratissime atramento nigro. paucula quaedam aut librarius ipse aut corrector aetate suppar emendasse uidetur, cum ductus litterarum et color atramenti primi correctoris a prima manu nihil differant. emendator uero ille alter, qui tempore posteriore atramento suffusco usus uerba correxit, parum uerecunde rem suam gessit, cum scripturis primariis erasis uel supra lineas uel in lituris ipsis ex codice deteriore alterius familiae — consentiunt enim scripturae eius plerumque cum codicibus FQ — quae differebant uerba ascripserit. quo negotio gesto mirifice sibi placuisse uidetur, quippe qui existimauerit nomen suum nomini librarii in subscriptione ascribendum esse; postea tamen id nomen rasura deletum est, quod minime dolendum esse uidetur.

In folii 1ʳ margine summo haec uerba a manu XII s. scripta leguntur: *est sapiens tut' ñͣq puerile secut'. morib: ĩbut' mltorum ∻ bñ tut'*. paulo inferius titulus libri primum a m. XV s.: *August̄ retractationū* ////////// iterum a m. XVI s. scriptus est: *Augustini liber | retractationū*. sequitur nota grammatici uel correctoris uel lectoris X fere saeculi, quo ille alter corrector librum interpolauit: Y: *Hec nota a grammaticis anchora superior uocatur. q aliquid precipue dictum figuratur* quae nota passim per totum librum margini exteriori appicta conspicitur, uelut fol. 5ᵘ (p. 14, 7), fol. 10ᵘ (p. 30, 15), fol. 12ᵘ (p. 36, 1), fol. 27ᵘ (p. 77, 4). in calce folii 1ʳ monachus quidam XII uel XIII s. fortasse calami probandi causa scripsit: ***serere mei ds scdm magna* et iterum: *miserere mei deus.* in margine imo eiusdem folii nota bibliographica a manu XV fere s. scripta legitur: *2 de libraria βc϶ bonñ*, id est: *est de libraria* . . .[1]) *bononiensi.*

In rebus autem orthographicis, si solas scripturas librarii et primi correctoris respicias, fere ubique cum Corbeiensi plane consentit, nisi quod in D saepius *ae* pro *e* positum inuenitur, uelut: *aecclesiae* (fere semper), *itemquae, quisquae, nequae* (fol. 56ʳ = p. 148, 2 sqq.)

Codicem Bononiensem tam arta cum Corbeiensi cognatione coniunctum esse iam ex ipsis notis criticis textui subiectis apparet, ut eum ex eodem codice parente originem traxisse iudicandum sit. quod ad genuina uerba scriptoris restituenda propterea summi momenti est, quia nonnusquam scriptura primaria Corbeiensis libri ab interpolatore rasura ita corrupta est, ut legi nequeat; quod, ut dixi, alio loco accuratius demonstrabo.

R Ad eandem familiam pertinet Vindobonensis latinus n. 1077 (I, CCXIX Denis) membranaceus, foliorum 57, XII s., 0·24 m altus, 0·17 m latus, miscellaneus, qui inde a fol. 1ᵘ—2ᵘ capitula, a fol. 2ᵘ—46ᵘ Retractationes integras cum prologo continet. post Retractationes a fol. 46ᵘ—52ᵘ *eiusdem epla ad optatũ epm*, a fol. 52ᵘ— 57ʳ *eiusdem sci aug liber de diuinatione dęmonum*, in fol. 57ᵘ *questio de magis faraonis eiusdẽ sci aug* sequuntur. liber cum cura ac diligentia scriptus correcturas admodum paucas expertus est; sed cum per plures riuulos longiore temporis interuallo ex limpido quidem fonte deductus sit, non mirandum esse uidetur uerba scriptoris in eo maculis pluribus quam in

[1]) Hic fortasse numerus latet, quem extricare non possum.

codicibus C et D deformata esse. capitum tituli uncialibus rubris picti sunt praeter titulum capitis primi libri I, qui excidit, ut uerba eius capitis sine ulla libri uel capituli inscriptione uno tenore cum uerbis prologi cohaereant.

Fuit olim iste liber, priusquam in bibliothecam caesaream Vindobonensem translatus est, bibliothecae capituli ecclesiae Ratisbonensis, sicut ex inscriptione, quam manus XV s. in medio folio 2^r ascripsit, patet: *Liber iste pertinet ad librariã capli Ecclesie Ratisponensis.*

Parisinus n. 11.104, foliorum 188, 0·25 m altus, 0·17 m latus, miscellaneus, ex duabus partibus inaequalibus constat; prior enim pars, quae Retractationes cum capitulis et prologo inde a folio 1 ad fol. 46ª complectitur, saeculo XII scripta est. Retractationes ipsae ab uno scriba exaratae esse uidentur, quamquam litterarum ductus aliquantum inter se differunt, cum scriba initio libri tenuioribus, sub finem autem crassioribus litteris usus sit. praemittitur inscriptio, quam manus XIIII fere saec. in margine summo folii 1 bis addidit: *Continet librum retractationum Augustini epi.* altera uero pars multo amplior s. fere XIII scripta inde a fol. 47 ad f. 188 *continet gesta 11) põtificũ traiecti superioris. Et gesta aliquorum scorũ. scr translatioes sce marie magdalene. passioes s. Sebastiani. Vitã s. felicis prsbri. Alexii cõfess. Vdalrici epi. Et miracula quedam de beata vgie,* ut m. XV s. in margine adnotauit. quae partes inter se diuersae postea in unum uolumen conglutinatae sunt. E

Fuit hic codex olim monasterii Epternacensis, sicut adnotatio folio 48^r ascripta indicat: *Codex mõsterii ///////// epternaceñ;* eadem manus deinde rubricatis litteris hos uersiculos adiecit:

Hic liber est scriptis clarus. studioq. legentis
Gestis pontificũ iã quinquaginta duorũ
Sedis tungrensis traiecti leodiensis.

Prior libri pars, quae Retractationes complectitur, bis correcta est, primum aetate librarii atramento nigro, iterum posteriore tempore ab alio aliquo atramento flauo. liber autem ex apographo quodam codicum CD originem traxisse uidetur.

nam cum in plerisque potioribus scripturis tum quorundam mendorum communione cum his libris consentit, uelut p. 55, 6, ubi *scaru* pro *scripturarum*, et p. 116, 13, ubi *commoueatur* pro *commutatur* praebet. multo tamen pluribus quam codex R mendis dehonestatus est.

V Alterius familiae aetate facile princeps est liber Vercellensis, bibliothecae capituli ecclesiae Vercellensis n. CLXXXIII, 3 signatus, membranaceus s. VIII uel VIIII ineunte litteris langobardicis scriptus. codex miscellaneus est; praecedunt enim libri s. Hieronymi et Gennadii de illustribus uiris, sicut ex subscriptione fol. 45^{u} manifestum est: *Expliciunt uirorum inlustrium libri duo hyeronimi siue genadii. dō gratias.* sequuntur a fol. 45^{u}— 93^{u} Retractationes eo ordine scriptae, ut inter prologum (fol. 45^{u}— 46^{u}) et primum caput primi libri capitula operis (fol. 46^{u}— 48^{u}) inserantur. Retractationibus haec inscriptio praemittitur: *INCIPIUNT RETRACTATIONUM OPUSCULORU SUORŪ SCI AUGUSTINI EPI LIBRI DUO.* tituli et initia capitum, nonnumquam etiam (uelut in fol. 49^{r} = p. 14, 14) singularum paragraphorum litteris uncialibus miniatis depicta sunt. uerba autem libri a uulgata editione non multum differunt.

M Monacensis n. 8107, (Moguntinus n. 7) foliorum 201, 0·28 m altus, 0·19 m latus, membranaceus, s. VIIII, a folio 1^{r} ad fol. 106^{u} librum utrumque cum capitulis et prologo nitide scriptum complectitur. codex miscellaneus est; quae in eo contineantur opuscula, in folio 1^{r} a manu posteriore litteris maiusculis adnotatum est: *lib retractationū et lib de presentia di ad dardanum* [fol. 106^{u}— 128^{r}] *et epist euodii ad ualentinū et epist august ad ualentinū monachū et epist aug ad ualentinū et frib suis* (sic!) *et lib aug ad ualentinū monachū de gratia et libero arbitrio* [fol. 128^{r}— 194^{u}] *et eiusdem* (m. 2) *parua epistola ad ualentinū de fre floro et lib de correptione et gratia eiusdem et epist ianuarii ad ualentinū et epist sci clementis ad iacobū de gra.*

In calce fol. 1^{r} scriptum legitur, unde liber in bibliothecam Monacensem translatus sit: *Iste liber pertinet ad librariā sci*

Martini ecc̄lie Maguntini (sic). Retractationum partes ita dispositae sunt, ut praecedant capitula (fol. 1—3^{u}), sequatur prologus (3^{u}—5^{u}) et uterque liber (5^{u}—106^{u}). codex ceteroquin accurate scriptus duos correctores habuit, quorum prior librario fere aequalis atramento pallido uerba, quae librarius inter scribendum omiserat, compluribus uerbis erasis minoribus quam scriba usus litteris addidit; uelut fol. 22^{u} (p. 40, 9) librarius primitus *quod* (omisso *cum*) scripserat; corrector igitur per compendium scriptum *qđ cum* inseruit; fol. 34^{r} (p. 58, 18) cum librarius uocem *discipuli* omisisset, radenda erant uerba *scriptum est appellati sunt,* ut illam uocem minoribus litteris usus inserere posset. alter uero corrector atramento nigriore ex alio deteriore exemplari discrepantes quasdam scripturas supra uersum adnotauit; nonnumquam uariantem lectionem ascribere oblitus est, uelut fol. 67^{u} (p. 116, 13), ubi scripto uocabulo *alibi* scripturam addere neglexit.

S

Sessorianus, nunc in bibliotheca Victorii Emmanuelis n. 2098 signatus, membranaceus, VIIII s., a folio 2^{r} ad fol. 56^{u} Retractationes cum prologo exhibet hac inscriptione praemissa: *In hoc corpore continentur retractationum sc̄i augustini ep̄i libri duo.* num etiam capitula in eo enarrentur, ex collatione, quam Fr. Klein accurate quidem fecit, colligere non potui. liber antequam in bibliothecam Victorii Emmanuelis translatus est, bibliothecae ecclesiae s. Crucis in Hierosolymis siue Sessorianae fuit. uerba aut ipse librarius aut emendator librario coaeuus primum correxisse uidetur. praeterea alius tempore posteriore opus ad manuscriptum alterius familiae (CD) contulit et inde, quae discrepabant, in margine libri addito uocabulo *ał* = *alias* adnotauit, quas scripturas sub siglo S^{2} in apparatum criticum recepi, uelut fol. 4^{r} (p. 14, 8) *quominus tibi om̄ sit*, fol. 7^{u} (p. 25, 17), ubi ascripsit m. 2: *ał denique,* fol. 12^{u} (p. 40, 8), ubi *ał obscure* m. 2 addidit.

H

Wirceburgensis th. fol. 40, membranaceus, 0·25 m altus, 0·18 m latus, VIIII s., foliorum 46, inde a folio 3^{r} ad fol. 45^{u} Retractationes cum capitulis et prologo complectitur. fuit iste liber olim monasterii s. Kiliani Herbipolitani, sicut in margine summo folii 3ʳ a manu posteriore notatum est: *lib̄ sc̄i Kiliani.* folium tertium uel arrodentibus muribus uel alio aliquo casu mutilatum est. liber fusco atramento ex mendoso exemplari ab inerudito librario uitiose descriptus bis correctus est, primum uel ab ipso librario uel a monacho librario aequali, iterum atramento nigro saeculo fortasse mox insequenti. exemplar autem ipsum, unde liber descriptus est, iam mutilum fuisse ex nonnullis locis, maxime uero ex capite 26 libri I, quo liber *de mendacio* retractatur, colligi potest, ubi scriba, quae in codice parente adhuc legi poterant, sat diligenter descripsisse putandus est. naud raro autem factum est, ut interpolamenta manifesta sine ullo iudicio in textum reciperet, uelut cum scriberet fol. 17ʳ (p. 68, 2) *scire magna ł alibi et honesta,* fol. 18ʳ (p. 73, 13) *non alibi inuenio,* fol. 21ʳ (p. 86, 14) *scribseram alibi scribsi* alia. sed utrum ipse has interpolationes supra uersus additas in textum receperit an iam receptas sine iudicio descripserit, uix diiudicari potest.

G Sangallensis n. 153, membranaceus, 0·28 m altus, 0·22 m latus, VIIII s., integras Retractationum partes continet, a fol. 1ʳ—3ᵘ capitula, inde usque ad fol. 69ᵘ prologum cum utroque libro hac inscriptione praemissa: *IN HOC CORPORE CONTINENTUR RETRACTATIONUM SC̄I AUGUSTINI EP̄I LIBRI DUO.* codex ex libro interpolatae familiae non sine diligentia descriptus a correctore librario aequali emendatus est, qui multa uerba, quae librarius inter scribendum omiserat, uel supra lineas uel in margine inseruit, uelut in folio 13ʳ (p. 41, 5), fol. 31ᵘ (p. 94, 6), fol. 36ʳ (p. 108, 9), fol. 38ʳ (p. 112, 16). alius autem, qui librum saeculo sequenti cum exemplari alterius familiae (CD) contulit, inde scripturas nonnullas discrepantes imprimis initio libri in margine ascripsit, uelut fol. 4ᵘ (p. 14, 8) *ał quominus tibi omen sit,* fol. 5ʳ (p. 14, 10) *ał sed ideo dictum sit,* fol. 8ʳ (p. 25, 17) *ał denique,* fol. 10ʳ (p. 32, 1), *ał animi,* fol. 38ᵘ (p. 114, 5) *ał susceperam,* fol. 41ʳ (p. 121, 1) *ał iuuentutis.*

P Parisinus n. 1905, olim Colbertinus, membranaceus s. X, miscellaneus, praeter Retractationes etiam epistulam Quoduult—

dei ad Augustinum cum libro Augustini de nonaginta haeresibus continet. Retractationes autem inde a fol. 2r ad fol. 82r eo ordine scriptas exhibet, ut praecedat prologus (fol. 2r—2u), sequantur capitula (fol. 2u—4r) cum utroque libro. liber uicenos binos uersus in singulis paginis habet, singuli autem uersus 48—50 litterarum esse perhibentur. uerba corrector aut supra uersus aut in marginibus emendare conatus est. in folio 1r inscriptio margini superiori ascripta indicat, cuius iste liber fuerit, antequam in bibliothecam Colbertinam uenit; nomen autem monasterii consulto erasum nunc legi nequit: *Hic est liber de armario ||||||| terii, quisquis eum furauerit aut folium inciderit anathema sit.* tituli et initia capitum a librario litteris uncialibus miniatis picta sunt. codicem autem parentem, unde P fluxit, ipsum lacuna deformatum fuisse hiatus ostendit, qui est I, 22, 2—5 (p. 106, 10—109, 3); in codice parente folium unum euulsum esse uidetur. scribam autem codicis P cum haec res fugeret, uerba *quae uult* et *dixi nostrum* nihil spatii intermittens descripsit. quam lacunam is, qui librum postea emendauit, obtegere conatus est, cum uerbum *dixi* (p. 109, 3) in *dicere* mutaret. codex P praeterea ea re insignis est, quod in eius marginibus a manu fortasse XVI uel XVII saeculi paragraphi iisdem fere numeris, qui in hac editione a me additi sunt, notatae inueniuntur.

Bambergensis, n. B. III, 16 signatus, membranaceus, B
X—XI s., foliorum 98, 0·27 m altus, 0·19 m latus, miscellaneus, a fol. 1 ad fol. 51 integros Retractationum libros cum prologo continet. fuit iste liber olim bibliothecae monasterii *S. Michaelis Arch. Bambergensis F 26,* sicut inscriptiones marginibus foliorum 1r et 2r appositae testantur. in folio 1r scriptum est: *Codex mōstii sti michael' in mōte,* et in folio 2r a manu XVIII fortasse saeculi: *Monru S. Mich. Arch. O. S. B. Bambergae.* in calce autem folii 98r hi uersiculi a monacho quodam XI uel XII saeculi conflati leguntur:

Cuius et unde sit hic si forte liber dubitatur
babenbergensi quod sit de monte sciatur
Qui fraudauerit hunc anathemate percuciatur
et satrape michahel eum uindicta sequatur.

Praeter Retractationes autem in isto libro haec opuscula s. Augustini insunt: *libri de nuptiis et concupiscentia* (foll. 52—90), *liber de sententia iacobi qui totam legem seruauerit offendat autem in uno factus est omnium reus* (foll. 91—97) cum responso Hieronymi in fol. 98. liber fusco atramento scriptus et ab emendatore librario fere aequali nigro atramento correctus nihil prorsus ad emendandas Retractationes utile suppeditat, cum uerba ex libidine librarii uel huius libri uel codicis parentis adeo insolenter transposita et turbata sint, sicut in nullo alio libro manuscripto leguntur.

Q Parisinus n. 2693 Bibliothecae Nationalis, olim Colbertinus n. 6098, Regius $4\underset{3}{4}50$, XII s., 0·18 m altus, 0·12 m latus, foliorum 86, capitula et prologum et utrumque Retractationum librum ab una manu exaratum complectitur. ante folium primum et post folium ultimum bina inuolucra uacua relicta sunt. quibus scriba aetate inferior notas quasdam calami probandi causa illeuit, uelut folio 88[u]: *hieronim*ſ *augustini* (sic) alia. quaterniones litteris *a*, *b*, *c*, *d*, sqq. in calcibus foliorum 8, 16, sqq. notati sunt. tituli autem omnium capitum desiderantur, quia librarius eos libro absoluto in spatiis uacuis relictis sine dubio artificiose colore rubro pingere uoluit; quod quominus faceret, casu aliquo impeditus esse uidetur. liber atramento fusco accurate ac nitide scriptus bis emendatus est; qui prior librum aetate fere librarii correxit, uerba nonnulla inter scribendum omissa suppleuit; alter uero emendator s. fere XIIII uel XV atramento nigro multa et supra lineas et in marginibus libri adnotauit; qui cum corrigeret, alio libro usus esse censendus est, unde ea, quae in libro Q abundare uidebantur, addito supra uersum uocabulo *uacat* adnotauit. qui haud mediocri doctrina imbutus fuisse uidetur, quippe qui multas sententias ex libro Hugonis a s. Victore, qui est de sacramentis, quae doctrinae s. Augustini contrariae esse uidebantur, in marginibus libri ascripserit. iste etiam, quo lectionem codicis faciliorem redderet, litterae *i* geminatae (ii) apices addidisse censendus est.

N Parisinus n. 12225 Bibliothecae Nationalis, membranaceus,

0·30 m altus, 0·20 m latus, s. XII, miscellaneus, binis columnis exaratus, a folio 1ra ad folium 31ra prologum et utrumque librum cum capitulis continet. capitula uero hac inscriptione praemissa praecedunt: *Incipiunt breues librorum retractationum s̄ci augustini*, in fronte autem et in fine libri duo folia, quibus inuolutus est, uacua relicta sunt. fuit olim monasterii s. Germani a Pratis, in cuius bibliotheca sub numero 227 (olim 220) asseruabatur; ubi eum Montfaucon uidit, qui in opere celeberrimo, cui inscribitur *Bibliotheca bibliothecarum* t. II, p. 1126 eius mentionem facit. insunt in isto libro praeter Retractationes duo alia opuscula Augustini, quae index litteris uncialibus rubricatis in fol. 1^{r} a manu posteriore scriptus nominat: *In hoc corpore continentur* | *s̄ci Augustini libri quattuor* | *id est Retractationū libri duo* | *Expositio quarundam propositionum ex epistola ad Romanos liber unus* | *Expositio epistolę ad Galathas lib̄ un'* |. scriptus est liber in ipso monasterio Sangermanensi a monacho Gislemaro, quod ex uersiculis apparet, qui ab ipso librario litteris uncialibus rubro et uiridi colore depictis in calce folii 31^{a} scripti sunt:

Hic Augustinus sua dicta retractat honestus
quę Germane tuus quidam conscripsit alumnus
Gislemarus in hoc uocitatus nomine libro
Quem si quis furto tulerit trudatur auerno.

Librum a Maurinis in adornanda editione usurpatum esse lineae rubrica ductae ostendunt, quibus illi cum alia tum multas scripturas discrepantes capitis 22 libri primi notauerunt.

Parisinus n. 12.160 Bibliothecae Nationalis, membranaceus, O
0·34 m altus, 0·24 m latus, scriptus XII s. singulis paginis bipartitis, miscellaneus, inde a folio 72ra ad fol. 104ra Retractationes exhibet. librarius codicem accurate et nitide exarauit et initia capitum artificiose depinxit. quae opuscula insint, ex indice apparet, qui a manu posteriore in calce folii 1^{a} scriptus est: *In hoc uolumine contin̄etur Ieronimus de hebraicis questionib; et de hebraicis noib̄; et de locorū noib̄; et retracta-*

tiones s̄ci augustini. Hieronim' de illustrib; uiris[1]) *et gennadius de illustrib; uiris. et ysidorus de illustrib; uiris. et cassiodorus senator de institutione diuinarū scripturarum.* sequuntur inscriptiones, quae uel ad originem uel ad fata libri reuocandae sunt: in folio 1ʳ: *Liber s̄ce marie de Longoreto,* in margine superiore folii 2ʳ: *S̄ti Germani a Pratis,* in inferiore eiusdem folii margine: *Monasterii S. Cygiranni,* in exteriore margine: *Nr. 208 olim 34 S. Mauri.*

F Wirceburgensis Mp. th. f. 125, membranaceus, 0·27 m altus, 0·19 m latus, XII s., in foliis 25ᵘ—68ᵘ capitula (fol. 25ᵘ—26ᵃ) et utrumque librum Retractationum cum prologo a librario cum cura et diligentia scriptum exhibet. admodum pauca manus posterior atramento nigriore quam scriba usus emendauit, uelut in fol. 33ʳ (p. 37, 4) *quorum*; is etiam uerba, quae librarius interdum similitudine ductuum deceptus omiserat, in marginibus suppleuit, uelut in fol. 39ᵘ (p. 66, 16). quae opuscula in codice miscellaneo insint, scriba XIIII fere s. in calce folii 126ᵘ adnotauit: *In hoc uolumine continentur hec. Libri Soliloquiorum s̄ci Aug̅ ep̄i duo. Itē duo libri Retractationū eiusdē patris. Vita s̄ci Seruatii Traiectensis ep̄i ī duob' libris edita. Vita et Passio Beati Lamperti. itē Traiectensium p̄sulis. Passiones s̄coru Christofori. Oswaldi. Vita S. Magni abb̄is. Passiones scorūm Cosme et damiani et Bonifacii Romani ciuis. Relatio de translatione S. Iacobi ap̄li fr̄is Iohannis eūūle.* addidit alia manus XV s.: *Et pertinet ad sctm Stephanū in herbipoli.* tituli capitum in marginibus obliqua scriptura iterati sunt, numeri autem omnino desiderantur. initia litteris maiusculis rubricatis picta sunt; interpunctionis signa per totum librum posita sunt. liber ad emendandum nullius pretii est.

W Vindobonensis lat. n. 651 (II, CCCXXIX Den.), 0·41 m altus, 0·25 m latus, XII s. singulis paginis bipertitis scriptus, praeter nonnullos sermones inde a folio 125ʳ ad fol. 140ᵘ Retractationum capitula, prologum, primum librum integrum

[1]) *Hieronim' de illustrib; uiris* supra uers. ascripsit manus alia.

cum parte alterius libri continet. desinit enim in Retractatione operis *De Genesi ad litteram* (II, 50) post uerba *fact'ē, perdidisse peccato* (p. 160, 11). liber in calce folii 1[r] hanc inscriptionem a m. XV s. additam exhibet: *Iste Liber est congretationis ste Iustine de padua: deputat' m̄* (uel *im̄*) *monast' sci Seuerini đ neapoli: signat' m̄ lta S nuo VO2.* scripturas autem huius libri, cum prorsus nihil utile ad emendanda uerba scriptoris suppeditent, tantum exempli causa in quinque primis primi libri capitibus adnotandas esse duxi.

Haec fere de codicibus dicenda sunt, qui omnes a me qua potui cura excussi sunt praeter Vercellensem et Sessorianum, quos Franciscus Klein, et Parisinum P, quem Carolus Wotke meum in usum contulit.

Eas uero Retractationes, quae haud raro in libris manuscriptis singulis Augustini opusculis praemissae inueniuntur, consulto neglexi, ne molem adnotationis nimis augerem, idque eo libentius, cum omnes, quotquot mihi innotuerunt huius modi Retractationes, nihil omnino noui uel probi ad emendationem suppeditent, quod non in aliquo alterutrius familiae libro scriptum legatur; uelut Retractatio libri, cui inscribitur *De duabus animabus* (I, 14), quae in codice Bruxellensi s. X n. 10.796—800 in fronte addita legitur, prorsus a codicibus CD pendet, ut inde descripta esse uideatur.

Praeter codices manuscriptos in recensendis uerbis etiam editiones consului Amerbachianam (Basileae 1506) Louaniensem (Antverpae 1577) Maurinam (Parisiis 1679) et quae in Amerbachiana et Maurina discrepabant sedulo adnotaui.

Priusquam autem praefandi finem faciam, facere non possum, quin errorem emendem, quem admisi, cum spreta lectione librorum CD scripturam alterius familiae in textum reciperem; parum enim considerate p. 80, 4 scripsi: *cum uiderem .... debere Manicheos ac iam posse conuinci,* sicut locus simillimus ostendit p. 185, 14, ubi Augustinus de Donatistis haereticis dicit: *quoniam res, quibus uincantur uel uicti esse monstrantur, commoda breuitate conplectitur.* restituenda igitur est scriptura librorum CD: *debere Manicheos ac iam posse uinci;* cf. p. 178, 12.

Reliquum est, ut uiris doctis, qui de hac editione optime meruerunt, gratias agam, imprimis Guilelmo de Hartel, horum studiorum fautori et moderatori illustrissimo, praeterea praefectis bibliothecarum, qui libros pretiosissimos liberalissime Vindobonam mittendos curauerunt, tum Iosepho Koenig, olim sodali Vindobonensi, nunc directori celeberrimo scholae s. Annae Petropolitanae, qui intercessit, ut liber Petropolitanus Vindobonam mitteretur, Francisco Weihrich, Francisco Klein, Carolo Wotke, maxime uero Augusto Engelbrecht, qui mihi in plagulis corrigendis et consilio et opera strenue affuit.

Vindobonae mense Ianuario 1902.

Pius Knöll.

CORRIGENDA.

P. 2, 6 *scribendum* heretici *pro* haeretici.
" 80, 4 " uinci " conuinci.

CAPITVLA.

Discrepantes scripturas capitulorum tantummodo e libris CDGHM adnotaui. 1 INCIPIT RETRACTATIONUM LIBER PRIMUS *CD*, ADNOTATIO SCI AUGUSTINI EPI OPERUM PLURIMORUM *M*, INCIPIUNT CAPITULA RETRACTATIONŪ AUGUST *G*, *om. H* 2 achademicis *C²G*, acadimicis *M* liber̄ *C*, liber *H* III *om. H* 4 liber̄ II *C* 5 de soliloquia *C¹D¹*, de soliloquiis *C²D²M*, soliloquiorum *G* liber̄ II *C* 6 immortalitate *C²* 7 *inter caput V. et VI. inserit C² titulum:* VI· VII disciplinarū lib̄, *H:* VI· De libris disciplinarū lib̄. I. VI] VII (*et ita deinceps* VIII *pro* VII, VIIII *pro* VIII *ponens*) *H* ęcclesię *DM*, eclesię *H* de *om. G* manichiorum *M¹* 9 animo *M¹* quanitat *M¹* lib II *M* 10 *post* arbitrio *add. M²:* in quo quęritur unde sit malum lib̄. I *M* 11 genes *H¹* aduersum *GH* manicheus *C¹* liber II *H*, lib̄. III *M* 12 lib. *I (V *ras.*) *C*, lib. VI (V *add. m. 2*) *M*, liber I *D* 13 lib *I *C* 14 relegione *C¹DM* 16 anima**bus (li *ras.*) *H*

Incipit liber secundus.

1 acta contra *GHM* 2 simbolum C^1, simbulo C^2H, symbulo *M* liber I *om.* *H* 3 *post* litteram *add.* imperfectus C^2, liber unus inperfectus D^2GH 4 dei *G* lib. I *M* 5 Psalmus *GHM*, de psalmo *cet.* doñ *CD* liber I *om.* G^1H, lib. II *M* 6 epistolam *CDGM* heretici *mss.* 7 adimatum *M* 8 exposicio C^1D proposicionum C^1, propositio *H* ex *add.* C^2 *s. l.* epistola *CDG* apoš *C*, apostol D^1 9 ad Romanos *om.* CD^1 liber I *om.* *GH* 10 exposicio C^1, expositio (positio *m. 2 in ras.*) *G* epistolae C^2D^2 *s. l.* galathas C^2 11 de epistola ad romanos (-us D^1) CD^1 inchoate *H*, inchoante *M* expositio inchoata *add.* D^2 12 diuersis *om.* *CD* quaescionibus *D* 13 mendatio C^1GHM 14 incipit—secundus *om.* *M*, INCIPIUNT CAPITULA LIBRI SECUNDI *H*, ITEM DE LIBRO SECUNDO *G* 15 Simplicianum] eṗm *add.* *C m. post.*, eclę mediolanensis *add.* *H* 16 epistolam *CDGH* quam (quē *ex* qui *M*) uocant (dicunt D^2G) fundamenti *add.* D^2GHM 17 agone] a. christiano $C^2D^2GHM^1$, a. christianorum M^2 18 x̄pi C^1D^1 19 parte D^1 20 XIII] IIII *M*

XXXIII. Contra Faustum Manicheum libri XXXIII.
XXXIIII. Contra Felicem Manicheum libri II.
XXXV. De natura boni liber I.
XXXVI. Contra Secundinum Manicheum liber I.
XXXVII. Contra Hilarum liber I.
XXXVIII. Quaestiones euangeliorum, libri II.
XXXVIIII. Adnotationes in Iob, liber I.
XL. De catechizandis rudibus liber I.
XLI. De trinitate libri XV.
XLII. De consensu euangelistarum libri IIII.
XLIII. Contra epistulam Parmeniani libri III.
XLIIII. De baptismo libri VII.
XLV. Contra quod adtulit Centurius a Donatistis liber I.
XLVI. Ad inquisitiones Ianuari libri II.
XLVII. De opere monachorum liber I.
XLVIII. De bono coniugali liber I.
XLVIIII. De sancta uirginitate liber I.
L. De Genesi ad litteram libri XII.
LI. Contra litteras Petiliani libri III.
LII. Ad Cresconium grammaticum libri IIII.

1 coñ C^1D^1 manicheium C^1, manich*eum *M* 2 manich*eum *M*, maniche̊ C^1D^1; *in mg. adscripsit posterior m. M:* iste 3 lib̄. I *add.* H^2 4 *inseruit m. post. C* secundum *C m. post.* *in mg. M adscriptum est:* & iste sublati s̄t a fuldensi latrone 6 XXXVII C^1 quesciones *D* euangelii C^1D^1 7 XXXVIII C^1 adnot C^1D^1 8 cathezizandi C^1, cathecizandis C^2G, catitizandis D^1, caticizandis D^2M, cadecizandis *G* rudibus] r. christianis *H* 9 XL C^1, *atque ita deinceps, corr. m. post.* XV] V *in ras.* C^2D^2 10 consenso C^1 euangelii C^1, euangeli D^1 11 epistolam $CDGH^1$ 12 baptis*mo (i *ras.*) *M* VII *in ras.* D^2, III C^1 13 attulit C^2GM centerius *H* a Donatistis *om* C^1D^1, ad donatistis C^2 14 libri (*om.* I) *H* 15 inquisitionē C^2H, inquisiciones *D* ianuarii $C^2D^2GHM^2$, iannuarii M^1 16 munachorum *D* 19 literam *GH* XII (X *in ras.*) *C* 20 litterā C^1D^1, literas *GH* detiliani *M* 21 crisconium *M* grammatici C^1, gramaticum *DH* *post* grammaticum *add.* D^2GHM partis donati

LIII. Probationum et testimoniorum contra Donatistas liber I.
LIIII. Contra Donatistam nescio quem liber I.
LV. Admonitio Donatistarum de Maximianistis, liber I.
LVI. De diuinatione daemonum liber I.
LVII. Quaestiones expositae contra paganos num. VI.
LVIII. Expositio epistulae Iacobi ad duodecim tribus.
LVIIII. De peccatorum meritis et remissione et de baptismo paruulorum libri III.
LX. De unico baptismo liber I.
LXI. De Maximianistis liber I.
LXII. De gratia testamenti noui liber I.
LXIII. De spiritu et littera liber I.
LXIIII. De fide et operibus liber I.
LXV. Breuiculus conlationis, liber I.
LXVI. Post conlationem contra Donatistas liber I.
LXVII. De uidendo deo liber I.
LXVIII. De natura et gratia liber I.
LXVIIII. De ciuitate dei libri XXII.

1 de probatione testimoñ C^1, de probationū & testimoniorū contra donististš C^2 donastistas *M* 3 donati stā C^1D, donati stas C^2 nescio quem D^2, nescio quem donatistis (quem don. *m. 2*) *C*, nescio quem donatistam *HM*, quem nescio donatistam *G* 4 ammotio *M*, de a^{d}mmonitione* (m *ras.*) *C* (donati) starū de maximianistis *add.* C^2 contra maximianistas D^2 5 demonum *H* 6 *add.* D^2 *in ras.* de quaesti expositi VI C^1, de quaestiones expositę contra paganos nūm. VI C^2 num.] libri D^2 7 exposicio C^1 epistolae *CDGH* Iacobi apostoli *H* ad—tribus *om.* C^1D^1 8 meritis et *om.* CD^1 remisione *H* 9 paruolorum C^1, ad marcellinum *add.* C^2D^2GHM libri VI *H* 10 baptismo] b. contra petilianum (detellianum *M*) ad (*om. H*) constantinum D^2GHM 11 contra donatistas *add.* D^2GHM 12 testimonii noui *C*, noui testamenti D^2G ad honoratum *add.* D^2GHM 13 litera *GH* ad marcellinum *add.* D^2GHM 15 De brebiculus CD^1 collationis C^2, consolationis *H* cum donat̄s *add.* C^2, cum donatistis *add.* D^2GM, donatistis *add.* *H* 16 De post C^1D conlati C^1, conlatio D^1, consolationem *H* donati C^1, donat D^1 17 de uidendo** (do *ras.*) *D*, diuidendo *M*, de uiden H^1 19 XXII (X *pr. in ras.*) *C*

LXX. Ad Orosium presbyterum liber I.
LXXI. Ad Hieronymum presbyterum libri II.
LXXII. Ad Emeritum episcopum Donatistarum liber I.
LXXIII. De gestis Pelagi liber I.
LXXIIII. De correctione Donatistarum liber I.
LXXV. De praesentia dei liber I.
LXXVI. Contra Pelagium et Caelestium libri II.
LXXVII. Gesta cum Emerito, liber I.
LXXVIII. Contra sermonem Arrianorum liber I.
LXXVIIII. De nuptiis et concupiscentia ad Valerium libri II.
LXXX. Locutionum libri VII.
LXXXI. Quaestionum libri VII.
LXXXII. De anima et eius origine libri IIII.
LXXXIII. Ad Pollentium libri II.
LXXXIIII. Contra aduersarium legis libri II.
LXXXV. Contra Gaudentium Donatistarum episcopum libri II.
LXXXVI. Contra mendacium liber I.
LXXXVII. Contra duas epistulas Pelagianorum libri IIII.

1 orosius C^1, horosium *G*, rosium *H* prbm *add.* D^2, pro C^1, presb C^2 contra priscilianistas (priscillianistas D^2GM) *add.* D^2GHM 2 hieronimum C^2DGHM, hieronimi C^1 *post* II *add.* D^2GHM*:* unus de origine (orine *H*) animae et alius (alter D^2) de sententia iacobi (lib unus *add.* D^2) 3 epsm *C* donatistarum C^2D^2, donati C^1, *om.* D^1 post conlationem (collationem D^2, consolationem H^1) *add.* D^2GHM 4 palagi C^1, palagii *D*, pelagii C^2GHM 5 correctio C^1, correct D^1, corrept D^2, correptione *G* donati C^1 6 praescientia C^2 *post* dei *add.* D^2GHM*:* ad dardanum 7 cęlesium *G*, ci*** C^1 *post* caelestium *add.* D^2GHM*:* de gratia xpi et de (de *om.* D^2) peccato originali (orinali *H*) ad albinam (albinū *M*) pinianum et melaniam (melaniū D^2) 8 de gesta C^1, de gestis C^2 emerit C^1, merito *M* *post* emerito *add.* donatista C^2GHM*,* donatistarū epo D^2 9 sermonī C^1 arriañ *C* 10 et concupiscentia *add.* C^2D^2 ad ualerium comitē D^2 *in ras.* lib. I *M* 11 loquutionum *H* VII] IIII *H* 12 questionum C^1D^1HM VII] IIII *H* 13 origini C^1 14 pulentium *G* de adulterinis coniugiis *add.* D^2GHM 15 aduersarios *CD* et prophetarum *add.* D^2GHM 16 gaudent donat C^1, gaudenti D^1 eps C^1, presb C^2, episcoporum *M* lib I *C* 17 mendatium *CDGHM* 18 due C^1D^1 epist *C*, epistul D^1 IIII *C in ras.*

1 VI *C m. post. in ras.* 2 de fide] ad laurentium de f. *GHM* karitate (*om.* et) *G* 3 *add.* D^2 *in ras.* De.^{pro} mortui.^{s} cur.^{a} ger.^{enda} ad paulin̄ (*correcturae a m. 2*) *C* paulinum epm *HM,* paulum epm *G* 4 dulcitii $C^2D^2H^2M^2$, dulcetii M^1, dulcicii *G*, dulcistii H^1 questionibus *CDM* 5 balen̄ C^1 *post* ualentinum *add.* D^2*GHM:* et cum illo monachos (-is *M*) gratia et *om. C* 6 XCIII *add. C m. post.* D^2 *H post* liber I *add.:* XCV retractationū hi sunt libri II., *ac deinde litteris uncialibus:* item libri qui post istorū emdationē a sco epo a^{u}gustino conscripti et editi sunt. liber qui appellatur speculū de testimoniis scripturarū. ad prosperū ad (*sic*) hilariū ad (*sic*) scrum praedistione (*sic*) lib II. ad quoduuldeū (*sic*) diac̄ de heresibus liber. contra gestū (*sic*) habita cū maximino arrianorum epm quo dies quo praesentes conferebant disputatione eius prolixa absumptus ē libri I (*sic*) contra iulianū pelagianis (*sic*) libri VI· septimū uero inperfectū reliquid octauū autē nec attigit. sunt enī ipsius heretici libri VIII. quibus respondit eius uerba proponens eisq. subiungens responsiones suas. EXPLIUNT CAPITULA; EXPLICIUNT CAPITULA *G*

PROLOGVS.

Iam diu est, ut facere cogito atque dispono quod nunc 1
adiuuante domino adgredior. quia differendum esse non arbitror, ut opuscula mea siue in libris siue in epistulis siue in tractatibus cum quadam iudiciaria seueritate recenseam et, quod me offendit, uelut censorio stilo denotem. neque enim quisquam nisi inprudens ideo, quia mea errata reprehendo, me reprehendere audebit. sed si dicit non ea debuisse a me dici, quae postea mihi etiam displicerent, uerum dicit et mecum facit. eorum quippe reprehensor est, quorum et ego sum. neque enim ea reprehendere deberem, si dicere debuissem.

4 Aug. de praed. sanct. 3, 7. de don. pers. 21, 55   Aug. (Hilar.) ep. 226, 10

1 prologus _add. N² in mg., om. cet._ 2 Iam—ut f(acere) _om H_ *iam _R_ est ut] istud _MQ³l_, est quod _EFQ¹_; _cf. Aug. ep. 40, 2, 2:_ liber tuus non diu est ut uenit; _ep. 71, 2; c. Cresc. gramm. III, 34, 38; enarr. psalm. XLI, 1._ (cog)ito—nunc _om. H_ adque _uel_ adquae _D fere ubique; corr. m. 2_ 3 aggredior _BEF_, agredior _Q_ (adgre)dior—differendum _resecta sunt H_ quia (a _in ras._) _S_, qui _V_ esse _M¹ s. l._, ie esse _H_ 4 (opus)cula—libris _resecta H_ epistolis _CDEGHSV_ 5 (trac)tatibus—iudi(ciaria) _om. H_ et—offendit _om. H_ et] _om. V_, ut _E_ 6 offendat _R pr._ censurio _C¹D¹_, censoris _BD²FGSQ_ denotim _P_ 7 quisquam (am _in ras._) _S_ imprudens _BEPRS²_ reprehindo _V_ 8 reprehindere _V_, reprehendaere _Q_ si _M² s. l._, si* (c _ras._) _CD_ *ea (nc _uel_ m _ras._) _M_ 9 postc _H¹_ ^{c}mihi (c _add. m. 2_) _S_ etiam mihi _BF_ **uerum (ut _ras._) _M_, uere _R_ dicit—quippe _om. R_ 10 repraehensor _M_, reprehinsor _V_ et _om. E pr._ sum _om. Q_ 11 repraehendere _M_, reprehindere _V_ deb*erem (u _ras._) _D_ dicere] dicerem qđ _Q_ _post_ debuissem _add. E et m. XIIII. u. XV s. in marg. Ql:_ sed qui (quod _E_) primas non potuit habere sapientiae secundas habeat partes modestiae ut quid (qui _E_) non ualuit omnia (omnia non ualuit _E_) inpenitenda (impoenitenda _E_) dicere saltem peniteat quae cognouerit dicenda non fuisse; _ex epist. 143, 3 Augustini irrepsit interpolatio._

2 Sed, ut uolet, quisque accipiat hoc quod facio; me tamen apostolicam illam sententiam et in hac re oportuit intueri, ubi ait: si nos ipsos iudicaremus, a domino non iudicaremur. illud etiam, quod scriptum est: ex multiloquio non effugies peccatum, terret me plurimum, non quia multa scripsi uel quia multa etiam, quae dictata non sunt, tamen a me dicta conscripta sunt — absit enim, ut multiloquium deputetur, quando necessaria dicuntur, quantalibet sermonum multitudine ac prolixitate dicantur — sed istam sententiam scripturae sanctae propterea timeo, quia et de tam multis disputationibus meis sine dubio multa colligi possunt, quae si non falsa, at certe uideantur siue etiam conuincantur non necessaria. quem uero Christus fidelium suorum non terruit, ubi ait: omne uerbum otiosum, quodcumque dixerit homo, reddet pro illo rationem in die iudicii? unde et eius apostolus Iacobus: sit omnis homo, inquit, uelox ad audiendum, tardus autem ad loquendum; et alio loco: nolite, inquit, plures magistri

3 I Cor. 11, 31 4 Prou. 10, 19 Aug. Serm. 56, 4 8 Aug. c. Cresc. I, 1, 2 14 Matth. 12, 36 16 Iac. 1, 19 18 Iac. 3, 1 sq.

1 uelit B^1G^1 accipiat quisque *B* hoc *om.* *Q* quoḍ *E* tamen**** (illā *ras.*) *H* 2 sententiam illam *E pr.* sen*tentiam *C* et *om.* *Q* hac] ac *C pr.* re H^1 *in ras.* intueri oportuit *B* 3 nosmet *BP* 4 diiudicaremur *BR* *post* etiam *ras.* *10 litt.* *M* (illud etiam *ras.*) 5 terret] esset *R* 6 *pr.* multa (a *in ras.*) *C*, multum *F* 7 conscripta (c *pr. in ras.*) *G* 8 depotetur *V*, deputem BC^2DEFG^2 (*in mg.*) QS^2 (*in mg.*) *m* 9 multitudinem C^1D^1 10 sen*tentiam (t *ras.*) *V* sacrę *B* quia et *C*, quia *cet.* *v* 11 disput*tionibus *H* collegi *C pr.* 12 si *om.* H^1Q^1 falsa^{ta} *S* at] ad C^1D^1, aut BEG^2QS, *om.* *H* uideantur *om.* CD^1R, uidentur D^2 *s. l.* siue *del.* C^2, *om.* *R* etiam] certe C^2 *s. l.* D^1E, *om.* *R* 13 uiro C^1 christus *del.* *H* fidelium (del *in ras. m. 2*) *C* 14 omne* (m *ras.*) *CD* 15 dix^{n}erit *R* homines *R* reddit D^1H *pr.*, reddent *R* pro] de *R* illo] eo *Rv* 16 iudicii *add.* M^1 *in mg.* unde *om.* *R* et *om.* *Q pr.* eius apostolus *om.* *R* apostulus *D* iacobus] i. ait *Q*, per Iacobum *R* sit] s. autem *Q s. l.* 17 inquit *om.* *QR*, inquid C^1D^1V, *sic fere semper* omnis homo inquit *C*, inquit omn. homo *cet.* *v* autem *om.* *H*

fieri, fratres mei, scientes, quoniam maius iudicium sumitis. in multis enim offendimus omnes. si quis in uerbo non offendit, hic perfectus est uir. ego mihi hanc perfectionem nec nunc arrogo, cum sim senex, quanto minus, cum iuuenis coepissem scribere uel apud populos dicere tantumque mihi tributum est, ut, ubicumque me praesente loqui opus esset ad populum, rarissime tacere atque alios audire permitterer et esse uelox ad audiendum, tardus autem ad loquendum. restat igitur, ut me ipse iudicem sub magistro uno, cuius de offensionibus meis iudicium euadere cupio. magistros autem plures tunc fieri existimo, cum diuersa atque inter se aduersa sentiunt. cum uero ipsum dicunt omnes et uerum dicunt, ab unius ueri magistri magisterio non recedunt. offendunt autem, non cum illius multa dicunt, sed cum addunt sua. sic quippe incidunt ex multiloquio etiam in falsiloquium.

Scribere autem mihi ista placuit, ut haec emittam in manus 3
hominum, a quibus ea, quae iam edidi, reuocare et emendare

1 mei] kmi D^1 quia *B* 2 sumit**** (*om.* in) *H* mul******m *H* omnes *om.* F^1, omnis *V* 3 quis] quis autem C^2E hic perfectus *perforata membrana exciderunt H* profectus D^1 4 uir *add.* M^1 *in mg.* ergo *B* michi BFS^2, *sic semper* profectionem D^1 nunc (unc *in ras. m. 2*) *C* adrogo *H*, arogo F^1 cum] cum iam *HMNOPVv* 5 quanto* *Q* coepissē *C*, c^{e}opi** *D*, coepi *cet. v; cf. p. 17, 14* aput C^1F 6 populus D^1 7 me S^2 *s. l.* me praesente Q^2 *s. l.*, me praesentē *R* ad Q^2 *s. l.* ^{ra}rarissime *Q* 8 adque $C^1P^1R^1$ audire alios *P* et M^1 *in ras.* essem *P* 9 me] mei *P*, me ḍụṃ *Q* ipsum *B* 10 offensionibus (oni *m. 2 s. l.*) *M*, fen . . . (sionibus—cupio *perforata membr. exciderunt*) *H* meis (is *m. 2 in ras.*) *C* iuditium *D* 11 euade cupiu* D^1 plu^{r}es *Q* fieri—atque *exciderunt H* exismo C^1 12 adque C^1M^1 se B^2 *in ras.* cum—omnes *om. H* ipsum CD^1, id ipsum *cet. v* 13 *pr.* dicunt] sentiunt *Q* omnis *V* ab] et ab *BEFGSV* uere D^1 (uer)i—rece(dunt) *om. H* ma***gisterio (gis *ras.*) *M* 14 (il)lius—sed cum *om. H* 15 dicunt *B in mg.* incedunt *V* multiloquio etiam *om. H* 17 ista mihi placuit *BHPVv*, placuit ista mihi *S*, ista mihi licuīt *E* 18 ea] et *H* reuocare (re *pr. s. l. m. 2*) *CD* et (*in ras. V*) emendare CD^1S^2V, emendare S^1, emendenda E^1, emendanda *cet. v*

non possum. nec illa sane praetereo, quae catechumenus iam, licet relicta spe, quam terrenam gerebam, sed adhuc saecularium litterarum inflatus consuetudine scripsi, quia et ipsa exierunt in notitiam describentium atque legentium et leguntur utiliter, si nonnullis ignoscatur uel, si non ignoscatur, non tamen inhaereatur erratis. quapropter quicumque ista lecturi sunt, non me imitentur errantem, sed in melius proficientem. inueniet enim fortasse, quomodo scribendo profecerim, quisquis opuscula mea ordine, quo scripta sunt, legerit. quod ut possit, hoc opere, quantum potero, curabo, ut eundem ordinem nouerit.

1 praeteraeo *P* quae] quem (i *supra* e) *E* cathecuminus *BCD*E^2*GHM*Q^2*R*, cathecumenus E^1*SV*, catecuminus Q^1, catechuminus *F* 2 spe* *D* saeculario C^1D^1, saeculari C^2 3 literarum *GH* consuetudinem *C*, consuitudine *D* scribsi *HP* 4 discribentium *M*, disscribentium *E*, & scribentium *H* atque legentium *om. R* 5 nonnullis (i *ex* u *corr.*) *C* ignuscatur C^1V, ignuscantur B^1 uel—ignoscatur *om. HR* si] si nonnullis *P* ignuscatur C^1 6 inhereat *H* quicumque (i *ex* ae *corr.*) *Q* lectoris C^1D^1 7 i*mitentur (n *ras.*) *C* imitentur· me *B* profici**entem (sc *ras.*) *M*, profici (entē *m. 2*) *C* 8 inueniet (et *in ras.*) *V*, (*add. m. 2*) *Q* scribendo *om. P* proficerim D^2MQ^1V, proficerem D^1, procerem C^1 quisquis] qūo quis *H*, si quisquis Q^1 9 opuscola C^1 scribta *P* legeret (egeret *m. 2 in ras.*) *C* 10 opere] offerre CD^1 quantum *G in ras.* potuero B^1a procurabo B^1 ut *om.* Q^1 11 nouerim *H* EXPLIC̄ PROLOGUS; *sequuntur capitula V*, INCIPIT LIB̄. RETRACT̄. II. SC̄I AGUST̄ *H; in reliquis deest subscriptio.*

LIBER PRIMVS.

CAPVT I.

DE ACADEMICIS LIBRI TRES.

(1) Cum ergo reliquissem uel quae adeptus fueram in cupiditatibus huius mundi uel quae adipisci uolebam et me ad Christianae uitae otium contulissem, nondum baptizatus contra Academicos uel de Academicis primum scripsi, ut argumenta eorum, quae multis ingerunt ueri inueniendi desperationem et prohibent cuiquam rei adsentiri et omnino aliquid, tamquam manifestum certumque sit, adprobare sapientem, cum omnia eis uideantur obscura et incerta, ab animo meo, quia me mouebant, quantis possem rationibus amouerem. quod miserante atque adiuuante domino factum est. 1

4 Aug. Conf. VIIII, 4, 7 8 Cic. Acad. II, 28 sq. 66. 68. 76. 9 Cic. Acad. II, 59. 67. cf. Gell. Noct. Att. XI, 5, 6

2 I] KI C^2 *in mg., om.* *BEFPQRW* 3 de] contra *am, om.* *CQR* achademicis BD^1EFGM^2SV, academicos *am. om.* *CQR* libri tres *om.* *CEQR* 5 mundi] scłi *P* uel H^2 *s. l.* adhipisci *V*, adipisce P^1 et me *perforata membr. exciderunt* *H* 6 otium] ł initium E^2 *s. l.* baptidiatus *M* ***tra *H* 7 achademicos *BEFGMRSV*, achademichos *Q*, academicus C^1D^1 de *om.* *H* achademicis *BEFGRSV*, ac^{de}hamicis Q^1 scribsi *P* 8 *post* eorum *ras. 4 litt.* *V* uiri D^1 disperationem *PV* 9 proibent C^1 assentiri $B^2C^2EFM^1PQRS^2V$, assentire B^1M^2 alioquid *H* tamquam] tam E^1, quanquam C^2 *in mg.* 10 certumq;** *Q*, que (certum *add.* H^2 *in mg.*) H^1 manifestum tanquam certum sit *a* approbare BC^2EFQS^2W, aprobare *M*, adprouocare *R* omnia eis uideantur *CD*, eis u. omnia *B*, eis omnia uideantur *cet. v* 11 certa *R* *eo *H* quia] qui S^1, q*** *H* me CD^1R, et mea *H*, et me *cet. v* 12 possim *GS* rationib; (b; *m. 2 in ras.*) *C* ammouerem *E*, amo**** *H* **od *H* miserante* (m *ras.*) *C* 13 adque C^1, (q; *in ras.*) M^1, ac *Q*, et *a* iuuante D^1E deo *a*

2 Sed in eisdem tribus libris meis non mihi placet totiens me (2) appellare fortunam, quamuis non aliquam deam uoluerim hoc nomine intellegi, sed fortuitum rerum euentum uel in corporis nostri uel in externis bonis aut malis. unde et illa uerba sunt, quae nulla religio dicere prohibet: forte, forsan, forsitan, fortasse, fortuito, quod tamen totum ad diuinam reuocandum est prouidentiam. hoc etiam ibi non tacui dicens: *etenim fortasse, quae uulgo fortuna nominatur, occulto quodam ordine regitur, nihilque aliud in rebus casum uocamus, nisi cuius ratio et causa secreta est.* dixi quidem hoc, uerum tamen paenitet me sic illic nominasse fortunam, cum uideam homines habere in pessima consuetudine, ubi dici debet: hoc deus uoluit, dicere:
3 hoc uoluit fortuna. quod autem quodam loco dixi: *ita conparatum est siue pro meritis nostris siue pro necessitate naturae, ut diuinum animum mortalibus inhaerentem nequaquam philosoph ae portus accipiat* et cetera, aut nihil horum duorum dicendum fuit, quia etiam sic sensus posset esse integer, aut satis

1 De Acad. I, 1, 1. 9, 25. II, 1, 1. 3, 9. III, 2, 2. 3. 4 7 De Acad. I, 1, 1 13 ibid.

1 libris tribus meis H^1, libris m. tribus *B* toties B^1E^1MW, totius *H pr.* 2 appellasse $B^2EHPVWv$, appellasse**** *S* de*am (e *ras.*) *C*, deam (a *in ras.*) *D*, deū *H* 3 intelligi $FQRS^2W$, *semper* rerum *om. R* uentum M^1 corpor^e^is (e *m. 2*) *C*, corporibus Q^1 4 nostris CDQ^1, *om. R* aut] ac *R* 5 regio C^1 proibit C^1, prohibit D^1 forsan *om. a* 6 fortuitu $BC^2DEFGHQSVa$, fortuite C^1 prouocandum F^1 est reuocandum *B* 7 etiam] enim *a* tacui* (t *ras.*) *Q* 8 furtuna *D* uccatur *EG* occulto (o *pr. in ras.*) *C*, occulto *H* ordine] nomine *H* 9 nichilque $BFRS^2$, *sic semper* aliud *om. W* casum] causā S^2 *in mg.* nominamus *Ba* 10 *post* est *ras.* 4—5 *litt. M* hęc *W* 11 uideam (ui *ex* iu *corr.*) *H*, uiderē C^1 in *om* Q^1 12 pessimā consuetudinem *CD* ubi] ut ubi BEF^2GQ^1SVW, ut ibi F^1 debit C^1 dicere* *C*, dicant *B*, facere Q^1 13 uoluit hoc *B* furtuna *D* cōnparatum *C*, comparato H^1 14 meretis D^1 pro] prout *R* 15 philosofiae *DSV*, filosophiae *H*, phylosophyae *E*, al. sapientię *a in mg.* 16 ^h^orum (h *a m. 2*) *M* duorum horum *a*, s. (= scilicet) siue p̄ m̄itis sū p̄ nec^te^ Q^2 *s. l.* 17 qui Q^1 sic etiam *G* sic *om. W*, si Q^1 possit BD^2FGHS aut] ut M^1

erat dicere: *pro meritis nostris*, sicut uerum est ex Adam tracta miseria, nec addere: *siue pro necessitate naturae*, quandoquidem naturae nostrae dura necessitas merito praecedentis iniquitatis exorta est. itemque illic quod dixi: *nihil omnino* 4
colendum esse totumque abiciendum quidquid mortalibus oculis cernitur, quidquid ullus sensus adtingit, addenda erant uerba, ut diceretur: *quidquid* mortalis corporis *sensus adtingit;* est enim sensus et mentis. sed eorum more tunc loquebar, qui sensum non nisi corporis dicunt et sensibilia non nisi corporalia. itaque ubicumque sic locutus sum, parum est ambiguitas euitata nisi apud eos, quorum consuetudo est locutionis huius. item dixi: *quid censes aliud esse beate uiuere nisi secundum* 5
id, quod in homine optimum est, uiuere? et quid dixerim *in homine* esse *optimum,* paulo post explicans: *quis*, inquam, *dubitauerit nihil esse aliud hominis optimum quam eam partem animi, cui dominanti obtemperare conuenit cetera, quaeque in homine sunt? haec autem, ne aliam postules definitionem, mens*

4 De Acad. I, 1, 3   12 De Acad. I, 2, 5

1 meretis D^1 ex *add.* M^2 *s. l.*   2 siue] siue p̧ meritis nostris siue *W*   quandoquidem—nostrae *add.* C^2D^2 *in mg.*   3 procedentis *H*   4 iniquitatis *om.* *RW*   eorta Q^1 item *W*   quod D^2 *s. l.*, quo *W*   5 quicquid $BC^2D^2EGMPQRS$, *sic semper*   mortalis *H*   6 adtingit C^1DR, attigit H^1, attingit *cet.*   addenda—adtingit *om.* D^1P 7 mortalibus C^1D *pr*   (mor)talis corporis *G* *in ras.*   sensus *CDR*, ullus sensus *cet.* *v*   adtingit C^1DH^1, attingit *cet.*   8 sen**s *H*   mentes C^1 eorū* *G*   tum *H*   loquebamur *HPV*   loquebamur tunc *a*   9 corparalē Q^1, corpus *a*   dicunt] intelligunt Q^1 et sensibilia—corporalia *om.* Q^1 corporalia *om.* E^1 10 itaquae ubicumquae D^1, *sic passim*   loquutus HP^1 parum est (est *s. l. add. m. 2*) *B*   11 ebitata C^1, euitata (ta *in ras.*) *G*, euitata est B^1 aput BC^1 quorum] q. et *R*   consuitudo D^1 loquutionis EHP^1 12 censeas BD^2EFGQW aliut Q^1 esse *add.* B^2 *s. l.*   beat*e (a *ras.*) *GM*   nisi—uiuere *om.* *R*   13 in *om.* CD^1 hominis (is *ex* ē *corr. m. 2*) *C*   obtimum *MPQ*   uiuere est *E*   quid *M*   14 obtimum *MPR*   post (ost *ex* us *corr.*) *B*   15 esse aliud esse *F*   homines H^1 quam] nisi E^1 16 animi *om.* *M*, hominis *R*   optemperare C^1PQRV quaeque CD^1HRV, quae *cet.*   17 difinitionem B^2M^1, diffinitionem FM^2R

aut ratio dici potest. hoc quidem uerum est — nam quantum
adtinet ad hominis naturam, nihil est in eo melius quam mens
et ratio — sed non secundum ipsam debet uiuere, qui beate
uult uiuere. alioquin secundum hominem uiuit, cum secundum
deum uiuendum sit, ut possit ad beatitudinem peruenire,
propter quam consequendam non se ipsa debet esse contenta,
6 sed deo mens nostra subdenda est. item respondens ei, cum
quo disputabatur: *hic plane,* inquam, *non erras; quod ut tibi
omen sit ad reliqua, libenter optauerim.* hoc licet non serio,
sed ioco dictum sit, nollem tamen eo uerbo uti. omen quippe
me legisse non recolo siue in sacris litteris nostris siue in
sermone cuiusquam ecclesiastici disputatoris, quamuis abomi-
natio inde sit dicta, quae in diuinis libris adsidue reperitur.
7 In secundo autem libro prorsus inepta est et insulsa illa (3)
quasi fabula de philocalia et philosophia, quod *sunt germanae
et eodem parente procreatae.* aut enim philocalia quae dicitur
non nisi in nugis est et ob hoc philosophiae nulla ratione

4 I Petr. 4, 6 7 Ps. 36, 7. Iac. 4, 7 8 De Acad. I, 4, 11 11 cf. III Regn. 20, 33 uulg. 12 cf. Ex. 8, 26. Deut. 7, 25 saepissime 15 De Acad. II, 3, 7

1 po*test *C* 2 attinet $BD^2EFGHPQSW$ est] ∻ D^2 *in mg.* in eo est *W* quem (a s. l.) *C* 3 debit* (a *ras.*) C^1 qui* *M* beatae *D*, beat*e *M* 5 sit *euanuit H* 6 consequendam] consuetudinem Q^1 ipso M^1 debit C^1 contempta *V* 7 deo] ideo *W* nostras obdenda H^1, subdenda nostra *Q* 8 disputatur *W* eras Q^1 quod ut] quo***ut (t *ex* s *corr. m. 2*) *C*, quominus D^1G^2 (*in mg.*) RS^2 (*in mg*) 9 *omen (n *ras.*) *CH* obtauerim *R*, optemperauerim *W* 10 sed ioco] sed iocoin *C*, sed iocu D^1, *al* sed ideo G^2S^2 *in mg.* sit] est *R* eo *om.* E^1 *omen *C*, om** *Q*, oma E^1 11 me* *M*, *om. H* legisse *om.* B^1 reccolo *V*, reculo C^1 literis *BFGH* 12 cu*iusquam (i *ras.*) *D* ecclesiastici] et e. *R*, ecclesiastice *W*, ecc. sermonis *a* disputationis *W* abhominatio E^1FH^1Q, abominacio *D* 13 adsiduae C^1D^1 repperitur *EFGHMRSVW* 14 prorsus] pr. ę *F* in*epta (a *ras.*) *M* insulsa (sa *m. 2 in ras.*) *M* 15 filocalia EHM^1, filologia M^2 *s. l.* et] et de *EFGQSW* filosophia *H*, philosofia *V*, phylosophya *E* quę *F* sint *BEHMNVWv* germane *D* 16 filocalia *EH*, philologia M^2 *s. l.* 17 hoc ob *Q* philosofiae *V*, filosofiae *H*, phylosophyae *E*

germana aut, si propterea est hoc nomen honorandum, quia latine interpretatum amorem pulchritudinis significat et est uera ac summa sapientiae pulchritudo, eadem ipsa est in rebus incorporalibus atque summis philocalia, quae philosophia, neque ullo modo sunt quasi sorores duae. alio loco, de animo 8
cum agerem, dixi: *securior rediturus in caelum.* iturus autem quam *rediturus* dixissem securius propter eos, qui putant animos humanos pro meritis peccatorum suorum de caelo lapsos seu deiectos in corpora ista detrudi. sed ego propterea non dubitaui dicere, quia ita dixi *in caelum*, tamquam dicerem ad deum, qui eius est auctor et conditor, sicut beatus Cyprianus non cunctatus est dicere: nam cum corpus e terra, spiritum possideamus e caelo, ipsi terra et caelum sumus. et in libro Ecclesiastae scriptum est: spiritus reuertatur ad deum, qui dedit illum. quod utique sic

6 De Acad. II, 9, 22 8 Plato Tim. p. 91 A sqq. Diels Doxogr. p. 199. 568, 19. 588, 21. 651, 2. Porphyr. sec. Aug. de ciu. dei XII, 27 12 Cypr. de dom. orat. 16 (I, 278 ed. Hart.). Aug. de praed. sanct. 8, 15 14 Eccle. 12, 7

2 latinae *MP* interpraetatum *HMP*, interpretatū* *C* pulcritudinis *CGHQ* pulcritudinis (pulchr. *D*) significat *CD*, significat pulchritudinis *cet. v* 3 pulcritudo *DGHQ* 4 incorporalibus*** *S* adque *C*¹*D*¹ *fere semper* phylocalia *E*, filocalia *H* quae] atque *H*², quae et *a* philosofia *V*, filosofia *H*, phylosophya *E* 5 nequ*e (a *ras.*) *D* sunt *om. B* soro**res (so *ras.*, e *ex* i *corr.*) *C*, sorrolis *D* a *E* cum agerem de animo *a* 6 re*diturus (d *ras.*) *M* in caelum *D*¹ *in ras.* 7 putant animos *D*¹ *in ras.* 8 animos (ni *in ras.*) *C* meriti *D*¹ 9 lapsus *C*¹*D*¹*H*¹ seu *CDER*, siue *cet. v* deiectus *C*¹*D*¹, dectos *B* ista *om. Q* sed ego (*eras.* hoc) *C*, hoc ego sed *H*¹, sed hoc ego *cet. v* propterea *om. E*¹ non dubitaui dicere propterea *B*¹ 10 *ita (i *in ras.*) *M* caelo *C*¹*D*¹ tamquam] quasi *B* 11 ad deum—cyprianus *add. P*² *in mg.* deum] eum *a* cyprianus (p *m. 2*) *D*, ciprianus *FHQV* 12 e] de *R* 13 possedeamus *C*¹*D*¹*V* de *R* a terra *E* et *om. H*¹ 14 eclesiastes *C*, ecclesiastis *D*¹, ecclesiaste *P m*, ecclesiastes *cet.* scribtum *HP*¹ 15 reuelatur *Q*¹ dominum *BE* dedit (dit *in ras.*) *F* sic *om. Pa*

intellegendum est, ut non resistatur apostolo dicenti nondum natos nihil egisse boni aut mali. sine controuersia ergo quaedam originalis regio beatitudinis animi deus ipse est, qui eum non quidem de se ipso genuit, sed de nulla re alia condidit, sicut condidit corpus e terra. nam quod adtinet ad eius originem, qua fit, ut sit in corpore, utrum de illo uno sit, qui primum creatus est, quando factus est homo in animam uiuam, an similiter fiant singulis singuli, nec tunc sciebam nec adhuc scio.

9 In libro tertio: *si quid mihi uideatur quaeris*, inquam, *in* (4)
mente arbitror esse summum hominis bonum. uerius dixissem:
in deo; ipso enim mens fruitur, ut beata sit, tamquam bono
10 summo suo. nec illud mihi placet, quod dixi: *liquet deierare*
11 *per omne diuinum.* item quod dixi de Academicis, quia nouerant
uerum, cuius simile appellabant uerisimile, idque ipsum uerisimile appellaui falsum, quod adprobabant, duas ob causas

1 Rom. 9, 11 5 Gen. 2, 7 7 I Cor. 15, 45 8 Aug. de lib. arb. III, 21, 59. 62. ep. 166, 7. op. inperf. c. Iul. IIII, 104 10 De Acad. III, 12, 27 13 De Acad. III, 16, 35 14 De Acad. III, 18, 40 Cic. Acad. II, 67 sq. et 73

1 intelligendum *BQRV* est *om. E*[1] non *om. C*[1] apostulo *V* 2 natus (u *in ras.*) *DH*[1] mali *M*[1] *in ras.* contruuersia *C*[1]*D*[1], contrauersia *M*[1] 3 religio *R* beatudinis *C* ipse deus *Q* 4 sed— condidit *add. B*[2] *in mg.* rē *D* 5 *bis* condedit *C*[1]*D*[1]*V* sicut condidit *om. R* corpus e terra condidit *W*[1] *e (a *ras.*) *Q*, e* (t *ras.*) *H* *post* terra *add. M*[1]*:* de natura animae, *quae M*[2] *del.* adtinet *C*[1]*D*[1]*H*[1]*S*[1]*V*, attinet *cet.* 6 orinem *H* quae *H* sit *om. a* unū *D*[1] 7 est creatus *E* 8 similiter] simul ita *H*, similiter ita *m*, semper ita *a* singolis *V*, singuli *C* singulae *C*[2]*MNOR* 12 mens] m̄s *Q*[1] summo bono *BFv* 13 mihi illud *v* placit *C*[1] dixi] d. de achademicis et *W* licet *BW*, libet *l; cf. Ter. Eun. 331* degerare *C*[1]*D*[1] 14 omen *BD*[2]*FGQ* achademicis *BCFGQRSVW* uerum nouerant *m* 15 cuius *om. P* apellabant *B*, approbant *E* (ueri) simile idque ipsum *D*[2] *in ras.* idque] qui *R* ipsum] uisum *R* 16 apellabam *B*, ł appellari *Q*[2] *s. l.* falsum ' falsum *R* quod** *C*, quod ad *D* approbabant (nt *ex* m *corr.*) *H*, approbant *ERu* ob duas *W*

non recte dictum est, uel quod falsum esset, quod aliquo
modo esset simile alicuius ueri, quia in genere suo et hoc
uerum est, uel quod adprobabant ista falsa, quae uocabant
uerisimilia, cum illi nihil adprobarent et adfirmarent nihil
adprobare sapientem. sed quia hoc ipsum uerisimile etiam
probabile nuncupabant, hinc factum est, ut de illis dicerem.
laus quoque ipsa, qua Platonem uel Platonicos seu Academicos 12
philosophos tantum extuli, quantum inpios homines non oportuit, non inmerito mihi displicuit. praesertim contra quorum
errores magnos defendenda est Christiana doctrina. illud etiam, 13
quod in conparatione argumentorum Ciceronis, quibus in libris suis Academicis usus est, meas nugas esse dixi, quibus illa argumenta certissima ratione refutaui, quamuis iocando dictum sit et magis ironia dicebatur, non debuit tamen dici.

4 De Acad. II, 6, 14 sqq. 7 De Acad. III, 17, 37. II, 10, 24 11 De Acad. III, 20, 45

1 recte* (a *ras.*) *F* ee *ex* ē *corr.* *H* esset] ñ e. *Q* quod| uel *a* 2 cuius *C* quia] q. et *R* in genere suo *om.* *W* 3 uer*um *D* adprobant CD^1, approbant *ERa* 4 (ueri) similia cum illi D^2 *in ras.* nil *D* approbarent—nihil *om.* *R* approbarent *mss. praet.* $CDHS^1$, adprobarint *V* adfirmarent $CDGHS^1V$, affirmarent *cet.* 5 hoc *om.* *a* 6 probabilē C^1D^1, probare *P* *noncupabant C^1, nuncupant B^1M^1, nuncubant E^1, non culpabant *a* hinc D^2 *in ras.*, hic C^1V^1 ut C^1D^1R, ut hoc *cet. v; cf. p. 15, 10* de *om.* F^1 7 platonicus C^1D^1, platonicos (to *in ras.*) *M* seu—10 doctrina *add.* Q^2 *in spat. uacuo* seu *CDER*, siue *cet. v* achademicos BC^2EGQ^2RSVW, achademicus C^1D^1 8 philosofos *V*, filosofos *H*, phylosophos *E* inpios] *pios *C*, impios ipsos *BFGQSW*, ipsos impios *E*, ipsus (impios) (u *in* o *corr.*, impios *add. m. 2*) *D* hominis C^1 9 immerito BQS^2W quorum contra *Q* 10 magnus C^1 defenda M^1 illut C^1, *semper* 11 comparatione $BC^2EFGPSW$, comparationem M^1R argumentorum comparatione *E* 12 achademicis $BC^2DEFGQRSVW$, achademices C^1 u*sus (i *ras.*) *E* meas] magnas meas EQ^1, mea *m* argumenta illa *v* 13 refutaui (re *et* ui *m. 2*) *Q* iocundo B^1V 14 et magis—dicebatur *om.* *Q* hironia *HMV*, hi*ronia (e *ras.*) *CD*, yronia *BEFW* dicebatur] uideatur BFG^1HPS^1VWv, uidebatur *E*; *cf. p. 9, 5* tamen debuit R^1

14 Hoc opus sic incipit: *O utinam, Romaniane, hominem sibi aptum.*

CAPVT II.

DE BEATA VITA LIBER VNVS.

1 Librum de beata uita non post libros de Academicis, sed
inter illos ut scriberem contigit. ex occasione quippe ortus est diei natalis mei et tridui disputatione conpletus, sicut satis ipse indicat. in quo libro constitit inter nos, qui simul quaerebamus, non esse beatam uitam nisi perfectam cognitionem dei.
2 Displicet autem illic, quod Mallio Theodoro, ad quem librum
ipsum scripsi, quamuis docto et Christiano uiro, plus tribui
3 quam deberem, et quod fortunam etiam illic saepe nominaui,
4 et quod tempore uitae huius in solo animo sapientis dixi
habitare beatam uitam, quomodolibet se habeat corpus eius, cum perfectam cognitionem dei, hoc est, qua homini maior esse non possit, in futura uita speret apostolus, quae sola beata uita dicenda est. ubi et corpus incorruptibile atque

7 De b. uit. 1, 6 12 De b. uit. 1, 5; cf. De ord. I, 11, 31 13 De b. uit. 1, 2. 5. 14 De b. uit. 2, 14 17 I Cor. 13, 12

1 incepit *F* roma*niane *Q*, romania *G* 4 *titulus deest Q* libri duo B^2 *s. l.* 5 post] p. multos *G* achademicis $BC^1DEFGQRSW$ 6 contegit D^1 occassione C^1, ocasione *H* 7 est *om.* EPQ^1 diei *om.* EHM^1NOPQ^1RV, dies B^1G^1a nalis R^1 tridua *R* completus (tu *add. s. l.*) *H* sicut] sum Q^1 8 ipse satis *a* constat R^2 9 perfectam *om. W*, profectam *D* 11 displicit C^1D^1 autem] tamen *a* quod manlio theodoro D^2 *in ras.* mallio* (o *ras.*) theodoro *M*, mali othe odero C^1, malli°theodoro *E*, manlio theodoro D^2HQVv, *de forma nominis* Mallii *cf. Seeck ad Symm. p. CXLVIII n. 744., Aug. de ciu. d. XVIII, 54 (361, 18 ed. Hoffm.)* 12 scribsi *P* uiro *om.* F^1, uero C^1 plus] popls Q^1 13 quam (a *m. 2*) *Q*, *om. H* deuerem C^1, deuerim D^1 etiam *om.* E^1 illic etiam *Q* sepae *M*, sepe *D* 14 sapientes C^1D^1 15 habitare *om. P* ***beatam (bea *ras.*) *C* uitam beatam *v* 16 profectam D^1 perfecta cognitione *R* qu*a (i *ras.*) *M*, quae *N* homini *om. W* maioris se (*om.* esse) C^1 17 posset C^1D^1 futura] fura C^1 18 incorruptebile *V* adque C^1, et *B*

inmortale spiritui suo sine ulla molestia uel reluctatione subdetur. sane istum librum in nostro codice interruptum repperi et non parum minus habere, et sic a fratribus quibusdam descriptus est, nec adhuc apud aliquem integrum inueneram, ex quo emendarem, quando haec retractaui.

Hic liber sic incipit: *Si ad philosophiae portum.* 5

CAPVT III.

DE ORDINE LIBRI DVO.

(1) Per idem tempus, inter illos quidem, qui de Academicis 1
scripti sunt, duos etiam libros de ordine scripsi, in quibus quaestio magna uersatur, utrum omnia bona et mala diuinae prouidentiae ordo contineat. sed cum rem uiderem ad intellegendum difficilem satis aegre ad eorum perceptionem, cum quibus agebam, disputando posse perduci, de ordine studendi loqui malui, cum a corporalibus ad incorporalia potest profici.
(2) Verum et his libris displicet mihi saepe interpositum fortunae 2
uocabulum; et quod non addebam: corporis, quando sensus 3
corporis nominaui; et quod multum tribui liberalibus disciplinis, 4

1 I Cor. 15, 44 sqq. 16 De ord. II, 9, 27 17 De ord. I, 1, 2 cf. Retract. I, 1, 4 18 De ord. I, 5, 15. 8, 24. II, 14, 39 sq.

1 immortale C^2EGPS^2 suo] sancto E^1FQ^1 subditur C^1, sudetur D^1 2 nostro in *m* codice (co *in ras.*) *C*, cudice *V* reperi *BE* 3 et *om. a* a*fratribus (f *ras.*) *D* 4 discriptus *HM*, disscriptus C^1, desscribtus *D* apud aliquem adhuc *E* aliquae R^1 inuene*ram *H* 5 ex quo] ut *V* 6 si *om.* $EMPQ^1V$, si* (c *ras.*) *D* ad] a *W* philosofiae *V*, filosofiae *H*, phylosophyae *E*, *fere semper* portūi *W* 7 *numerum et titulum om. Q* 8 ordine rerum *R* liberi *C* duo] III D^2 9 *er *Q*, P *R* quidem *om. MSV* achademicis BC^1DEF *GQRSW* 10 (s)cripti sunt C^2 *in ras.* ****duos (duos *ras.*) C^1 libros**(is *ras.*) *E* 11 magna quaestio *v* et] uel *B* 13 ***difficilem (dif *ras.*) *C* perceptionem] perfectionem GS^1Wa (*in mg.*) 15 mallui D^1M cum] quo B^2D^2HPQVv a] de *H* proficisci (sci *add. m. 2*) *D* 16 his CD^1H, in his *cet. v* libris (li *in ras.*) *C* displicit C^1 mihi displicet *E* furtunae *D* 17 non *om. OR* audebam *V* corporis] hominis *Oa* 18 multum *om.* B^1EORa

quas multi sancti multum nesciunt, quidam etiam sciunt et
5 sancti non sunt; et quod Musas quasi aliquas deas quamuis
6 iocando commemoraui; et quod admirationem uitium nuncupaui;
7 et quod philosophos non uera pietate praeditos dixi uirtutis
8 luce fulsisse; et quod duos mundos, unum sensibilem, alterum
intellegibilem, non ex Platonis uel ex Platonicorum persona, sed ex mea sic commendaui, tamquam hoc etiam dominus significare uoluerit, quia non ait: regnum meum non est de mundo, sed: r e g n u m m e u m n o n e s t d e h o c m u n d o, cum possit et aliqua locutione dictum inueniri et, si alius a domino Christo significatus est mundus, ille congruentius possit intellegi, in quo erit c a e l u m n o u u m e t t e r r a n o u a, quando conplebitur quod oramus dicentes: a d u e n i a t r e g n u m t u u m. nec Plato quidem in hoc errauit, quia esse mundum intellegibilem dixit, si non uocabulum, quod ecclesiasticae consuetudini in re illa inusitatum est, sed ipsam rem uelimus

2 De ord. I, 3, 6. 8, 24. II, 14, 41 3 De ord. I, 3, 8 4 De ord. I, 11, 31 5 De ord. I, 11, 32 6 Plato Resp. p. 507. Tim. p. 27 sq. Diels Doxogr. p. 305 [b], 3. p. 331 [a], 1. cf. Aug. de Acad. III, 17, 37 9 Io. 18, 36 12 Es. 65, 17. 66, 22. II Petr. 3, 13. Apoc. 21, 1 13 Matth. 6, 10

1 quidam—non sunt D^2 *in ras.* etiam] autem *a* sciunt *C*, qui sciunt *cet. v* et∗ *C*, eas *cet. v* 2 quam uisio cando D^1 3 quod ammirationem BEF^1HMPW, quodąm miserationem (am *del. m. 2*) *C*, q. ammirationem (ammi *m. 2 in ras.*) *D* noncupaui C^1 4 piaetate *D* 5 fulisse *H* mundus C^1 unū (ū *m. 2 in ras.*) *CD* alter̄∗ *C*, alterū (rū *m. 2 in ras.*) *D* 6 p'a∗∗tonis *C* ex *om. Q* 7 cummendaui C^1 8 significari *R* quia—ait D^2 *add.* meum *del. m. 1 H* 9 mundū C^1 regnum meum *add. V s. l.* hoc *del.* O^1 10 et D^2 *in ras.*, ex *R* aliqua] alia *a* (lo)cutione D^2 *in ras.*, loquutione HQ^1, locutione∗ (m *ras.*) *C*, ·i· aliquo figurato m loqndi *add.* Q^2 *s. l.* inuenire C^1 11 xpo dno *E* 12 posset *V* esset *W* 13 cōplebitur *C sic saepe* oramus (mus *in ras.*) *M* 14 Hec *F* 15 intellegibilem (gibi *in ras.*) *M* aeccleasiasticae *D sic saepe* 16 consuetudine *C pr.* ille H^1 inusitatum] non usitatum *BEOPv* sed] s. si *R* rem ipsam *B* uellimus D^1, uellemus C^1

adtendere. mundum quippe ille intellegibilem nuncupauit ipsam rationem sempiternam atque incommutabilem, qua fecit deus mundum. quam qui esse negat, sequitur, ut dicat inrationabiliter deum fecisse quod fecit, aut, cum faceret uel antequam faceret, nescisse, quid faceret, si apud eum ratio faciendi non erat. si uero erat. sicut erat, ipsam uidetur Plato uocasse intellegibilem mundum. nec tamen isto nomine nos uteremur, si iam satis essemus litteris ecclesiasticis eruditi.

(3) Nec illud mihi placet, quod cum dixissem: *summa opera* 9
danda est optimis moribus, mox addidi: *deus enim noster aliter nos exaudire non poterit; bene autem uiuentes facillime exaudiet.* sic enim dictum est, tamquam deus non exaudiat peccatores; quod quidem dixit in euangelio, sed ille, qui nondum cognouerat Christum, a quo iam fuerat inluminatus
in corpore. nec illud placet, quod Pythagorae philosopho 10
tantum laudis dedi, ut. qui hanc audit uel legit, possit putare

2 Act. 17, 24 9 De ord. II, 20, 52 12 Io. 9, 30 sq. 15 De ord. II, 20, 53 sq.

1 attendere *mss. praet.* C^1HS^1V ille *om.* M^1R, illum *H* noncupauit C^1D 2 incommotabilem D^1 3 ut dicat *add. V s. l.* 4 dum̄ *F* fecesse D^1 faceret] face**ret ụẹḷạṇṭ *M* uel—quid faceret *om. R* 5 *pr.* facerit *V* quid *ex* quod *corr. B* facere* (t *euanuit*) *H*, facerit *V* si *om.* P^1, qui *H* aput C^1F eum] dm̄ *H* faciendi ratio E^1 7 intellegibilem (lem *m. 2 s. l.*) *D* mundū (dū *in ras.*) *F* 8 uteretur B^1 iam (i *in ras.*) *C* essemus eccl. literis satis *B* literis *BGH* 9 dixissē (ē *m. 2 in ras.*) *D* 10 est] esse H^2R. sunt E^1 optimis *om. O* addedi *V* noster aliter nos] naturaliter nos *W*, aliter nos B^1 11 autem *om. W* 12 exaudiet (di *add. in mg. m. 2*) *C* *alt.* exaudiet HO^1 13 quidam $BD^2H^2OP^2Q^2Vv$ in euangelio dixit *B* 14 nondum] non *R* nouerat *Ra* xpm (m *m. 2 in ras.*) *H* fuerat iam *v* in**luminatus *C*, illuminatus $EFQRS^2W$ 15 placet] mihi placet *F m*, pl. mihi *a* pytagore *CGHOW*, phytagorę *BEN*, pitagorę D^2F, putagorac D^1 16 tantū (ū *in ras. m. 2*) *C*, tanto D^1, tantam G^1 dedi laudis *B* hanc *om. Oa* audit hanc *N* legit et audit *B*, legit uel audit *a* posset *V* potare *V*

me credidisse nullos errores in Pythagorica esse doctrina, cum sint plures idemque capitales.

11 Hoc opus sic incipit: *De ordine rerum, Zenobi.*

CAPVT IIII.

SOLILOQVIA, LIBRI DVO.

1 Inter haec scripsi etiam duo uolumina secundum studium (1)
meum et amorem ratione indagandae ueritatis de his rebus, quas maxime scire cupiebam, me interrogans mihique respondens, tamquam duo essemus ratio et ego, cum solus essem. unde hoc opus Soliloquia nominaui; sed inperfectum remansit, ita tamen, ut in primo libro quaereretur et utcumque appareret, qualis esse debeat, qui uult percipere sapientiam, quae utique non sensu corporis, sed mente percipitur, et quadam ratiocinatione in libri fine colligitur ea, quae uere sunt, esse inmortalia; in secundo autem de inmortalitate animae diu res agitur et non peragitur.

2 In his sane libris non approbo, quod in oratione dixi: *deus,* (2)
qui nisi mundos uerum scire uoluisti. responderi enim potest

2 Aug. de ciu. dei VI, 5. VII, 35 17 Solil. I, 1, 2

1 credisse C^1D^1 nullus C^1 (error)es in pytagorica D^2 *in ras.* pytagoric^{a} (a *m. 2*) *C*, pytagorica *FGRW*, phytagorica *EN*, phythagorica *B*, pytagoricę *H* 2 itemque *V*, iidemque *v* idemque capitales D^2 *in ras.* 3 de ordine] ordinem $EHOPQ^2Vv$ zenoui CD^1, cenobi B^1, zenobii H^2, zenouii *R*, coenobii *E* 5 soliloquiorum D^2FGVWv, de soliloquiis *BS*, de soliloquio *R*, de soliloquiorum *E*, *om. Q* 6 scribsi *HP* 7 et amorem meum *E* rationem $C^1D^1GN^2S^1$, rationemque S^2W, rationis *l* 8 quae *BHP* maximae *C* intergans O^1 mihique qụẹ *D*, mihiq;** *Q* 9 et ego—nomi (naui) *add.* C^2 *in mg.* 10 *hoc *G*, et hoc *O* 11 ut primo in E^1 utcumque (ut *add. s. l.*) *V* adpareret *H* 13 utiquae *D* sensū N^1 quaedam P^1, ex quadam *a* 14 **ratiocinatione (in *ras.*) *M*, rationatione B^1 fine libri *FORa* collegitur *V* uera *W* immortalia esse *Sv*, immortalia *GW* 15 res diu *B* 17 san*e (a *ras.*) *M*, sa^{ne} (ne *m. 2*) *H* adprobo HPS^1V, approbabo M^1 dixi *om.* H^1 deus *om. H* 18 nisi *in ras.* M^1 mundus $C^1D^1M^1$ uerum *om. a* uoluistiș *O*, uoluisti F^1Ha respondere C^1D^1, respondi *W*

multos etiam non mundos multa scire uera; neque enim defi-
nitum est hic, quid sit uerum, quod nisi mundi scire non
possint, et quid sit scire. illud, quod ibi positum est: *deus,* 3
cuius regnum est totus mundus, quem sensus ignorat, si deus
intellegendus est, addenda fuerant uerba, ut diceretur: *quem*
mortalis corporis *sensus ignorat.* si autem mundus dictus est,
quem sensus ignorat, ille recte intellegitur, qui futurus est
caelo nouo et terra noua; sed etiam hic addenda erant illa,
ut diceretur: mortalis corporis sensus. sed illo more adhuc
loquebar, quo sensus proprie corporis appellatur, nec adsidue
repetendum est, quod et superius inde iam dixi, sed hoc
recolendum, ubicumque ista locutio in meis litteris inuenitur

(3) Et ubi dixi de patre et filio: *qui gignit et quem gignit.* 4
unum est, dicendum fuit: unum sunt, sicut aperte ipsa ueritas
loquitur dicens: e g o e t p a t e r u n u m s u m u s. nec illud 5
mihi placet, quod in ista uita deo intellecto iam beatam esse,
animam dixi, nisi forte spe. item quod dixi: *ad sapientiae* 6
coniunctionem non una uia peruenire non bene sonat; quasi

3 Solil. I, 1, 3 8 Es. 65, 17. 66, 22. II Petr. 3, 13. Apoc. 21, 1 11 Retract. I, 1, 4. 3, 3 13 Solil. I, 1, 4 15 Io. 10, 30 16 Solil. I, 7, 14 17 Solil. I, 13, 23

1 etiam *B* difinitum C^1D, diffinitum *F* hic defin. est *E* 2 quid] quod *HOPR* 3 possent B^1, possunt B^2D^2FW scire D^2 *in ras.* illud] et illud *EHMOPRVv* 4 est regnum *E* est otus *H* mundos E^1 ignorat D^2 *in ras.*, ignurat C^1, ignora* (t *euan.*) *H* 5 addenda* (e *ras.*) *H* erant *B* dicerem *W* 7 fu*turus (e *ras.*) *H* 8 caelum *P*, in caelo *a* nouum *P* terra] cetera D^1 sed] si B^1 hic] hęc *N* illa] illa uerba S^2VWa 9 *ut (a *ras.*) *H* dicerentur *C*, dicerem *W* sensu *H* 10 proprie H^2 *in ras.*, propriae *DM* appellantur *Q* assidu*e (a *ras.*) *M*, adsiduae D^2 11 quo *H* iam inde *B* 12 recolendum] r. est *Q* ista] i. mea *E* loquutio HP^1 inueniatur *H* 13 gignat *H* et quem—dicendum M^2 *in ras.* et *om.* HQ^1R quem *om.* Q^1R, qui Q^2 *in mg.* gignit *om.* Q^1R, gignitur Q^2 *in mg.* 14 fuit] est B^1 apertae *D* 15 unum *om.* P^1 mihi illud *W* 16 quod—deo D^2 *in ras.* uita *om.* *C*, uita iam W^1 esse *om.* *P* 17 nisi *om.* *R* in spe (in *m. 2*) *Q* coniunctionem sapientiae *B* 18 coniunctionem] cognitionem D^2 *in ras.* O^2Qa

alia uia sit praeter Christum, qui dixit: ego sum uia. uitanda
ergo erat haec offensio aurium religiosarum, quamuis alia sit
illa uniuersalis uia, aliae autem uiae, de quibus et in Psalmo
canimus: uias tuas, domine, notas fac mihi et semi-
7 tas tuas doce me. in eo, quod ibi dictum est, *penitus*
ista sensibilia fugienda, cauendum fuit, ne putaremur illam
Porfyri falsi philosophi tenere sententiam, qua dixit omne
corpus esse fugiendum. non autem dixi ego: omnia sensibilia,
sed: *ista*, hoc est corruptibilia; sed hoc potius dicendum fuit,
non autem talia sensibilia sensibilia futura sunt in futuri
saeculi caelo nouo et terra noua.

8 Item quodam loco dixi, quod *disciplinis liberalibus eruditi* (4)
sine dubio in se illas obliuione obrutas eruunt discendo et
quodam modo refodiunt. sed hoc quoque inprobo. credi-
bilius est enim propterea uera respondere de quibusdam disci-
plinis etiam inperitos earum, quando bene interrogantur, quia
praesens est eis, quando id capere possunt, lumen rationis

1 Io. 14, 6 4 Ps. 24, 4 5 Solil. I, 14, 24 7 Porphyr. ad Marc. §§ 8. 32. 34. De regressu anim. ap. Aug. de ciu. dei X, 29. XXII, 12. 26. 27. 28 11 Es. 65, 17. 66, 22. II Petr. 3, 13. Apoc. 21, 1 12 Solil. II, 20, 35

2 offensio haec *M* arium H^1, aurum Q^1, aurib; *W* relegiosarum C^1D^1M, religiosorum *W* 3 illa *om. W*, ***illa (uia *ras.*) *H* uniuersalis illa (*om.* uia) *F* et *CDHMO*, ē *R*, *om. cet. v* psalmo] ipsa *H* 4 cantamus *M* 5 edoce *R* in CDM^1, et in *cet. v* est W^2 *in ras.* penitus CD^1EM^1R, penitus esse *cet. v* 6 fugientia *R* ne] nec C^1D^1 illa *R*, ipsam O^1 7 porfyrii C^2, porfi*ii *D*, porphirii *BFGNPRSVW*, portirii *HO* omne] ne *H* 9 hoc est *om.* H^1 corruptiuilia C^1 hoc] h. etiam *H* 10 *alia (t *ras.*) *C* *pr.* sensibilia—noua G^2 *in ras.* sensibilia sensibilia *C*, *cf. Confess. I, 16, 25*, sensibilia *cet. v* futura] futuri *H* 11 saeculo *H* nouo caelo *F* 12 quod] quo H^1 in disciplinis *a* *eruditi *C*. *eruditi* (h *et* s *ras.*) *D* 13 se] res *R* illas] scintillas E^1, scillas E^2 *s. l.* obrutas *in ras. E*, obruta $C^1D^1M^1RS^1$ seruunt *CD*, serunt M^1S^1. *uunt H^1, seruiunt *R*, seriunt *W* dicendo *W* 14 modo (do *s. l. m. 2*) *M*. modam *P* credebilius C^1 15 enim est *B* respondere (*pr.* re *euan.*) *H* de *om. H* 16 inperitus C^1D^1 interrogatur G^1 quia] quando *W* 17 est eis] esse is E^1, est ei *W* quando $C^1D^1FGMNRW$, quantum *cet. v*

aeternae, ubi haec inmutabilia uera conspiciunt. non quia ea nouerant aliquando et obliti sunt, quod Platoni uel talibus uisum est. contra quorum opinionem, quantum pro suscepto opere dabatur occasio, in libro duodecimo de trinitate disserui.

Hoc opus sic incipit: *Uolenti mihi multa ac uaria mecum.* 9

CAPVT V.

DE INMORTALITATE ANIMAE LIBER VNVS.

Post libros Soliloquiorum iam de agro Mediolanium reuer- 1
sus scripsi librum de inmortalitate animae. quod mihi quasi commonitorium esse uolueram propter Soliloquia terminanda. quae inperfecta remanserant, sed nescio quo modo me inuito exiit in manus hominum et inter mea opuscula nominatur. qui primo ratiocinationum contortione atque breuitate sic obscurus est, ut fatiget, cum legitur, etiam intentionem meam uixque intellegatur a me ipso.

(2) Denique cogitans nihil aliud quam animos hominum in 2

2 Plat. Phaedo p. 72 E 4 Aug. de trin. XII, 15, 24 9 Aug. Conf. VIIII, 6, 14

1 internae *a* conspiciunt (ciu *in ras.*) *M*, conspitiunt *D* 2 ea D^2 *in ras.*, ea* *E* 3 est *in ras. E* corum C^1D^1, eorum *R* quantū C^2, quanto C^1, quanta *cet. v* pro* (r *ras.*) *D* pro suscepto] pro suscepta *E*, prorsus coepto *OP* 4 operi *OPa*, opera *E* debeatur *O* deserui H^1 6 uolenti R^1 uoluenti mihi D^2 *in ras.* *ac (h *ras*) *CD* uarie B^1 mecum] m. Amen *F* 7 *num. et inscriptio desunt Q* 8 animae *om. F* 9 mediolanium (nium *m. 2*) *D*, mediolanum C^1*FNPVWr* reuersus mediolanum *F* 10 scribsi *HP* de imm. an. librum *W* inmortate D^1 quem *V* 11 commemoratorium *W* terminanda (nda *in ras.*) *M* 12 remanserunt *BFGNSW* 13 exiit (it *m. 2 in ras.*) *D*, exii*t *C*, exigit *P* me H^1 nominatur (ina *in ras.*) *M*, nominantur *R*, numeratur B^1 14 raciocinationū (oci *et* ū *m. 2*) *D*, ratiocinatione *Ca* contorsione Q^1*Ra* 15 intentio**nem *O* 16 intelligitur R^1 ipsa D^1 17 denique CG^2 (*in mg.*) *NQRS* (*in mg.*) *W*, deniquae D^2, dequae D^1, deinde *cet. v* cogitas *H* nihil aliud cogitans *B* animus C^1

quadam argumentatione eiusdem libri dixi: *nec esse in eo, qui nihil discit, disciplina potest;* itemque alio loco dixi: *nec ullam rem scientia conplectitur, nisi quae ad aliquam pertinet disciplinam,* nec uenit in mentem deum non discere disciplinas et habere omnium rerum scientiam, in qua etiam praescientia est futurorum. tale est et illud, quod ibi dictum est, *non esse uitam cum ratione ulli nisi animae;* neque enim deo sine ratione uita est, cum apud eum et summa uita et summa sit ratio. et illud aliquanto superius dixi, *id, quod intellegitur, eius modi esse semper*, cum intellegatur et animus, qui utique non eius modi est semper. quod uero dixi: *animum propterea non* posse *ab aeterna ratione separari, quia non ei localiter iungitur,* profecto non dixissem, si iam tunc essem litteris sacris ita eruditus, ut recolerem, quod scriptum est: p e c c a t a u e s t r a s e p a r a n t i n t e r u o s e t d e u m. unde intellegi datur etiam earum rerum posse dici separationem, quae non locis, sed incorporaliter iuncta fuerant.

3 Quid sit etiam, quod dixi: *anima si caret corpore, in hoc mundo non est,* non potui recordari. numquid enim animae (3)

1 De inm. an. 1, 1   2 ibid.   6 De inm. an. 4, 5   9 De inm. an. 1, 1   11 De inm. an. 6, 11   14 Es. 59, 2   18 De inm. an. 13, 22

1 quodam C^1 esse] e. potest *N*   qui CD^1EG^2 (*in mg.*) $OPRS^2$ (*in mg.*), quo *W*, quod *cet. v*   2 disci *V*   potest *om. N*, t *alt. in ras. m. 2 C*   itemque D^2 *in ras.*, idemque *C*, item quod *a*   itemque—loco *in ras.* M^1 ulla *R*   3 res E^1R completur *R*   4 disciplinas (s *alt. s. l.*) *M*, disciplinam *HOPRa*   et] sed HM^1OPRa 5 omnium rerum habere *B*   quo *E*   praescientia (cientia *m. 2*) *D*, praesentia O^1 6 et *om. R,* ut Q^1 illud] aliud Q^3 *s. l.*   ibi *ex* ubi *corr. M*   7 ulli• (i *ras.*) *C*   animae (ae *in ras.*) *M*   8 uita est (a est *in ras.*) *M*   cum] dm̄ *B*   9 illud CD^1, illud quod *cet. v*   aliquando O^1QR 10 esse *in ras. G*   cum—semper *om. P*   intelligitur *W*, et intelligatur *F*   12 superari E^1 13 sacris literis *B*   14 eruditis O^1 reçǫlecolerem *D*, recoleremus *H*   scribtum *DP*, dictum *F*   peccata *in ras.* Q^2 15 datur intellegi *B*   16 earum (ar *in ras.*) *V*   posse••••• *C*   qui (i *ex* e) *S*   17 incorporaliter *in ras. M*   iunctae *SVv*   18 quid] quod B^1 animae omē *R*   si] sic *O*   19 mundo G^2 *s. l.*   potui] p. mortuos BD^2FGNQS^2 (*in mg.*) *Wa*   animi *HMR*

mortuorum aut non carent corpore aut in hoc mundo non
sunt? quasi uero inferi non sint in hoc mundo. sed quia
carere corpore in bono potest, fortasse nomine corporis pestes
corporeas appellaui. quod si ita est, nimis insolenter uerbo
usus sum. illud quoque temere dictum est: *a summa essentia* 4
speciem corporis per animam tribui, qua est, in quantumcumque est. per animam ergo corpus subsistit et eo ipso est, quo animatur, siue uniuersaliter, ut mundus, siue particulariter, ut unum quodque animal intra mundum; hoc totum prorsus temere dictum est.
Hic liber sic incipit: *Si alicubi est disciplina.* 5
(VI.) Per idem tempus, quo Mediolani fui baptismum percepturus, 6
etiam disciplinarum libros conatus sum scribere interrogans eos, qui mecum erant atque ab huius modi studiis non abhorrebant, per corporalia cupiens ad incorporalia quibusdam quasi passibus certis uel peruenire uel ducere. sed earum solum de grammatica librum absoluere potui, quem postea de armario nostro perdidi, et de musica sex uolumina, quantum adtinet

5 De inm. an. 15, 24 12 Aug. Conf. VIIII, 6, 14 18 Retract. I, 10, 1

2 sint] sunt *HPQ*^{1}*VWa* quia] qui *H* 3 corpore carere *R*^{1} potest *CD*^{1}*R*, non posui *BFM*^{2}, posui *cet. v* nomina *H* 4 insolenter (sum *m. 2*) *C*, insolenti *W* 5 sum *om. C* dictū (ū *m. 2 in ras.*) *H* a *M*^{2} *s. l.* 6 spetiem *C*^{1} corporis *CD*^{1}*HP*, corpori *cet. v* qua] quia *B*^{1} 7 *pr.* est *add. D*^{2} *s. l.* subsistet *V* ipso est *eras. H* est *B*^{2} *s. l.* 9 inter *W* temere prorsus (t *m. 2*) *H* 12 *Ab* Per *nouum (VI) caput incipit C*^{2}*OPVv hac inscriptione praemissa:* SEPTEM DISCIPLINARVM LIBRI *C m. post.*, DE DISCIPLINARVM LIBRIS *H*, DE LIBRIS DISCIPLINARVM LIBER (UNUS *F*, ALTER *E*) *BEF; cum sequenti capite coniungunt inscriptione quoque eius adiecta OP* id *W* mediolanii *C*^{2}*W*^{1}, mediolanis *D*, mediolanum *RV*, mediolanio *O* fui* *D* 13 etiam etiam *F* 14 ab] ad *E*^{1} aborrebant *C*^{1}*D*, abhorrebam *R* 15 cupiens] c. transire *W*^{1} quidam *H* quasi quibusdam *B* 16 perueniri *a* perducere *BF*^{1}, duci *a* eorum *MOP* 17 gramatica *C*^{1}*H* quē *ex* quae *H* 18 nostro] meo *W* perdedi *C*^{1} musica* (s *ras.*) *H* uolumina (a *ex* e *corr.*) *H*

ad eandem partem, quae rythmus uocatur. sed eosdem sex libros iam baptizatus iamque ex Italia regressus in Africam scripsi; incoaueram quippe tantummodo istam apud Mediolanium disciplinam. de aliis uero quinque disciplinis illic similiter incoatis, de dialectica, de rhetorica, de geometrica, de arithmetica, de philosophia, sola principia remanserunt, quae tamen etiam ipsa perdidimus, sed haberi ab aliquibus existimo.

CAPVT VI. (VII.)

DE MORIBVS ECCLESIAE CATHOLICAE ET DE MORIBVS MANICHEORVM LIBRI DVO.

1 Iam baptizatus autem cum Romae essem nec tacitus ferre (1) possem Manicheorum iactantiam de falsa et fallaci continentia uel abstinentia, qua se ad inperitos decipiendos ueris Christianis, quibus conparandi non sunt, insuper praeferunt. scripsi duos libros, unum de moribus ecclesiae catholicae et alterum de moribus Manicheorum.

11 Aug. Conf. VIIII, 3, 5. 8, 17

1 eandem *BCDEFGNW*. eam *cet. v* partē (rt *in ras. m. 2*) *C* rithmus $BC^2DGHMNO^2PQRS^1V$, rethmus O^1, ritmus C^1, rihtmus *E*, arithmus FS^2 (*mg.*) *W* 2 ex*ita*lia (i *et* a *ras.*) *C*, exiit alia D^1 recressus C^1, reggressus *F*, regresus *H* affricam *BCEFGNQR*, africa *HVa* 3 incoaueram C^1DF^1, inquoaueram *V*, inchoaueram *cet.* istum H^1 apud istam Q^1 mediolanum $C^2EFG^1PQRSVWv$ 4 discipli**nis (li *ras.*) *H* 5 inchoatis (ch *in ras. m. 2*) *C*, incoatis D^1, inuocatis *R* rethorica $BC^1DEFGHMNOPQR$ ge*ometrica *M*, geometria *a* aritmetica C^1D, arytmetica *P*, arihtmetica *E* de arithmetica *om. N* 6 philophia *M* 7 etiam *om. F* ipsa H^2 *in mg.*, ipsā D^1 perdedimus C^1V aberi *D* ab aliquibus haberi *W* exhistimo *V*, estimo *O* hoc opus sic incipit: omnia nomina tredecim *add. a* 8 VI* *C*, *om. BDFOPQVW*, VII *v* 9 *inscriptio deest in* OP^1QV aeclesiae C^1H. aecclesiae *D* *alt.* de *om. FW* 10 manichaeorum *M* liber C^1M libri duo D^2 *in mg.* 11 autem baptizatus *B* autem G^2 *s. l.*, *del* D^2 rom*e (a *ras.*) *M*, roma D^1 ne E^1 ferre tacitus *v* 12 possim D^1 manicheorum *CDM*, manichaeorum *cet.* contenentia D^1 13 qua* (e *ras*) *M* 14 cō*parandi (n *ras.*) *C* 15 libros B^2 *in mg.* ecclesiae catholicae moribus *B* aecclesię *CD* et *om. v*

(2) In eo igitur, qui est de moribus ecclesiae catholicae, ubi posui testimonium, in quo legitur, *quoniam propter te adficimur tota die, aestimati sumus ut oues,* mendositas nostri codicis me fefellit minus memorem scripturarum, in quibus nondum adsuetus eram. nam eiusdem interpretationis alii codices non habent: propter te adficimur, sed propter te morte adficimur, quod uno uerbo alii dixerunt mortificamur. hoc esse uerius graeci libri indicant, ex qua lingua in latinam secundum Septuaginta interpretes ueterum diuinarum scripturarum est facta translatio. et tamen secundum haec uerba, id est: propter te adficimur, multa disputans dixi, quae in ipsis rebus non tamquam falsa inprobo, uerum tamen conuenientiam scripturarum ueterum et nouarum, quam demonstrare cupiebam, ex his dumtaxat uerbis non utique demonstraui. unde autem mihi error obrepserit, dixi; ex aliis uero testimoniis eandem conuenientiam sufficienter ostendi. 2

(3) Et paulo post testimonium posui de libro Sapientiae secundum codicem nostrum, in quo scriptum erat: *sobrietatem enim sapientia docet et iustitiam et uirtutem,* et 3

2 De mor. eccl. cath. I, 9, 14 sq. Ps. 43, 23. Rom. 8, 36
16 De mor. eccl. cath. I, 16, 26—29 17 Ibid. I, 16, 27 18 Sap. 8, 7

1 igitur] i. libro *D*[2] *s. l. Q* aecclesiae *C*, eclię *H*, aecclaesiae *D* catholicae ecclesiae *B* ubi *om. E* 2 posui *in ras. E*, possui *O* quoniam *CD*, *om. cet. v* propterea (*om.* te) *E* 3 adficimur] afficimur** *H*, morte aff. *R* di*e *M* oues *CD*[1]*R*, oues occisionis *cet v* mensitas *H*[1] 4 cudicis *V* scribturarum *EH* 5 adsuetos *C*[1], assuetus *BEFGMRSW* nam—morte adficimur *M*[1] *in ras.* interpraetationis *DMP* 6 aficimur *M* sed—adficimur *om. H* 8 mortificamus *H* uerus *H*[1] greci *C* 9 in linguam *W* in latinam *B*[2] *in mg.* interpraetes *DMP* 10 scripturarum diuinarum *P* diuinar*um (i *ras*) *Q* facta est *B* 12 falsū *E*, fals*a *H* 13 conuenientia *O* ueterum et n. scripturarum *B* qualem *NQ* 14 utiqu e *D* 15 ***unde *H* ***obrepserit (orbe *ras.*) *D* 16 uero | autem *B* conuenentiam *C*[1], conscientiam *O* 17 Et] similiter et *D*[2]*GHMOPQVv* libro* (s *ras.*) *C* 18 cudicem *V*, coticem *D*[1] nostri *E*[1] subrietatem *C*[1], sobriaetatem *D* 19 *tert.* et *om. N*, *eras. D*

secundum haec uerba disserui res quidem ueras, sed ex occasione mendositatis inuentas. quid enim uerius, quod sapientia doceat ueritatem contemplationis, quam nomine sobrietatis significatam putaui, et actionis probitatem, quam per duo alia intellegi uolui, per iustitiam atque uirtutem, cum codices eiusdem interpretationis ueriores habeant: sobrietatem enim et sapientiam docet et iustitiam et uirtutem? his enim omnibus latinus interpres quattuor illas uirtutes, quae maxime in ore philosophorum esse adsolent, nominauit, sobrietatem appellans temperantiam, prudentiae inponens nomen sapientiam, fortitudinem uero uirtutis uocabulo enuntians, solam iustitiam suo nomine interpretatus est. has autem quattuor uirtutes in eodem libro Sapientiae suis nominibus appellatas, sicut a Graecis uocantur, longe postea repperimus in codicibus
4 graecis. item quod posui de libro Salomonis: *uanitas uanitantium, dixit Ecclesiastes*, in multis quidem codicibus legi, sed hoc graecus non habet; habet autem: uanitas uanitatum, quod postea uidi, et inueni eos latinos esse

9 Plato Legg. p. 963 C—964 B. Phaedo p. 79 C. Cic. de fin. II, 51. Diels Doxogr. p. 569, 4. 570, 30 15 De mor. eccl. cath. I, 21, 39 Eccle. 1, 2

1 *haec *D* 2 occasionis C^1, hoccasione (e *m. 2 in ras.*) *D* uerus H^1 quod] quam quod P^2Q^2v 3 ueritatem] uirtutem *a* (*et* 9) subrietatis C^1, sobriaetatis *D* 4 prauitatem G^1R 5 atque] et *Q* cudices *V* 6 interpraetationis *DMP* habeant ueri-ores *B* subrietatem C^1V, sobriaetatem *D*, sobrietatem appellans Q^1 7 docent CD^1 *alt.* et *om. N*, *expunxit* D^2 uirtutem] ueritatem *BF*, u. sobrietatē appellans tempantiā *R* 8 omnibus C^1DM *NQR*, nominibus *cet. v* latinus *om. F*, latinis *R* 9 ore] hore *D*, opere M^1R nomnauit *H* 10 prudentiae] et pr. *a* nomen imponens *B* 11 sapientiae B^1D^2Q, sapientia D^1 uiro *C* uobulo C^1 12 interpraetatus *DMPRV* quatuor C^1GS^2 14 appellantur *V* reperimus BC^1DEPR 15 ytem E^1 possui *O*, dixi *B* solomonis C^1, salemonis *R* uanitantium] uanitatum C^2EH^2OPQa 16 accclesiastes *CD*, ęclęsiastes *H* codicibus (cibus *in ras.*) *M*, coditibus C^1 17 *bis* habit C^1 autem *om. O* 18 uanitatium *M*, uanitantum *V*, uanitantium *CDEHNOPQRa* uidi et *in ras. S* et *om. E* eis *V* latinis BF^2S^2a

ueriores, qui habent uanitatum, non uanitantium. ex
occasione tamen huius mendositatis quaecumque disserui, uera
esse ipsis rebus apparet.

(4) Quod autem dixi: *cum ipsum, quem cognoscere uolumus,* 5
hoc est deum, *prius plena caritate diligamus,* melius dice-
retur: sincera quam *plena,* nisi forte putatur caritatem dei non
futuram esse maiorem, quando uidebimus facie ad faciem.
sic itaque hoc accipiatur, tamquam plena dicta sit, qua maior
esse non possit, quamdiu ambulamus per fidem; erit enim
plenior, immo plenissima, sed per speciem. item quod dixi 6
de his, qui subueniunt indigentibus, quia *misericordes uocantur,
etiam si sapientes usque adeo sint, ut iam nullo animi dolore
turbentur,* non sic accipiendum est, tamquam definierim in hac
uita esse tales sapientes; non enim dixi: cum sint, sed dixi:
etiam si sint.

(5) Alio loco, ubi dixi: *iam uero, cum haec humana dilectio* 7
*inhaerentem uberibus suis nutrierit et roborauerit animum, se-
quendo deo factus est idoneus; ubi eius maiestas ex tanta parte,*

4 De mor. eccl. cath. I, 25, 47 7 I Cor. 13, 12 9 II Cor. 5, 7 11 De mor. eccl. cath. I, 27, 53 16 De mor. eccl. cath. I, 30, 64

1 habet *H* uanitat*um (i *ras.*) *M*, uanitatium *BH*, uanitantium *CD*^{1}*EOPVa* *alt.* uanitatium *C*, uanitantum *V*, uanitatum *EOPa* 2 hoccasione *C*^{1}*D*^{1}*Q*, occassione *O* quecumquae *D*, quicumque *H*^{1}, quemcumque *Q* 3 ipsis] in i. *BFGM*^{2} (*s. l.*) *Sa* apparent *Va* 4 cognuscere *C*^{1}*V*, cognoscere (* *supra* e) *D* 5 primum *R* plaena *H*^{1} 6 plena] caritate *add.* *M*^{2} *s. l.* nisi] ne *m* potatur *V*, putetur *E*, putaretur *m* caritatem dei] caritatem *C*^{1} 7 uidemus (bi *supra* de) (e *ex* i, bi *m. 2*) *C*, uidimus *D*^{1}, u. eum *a* faciae *D* 8 plena* (s *ras.*) *R* dictum sit *D*^{2}*Q*, dicta erat *D*^{1} qua* (m *ras.*) *CM*, quia *B*^{1}*E* 9 possit** (sit *in ras.*) *C* ambolamus *V*, ambulemus *M* enim erit enim *H* 10 sed] scilicet *a* per *om.* *V* 11 iis *m* 12 adeo* sint (s *ras.*) *C*, adeos sint *D* sint (si *in ras.*) *H* iam] etiam *EO* 13 definierim* (im *m. 2 in ras.*) *C*, diffinierim *F*, defunerim *O*^{1} 14 tales esse *B* sed] et *H* 16 alio] a. uero *B* 17 tuis *am* nutrierit *CD*, nutriuerit *cet.* *v* roburauerit *M* 18 deo *G*^{2} *in ras.*, deum *C*^{2}*EOPV* factus est] factus *EHOPRVa*, factum *m* idoneum *m* ex *add.* *M*^{2}

quanta animi, dum terrae huius inhabitator est, sufficit, aperire se coeperit, tantus caritatis ardor innascitur et tantum diuini amoris consurgit incendium, ut exustis omnibus uitiis in homine sanctificato atque purgato satis appareat, quam diuine dictum sit: ego sum ignis consumens, possunt putare Pelagiani istam perfectionem in hac mortali uita me dixisse posse contingere. sed non hoc putent. ardor quippe caritatis sequendo deo factus idoneus et tam magnus, ut uitia cuncta consumat, in hac uita nasci et crescere potest, perficere uero, propter quod nascitur, ut nullum insit homini uitium, non consequenter hic potest, quamuis tanta ista res eodem ardore caritatis perficiatur, ubi perfici et quando perfici potest, ut quemadmodum lauacrum regenerationis purgat a reatu omnium peccatorum, quae humana traxit natiuitas et contraxit iniquitas, ita illa perfectio purget ab omnium labe uitiorum, sine quibus esse non potest humana in hoc saeculo infirmitas. sicut accipiendum est etiam quod dixit apostolus: Christus

5 Deut. 4, 24 Hebr. 12, 29   13 Tit. 3, 5   17 Eph. 5, 25—27

1 animi $CD^1G^2S^2$ (*in mg.*), animi humani E^1OP, animus humanus E^2, homini *cet. v*   habitator *V*, inhabitatur H^1, inhabitor *P*   apperire *E*   2 coepit Q^1 et tantum] et in t. *EOP*, in tantum *R*   3 diuini* (s *ras.*) *R*   insurgit *MV*, surgit *OP*   exutis *P*   in] et *EHMOPV*   4 atque purgato D^2 *in mg.*   purgato atque sanctificato *a*   quam] quia *H in ras.*   diuinae C^1MP 5 putare* *H*   6 pilagiani G^1, plenariam *F*   7 contingere (on *in ras. m. 2*) *C*   ardore C^1D^1R 8 sequendo] siue s. $BCDFGNQR^1S$, s*uc R^2 deum C^2EOPa idoneus] ideus C^1, obediens *F*   et tam] etiam *O*   ut M^2 *s. l.*   9 consum*at *C*, consum*at* *M*, consumet *H*   10 homini] in h. *M*   11 hoc C^1 potest] po* (t *ras.*) *N*   quamuis* (s *ras.*) *CD*   ista tanta *O*   12 *pr.* perfici—potest B^2 *s. l.*   perfici et] perficiat *a*   et D^2 *in ras.*   13 labacrum C^1V, lauachrum *NO*   purgat* *C*   a*reatu (u *ras.*) *D*   14 huma *H*   15 illa *om.* G^1 purgit C^1D^1 purget perfectio *N*   omni *v*   laue C^1, laui D^1 16 qubus *C*   esse non potest in hoc mundo humana *B*, humana esse non potest *m*   potes** *H*   saeculo] mundo *B*   17 sicut *P*, sicus *O*, sic *N*   dixit *C*, ut D^1, ait *cet. v*

dilexit ecclesiam et semet ipsum tradidit pro ea, mundans eam lauacro aquae in uerbo, ut exhiberet sibi gloriosam ecclesiam non habentem maculam aut rugam aut aliquid eius modi. hic est enim lauacrum aquae in uerbo, quo mundatur ecclesia. sed cum tota dicat, quamdiu hic est: dimitte nobis debita nostra, non utique hic est sine macula aut ruga aut aliquid huius modi. ex eo tamen, quod hic accipit, ad illam gloriam, quae hic non est, perfectionemque perducitur.

(6) In alio libro, cuius est titulus: de moribus Manicheorum, illud, 8
quod dixi: *dei bonitas omnia deficientia sic ordinat, ut ibi sint, ubi congruentissime possint esse, donec ordinatis motibus ad id recurrant, unde defecerunt*, non sic accipiendum est, tamquam omnia *recurrant ad id, unde defecerunt*, sicut Origeni uisum est, sed ea omnia, quae recurrunt. non enim recurrent ad deum, a quo defecerunt, qui sempiterno igne punientur, quamuis

6 Matth. 6, 12   11 De mor. eccl. cath. II, 7, 9   14 Rufin. de princ. II, 3, 3. (Patrol. lat. XI, 168 sq. M.) Aug. de ciu. dei XXI 17 (II, 548, 24 ed. Hoffm.) de gest. Pel. 3, 10. Op. inp. c. Iul. V, 47 VI, 10. de haeres. 43. Oros. ad Aug. 3 (Patrol. lat. XĹII, 668 M. CSEL XVIII, 156, 17 ed. Schepss) Aug. ad Oros. 5 (ibid. p. 672)

1 aecclesiam *CD*, ecłam *H*   semet *CD*, se *cet. v*   et se ipsum *E in ras.*   ipsam D^1 tradedit C^1 2 eum D^1 lauachro *NO*   aţquẹ *Q*   exiberet C^1D, exhiberiț *V*   3 ecłam *H*, aecclesiam *D*   4 huius modi *Rv*   hic] hoc *a*   est *om.* Q^1R enim] etiam BGS^2 (*in mg.*)   labacrum *V*   5 aecclesia *CD*, ecclesię E^1 6 dica*t (n *ras.*) *H*, dicat ecclesia *a*   7 hic B^2 *s. l.*   est hic *a*   *pr.* aut *BCDV*, et *cet. v*   aliquid *C in ras.*, aliquod *P*, aliquo *O*   8 huius modi (hu *in ras. C*) *CDNQR*, eius modi *cet. m*   hic Q^2 *s. l.*   accepit C^1D^1, accipiat Q^1 9 perfectionem E^1 10 est *om.* C^1 titulus Q^2 *s. l.*, titolus *V*   manich*eorum (i *ras.*) *M*. manichaeorum *cet. praeter CD*   11 defitientia *D*   ibi] ubi C^1PQ^1 12 concruentissime C^1 possent CD^1, possunt BE^1H ordinati C^1N, ordinationis *R*   mo*tibus (r *ras.*) *C*, moribus HO^1 (14) *id (h *ras.*) *C*   14 ad id G^2 *s. l.*   defecerunt (de *m. 2 s. l.*) *M*   origene H^1, origini D^1 usum Q^1 15 *pr.* recurrant R^1 enim *om. O*   ad deum *om. O*   16 a] a* (d *ras.*) *C*, aḍquo *D*

omnia deficientia sic ordinentur, *ut ibi sint, ubi congruentissime possint esse*, quia et illi, qui non recurrunt, congruentissime
9 in poena sunt. alio loco: *nemo fere*, inquam, *de scarabeis dubitat, quin de limo in pilam rotundato ab his atque obruto existant*, cum hoc exemplum utrum uerum sit multi dubitant, multi ne audierint quidem.

10 Hoc opus sic incipit: *In aliis libris satis opinor egisse nos.*

CAPVT VII. (VIII)

DE ANIMAE QVANTITATE LIBER VNVS.

1 In eadem urbe scripsi dialogum, in quo de anima multa quaeruntur ac disseruntur, id est unde sit, qualis sit, quanta sit, cur corpori fuerit data, cum ad corpus uenerit qualis efficiatur, qualis cum abscesserit. sed quoniam quanta sit diligentissime ac subtilissime disputatum est, ut eam, si possemus, ostenderemus corporalis quantitatis non esse et tamen magnum aliquid esse, ex hac una inquisitione totus liber nomen accepit, ut appellaretur de animae quantitate.

3 De mor. eccl. cath. II, 17, 63. Plin. Nat. hist. XI, 28, 34

1 ibi] ubi P^1 congruentissimo M^1, congruentis*sime *H* 2 possent CD^1 et *om. M* recurrent *F* congruentissimae *D* 3 **in (in *ras.*) *C* uere *H* inquam fere R^1 de scarabeis B^2CDEHM^1PQV, de scarrabeis *R*, dispar ab eis B^1GM^2NS dubitant BF^1R, cogitat *H* 4 quin] qui in B^1, qui F^1HN limo CD^1NRS^2 (*in mg.*), fumo O^1, timo *cet. v* rutundato C^1, retundato *R* oruto C^1 5 cum] quam *H* exemplum utrum *scripsi*, exemplo C^1D^1, exemplv̄ an C^2, exemplum RS^2 (*in mg.*), utrum *cet. v* *pr.* multi *om. a* dubitant BC^1DGS, dubitent *cet. v* 6 audiuerint *PVv*, uiderint E^1 7 hoc—nos *om.* P^1 libris *om. E* opinio regisse *H* 8 VII* *C*, *om. D* 9 *inscriptio deest Q* liber unus *om. F* 10 urbe* (m *ras.*, u *ex* o *corr.*) *CD* 11 diseruntur D^1 qualis sit *om. Q* quanta—cur *M in ras.* 12 quur HP^1, *passim;* cū D^1 corpori (po *m. 2 in mg.*, i *ex* e) *C*, corpore H^1 aduenerit *HMOP*, peruenerit *V* 13 quanta sit quoniam H^1 14 diligentissimae *ac (h *ras.*) *D*, *om. B* subtilissime (ti *et* si *in ras.*) *M*, suptilissime *PS* est] e. ac diligentissime *B* possimus C^1D^1HOV 15 (quantitat)is non—accepit *M in ras.* tam̄ agnum D^1 17 *****de animae (ae *ex* a) *H*

(2) In eo libro illud, quod dixi, *omnes artes animam secum adtulisse mihi uideri nec aliud quicquam esse id, quod dicitur discere, quam reminisci et recordari,* non sic accipiendum est, quasi ex hoc adprobetur animam uel in alio corpore uel alibi siue in corpore siue extra corpus aliquando uixisse et ea, quae interrogata respondet, cum hic non didicerit, in alia uita ante didicisse. fieri enim potest, sicut iam in hoc opere supra diximus, ut hoc ideo possit, quia natura intellegibilis est, ut conectatur non solum intellegibilibus uerum etiam inmutabilibus rebus, eo ordine facta, ut, cum se ad eas res mouet, quibus conexa est, uel ad se ipsam, in quantum eas uidet, in tantum de his uera respondeat. nec sane omnes artes eo modo secum adtulit ac secum habet; nam de artibus, quae ad sensus corporis pertinent, sicut multa medicinae, sicut astrologiae omnia, nisi quod hic didicerit non potest dicere. ea uero, quae sola intellegentia capit, propter id, quod dixi, cum uel a se ipsa uel ab alio fuerit bene interrogata et recordata, respondet. 2

1 De an. quant. 20, 34 4 Plato Phaed. p. 72 sqq. Phaedr. p. 249 sq. Men. p. 80 sqq. Cic. Tusc. I, 24, 58. Aug. de trin. XII, 15, 24 7 Retract. I, 4, 8

1 eo CD^1NRS^2 (*in mg.*), quo *cet. v* illud *om. N* quod *om.* MNS^2 omnes] quod o. NS^2, omnis V secum (c *m. 2 in ras.*) C 2 quidquam C^2D^1SV id (i *ex* a *corr.*) C 3 et] ac *GRv* 4 animam *CDEQR*, anima *cet.* uel in $B^1CDEGNQ^1RS$, uel hic in *cet. v* uel alibi—corpore B^2 *s. l.* ịn alibi (*del. m. 2*) *CD* 5 *pr.* siue** *M* et] ex D^2 *s. l.* 6 respondit *V* hec *F* didiceret C^1, dicerit M^1 7 didicisse] non d. *F* potest] non p. *P* iam] iam etiam *HMOP* in *eras. D* corpore *E* dixi *P* 8 naturę *E* *alt.* ut] et $B^2FHMOPVv$ 9 conectitur $B^2FHMOPVv$ solum (ol *m. 2*) *Q* 10 facta] facta est *BCDGNQRSa* ut] et *MR* mouit C^1D^1V 11 connexa *EQ* a se ipsa B^2FHa (*in mg.*) uidit B^1 in tantum—his M^2 *in ras.* 12 respondet $B^1C^2D^1FGNRSa$, respondit C^1M nec] nam *O* 13 adtu*lit (l *ras.*) *C* ac] *ac (h *ras.*) *D*, hęc C^1, aut BC^2, uel *P* habit C^1 sensum M^1 14 pertinet M^1 multae (ae *ex* a) *Ha* meditinae C^1 15 didicit $C^2E^1MNOPR^2$, dedicit *V*, dicit R^1, discit *H* uero] u. sola *F* 16 intelligentiae *N* propter M^2 *s. l.* *id (h *ras.*) *C* eum F^1 a*se (s *ras.*) *C* 17 ab D^2 *in mg.* bene fuerit B^1 respondit C^1DMR, responderet O^1

3 Alio loco: *uellem*, inquam, *hinc plura dicere ac me ipsum constringere, dum quasi tibi praecipio, ut nihil aliud agerem, quam redderer mihi, cui me maxime debeo.* ubi uideor dicere potius debuisse: *redderer* deo, *cui me maxime debeo.* sed quoniam prius sibi ipse homo reddendus est, ut illic quasi gradu facto inde surgat atque adtollatur ad deum, sicut filius ille minor prius reuersus est ad semet ipsum et tunc ait: surgam et ibo ad patrem meum, ideo sic sum locutus. denique mox addidi: *atque ita fieri amicum mancipium domino.* quod ergo dixi: *cui me maxime debeo,* ad homines rettuli; magis enim mihi me debeo quam hominibus ceteris, quamuis deo magis quam mihi. (3)

4 Hic liber sic incipit: *Quoniam uideo te abundare otio.*

CAPVT VIII. (VIIII)

DE LIBERO ARBITRIO LIBRI TRES.

1 Cum adhuc Romae demoraremur, uoluimus disputando quaerere, unde sit malum, et eo modo disputauimus, ut, si possemus, id quod de hac re diuinae auctoritati subditi credebamus etiam ad intellegentiam nostram, quantum disserendo opitulante

1 De an. quant. 28, 55 7 Luc. 15, 18 9 De an. quant. 28, 55; cf. Hor. sat. II, 7, 2

1 inc D^1 ac] a CD^1 ac me E *in ras.* ipso C 2 tibi (ti *ex* tu) M, mihi R aliud *om.* M 3 redderer] reddere D^1, reddere me E maxime me B^1 ubi—debeo *om.* O ubi] sed quo ubi H^* 4 me *om.* H^1 sed *om.* H *compluribus litt. erasis* 5 prius D *in ras.* sibi prius B reddendū D^1 illic] hic $B^2GM^2S^1$, illi H^1a 6 factus V attolatur (at *pr. s. l. m. 2*) C 7 tunc (c *in ras.*) M, sic H ait (a *in ras.*) M 8 locutus sum B loquutus HP^1Q^2 9 mox C^1 *s. l.* addedi V, addidi* E ita] iō deo *a* manticipium B^1 domini FNS^2 (*in mg.*) 10 ego Q^1 maxime me B^1 me C^2 *s. l.* rettuli D^1MQ, retu*li (l *ras.*) C, retuli *cet.* 11 mihi me] mihi met $B^1C^1D^1EFGN$ 13 hic] h. enim F habundarė C^1D^1EOQR, ambulare B^1 14 VIII] IX *v*, *om.* DQ 15 libro M^1 liber C^1P 16 rome D remoraremur HOa uoluemus C^1 disputandum M^1 17 unde (e *ex* a) E possimus D^1NV 18 id] hoc H aucturitati D^1, auctoritate H^1, auctoritatis $GNSV$ subditi B credebamus (cr *in ras.*) M 19 disserendum C^1D^1 oppitulante P, itulante C^1D^1, opilante H^1

deo agere possemus, ratio considerata et pertractata perduceret. et quoniam constitit inter nos diligenter ratione discussa malum non exortum nisi ex libero uoluntatis arbitrio, tres libri, quos eadem disputatio peperit, appellati sunt de libero arbitrio. quorum secundum et tertium in Africa iam Hippone Regio presbyter ordinatus, sicut tunc potui, terminaui.

(2) In his libris ita multa disserta sunt, ut incidentes nonnullae 2
quaestiones, quas uel enodare non poteram uel longam sermocinationem in praesenti requirebant, ita differrentur, ut ex utraque parte uel ex omnibus earundem quaestionum partibus, in quibus non apparebat, quid potius congrueret ueritati, ad hoc tamen ratiocinatio nostra concluderetur, ut, quodlibet eorum uerum esset, laudandus crederetur uel etiam ostenderetur deus. propter eos quippe disputatio illa suscepta est, qui negant ex libero uoluntatis arbitrio mali originem duci et deum, si ita est, creatorem omnium naturarum culpandum esse contendunt, eo modo uolentes secundum suae inpietatis errorem — Manichei enim sunt — inmutabilem quandam et deo coaeternam

4 Aug. ep. XXXI, 7 7 *In his libris*—p. 38, 1 *naturam mali*] Aug. de don. perseu. 11, 27 17 Aug. de haeres. c. 46. Confess. V, 5, 8. 7, 12

1 deo C^2 *in ras.* ag*ere (a *ras.*) *M* possimus D^1HNPS^1, possumus *a* tractata *HMPRVv*, tracta *O* 2 consistit *C*, constit D^1, constet D^2 3 libero (li *s. l.*) *C* 4 eadem] ad eadem *M* libero (ero *in ras. m. 2*) *M* 5 tercium D^1 affrica *BFGSV*, affricam *K* iam CD^1EGNS, etiam *R*, iam etiam *cet. v* ippone $FGHMNQ^2SV$, ipponie *E*, yppone *BOP*, inppone *D* 6 presbiter *CDEGHMP* 7 di*serta *C*, diserta B^1FNR incedentes C^1P nonnullas *O* 8 questionis C^1 longuam *Q* sermonationem D^1 9 ***** in (in prę *ras.*) *C* requerebant C^1D *ante* ita *ras. complurium litt. H* differentur $B^1C^1D^1E^1FHM^1Q$, differuntur M^2RV 10 utraque (utr *in ras.*) *M* 11 quod M^1 pocius *D*, potius (o *ex* a *corr.*) *E* congruerit C^1 12 ratiotinatio *DGMR*, ratiocinacio C^1, ratio B^1 nostra concl. rat. *B* 13 uerum M^1 *in mg.* esset] esse *G*, esse ad C^1 uerum e. eorum *B* laudandos C^1, laudantis D^1 crederetur B^2 *s. l.* 14 propter eos *M in ras.* disputio C^1 suscepta e. illa *B* 15 ex] et *N* 16 creaturarum D^2 *s. l.* 17 suae *om.* C^1 18 enim sunt *s. l. P*, enim conati sunt GM^2NS, enim sunt conati B^1 eternam *E*

introducere naturam mali. de gratia uero dei, qua suos electos sic praedestinauit, ut eorum, qui iam in eis utuntur libero arbitrio, ipse etiam praeparet uoluntates, nihil in his libris disputatum est propter hoc proposita quaestione. ubi autem incidit locus, ut huius gratiae commemoratio fieret, transeunter commemorata est, non, quasi inde ageretur, operosa ratiocinatione defensa. aliud est enim quaerere, unde sit malum, et aliud est quaerere, unde redeatur ad pristinum uel ad maius perueniatur bonum.

3 Quapropter noui heretici Pelagiani, qui liberum sic asserunt (3)
uoluntatis arbitrium, ut gratiae dei non relinquant locum, quandoquidem eam secundum merita nostra dari adserunt, non se extollant, quasi eorum egerim causam, quia multa in his libris dixi pro libero arbitrio, quae illius disputationis causa poscebat. dixi quippe in primo libro *male facta iustitia dei uindicari* et addidi: *non enim iuste uindicarentur, nisi fierent uoluntate.* item cum ipsam bonam uoluntatem tam magnum bonum esse monstrarem, ut omnibus corporis et extraneis bonis merito anteponeretur, dixi: *uides igitur iam, ut*

3 Prou. 8, 35 sec. LXX 11 Aug. de haeres. c. 88 15 De lib. arb. I, 1, 1 19 De lib. arb. I, 12, 26

1 mali naturam *v* uero *om. R* 2 sic *om. P* praedistinauit C^1D^1HM iam in eis *in ras. et mg.* M^2 utur H^1 3 *etiam (a *ras.*) *D* praeparet C^1D^1H, praepararet *cet.* uoluntatis D^1 uoluntates praeparet *a* nihil (l *ex* s) *E* 4 hanc propositam quaestionem D^2E^2OPQa 5 incedit *P* locus *om. F* commeratio H^1 fierit C^1V fieret commemoratio *v* transeunter (t *pr. m. 2*) *C*, transeuntu* Q^1 6 inde] non i. *a* operusa C^1D^1 7 deffensa E^1 unde—quaerere M^2 *s. l.* 8 unde *N in mg.* pristinum (tinum *in ras.*) *M* 9 perueniator P^1 10 qu*apropter (i *ras.*) *D* 11 uolontatis *D* relinquant *H* 12 ea *V* adserunt $C^1D^1E^1HV$, asserunt *cet.* 13 *egerim (a *ras.*) *E* in *om. E* (mul) ta in his M^2 *in ras.* 15 libro primo *Bv* mala facta *H* 16 addedi *V*, addi C^1 uindicaremur F^2, uindicarentur (r *pr. in ras.*) *G* 17 fierint C^1D^1, *om. O* uolontatem *V*, *semper* uoluntatem bonam *a* 18 esse bonum *H* corporeis NQ^2v et (e *m. 2*) *M* extraneis CD^1EFRS^2 (*in mg.*), exterius *O*, externis *cet. v* 19 anteponerem *Ha* iam** *H*

existimo, in uoluntate nostra esse constitutum, ut hoc uel fruamur uel careamus tanto et tam uero bono; quid enim tam in uoluntate quam ipsa uoluntas sita est? et alio loco: *quid ergo causa est*, inquam, *cur dubitandum putemus, etiamsi numquam antea sapientes fuimus, uoluntate nos tamen laudabilem et beatam uitam, uoluntate turpem et miseram mereri ac degere?* itemque alio loco: *ex quo conficitur*, inquam, *ut quisquis recte honesteque uult uiuere, si id se uelle prae fugacibus rebus uelit, adsequatur tantam rem tanta facilitate, ut nihil aliud ei quam ipsum uelle sit habere, quod uoluit.* itemque alibi dixi: *hoc enim aeterna lex illa, ad cuius considerationem redire iam tempus est, incommutabili stabilitate firmauit, ut in uoluntate meritum sit, in beatitate autem et miseria praemium atque supplicium.* et alio loco: *quid*, inquam, *quisque sectandum et amplectendum eligat, in uoluntate esse positum constitit.* et in secundo libro: *homo enim ipse*, inquam, *in quantum homo est, aliquod bonum est, quia recte uiuere, cum uult, potest.* et alio loco dixi: *recte*

3 De lib. arb. I, 13, 28 7 De lib. arb. I, 13, 29 10 De lib. arb. I, 14, 30 14 Id. I, 16, 34 15 Id. II, 1, 2 17 Id. II, 18, 47

1 exstimo *B* uoluntate in nr̄a *O* nostra esse (a es *in ras. m. 2*) *H* constitutā D^1 uel B^2 *s. l.* perfruamur *B* 2 tantum D^1 et tam] etiam *N*, et *O* uero] *iro (u *ras.*, m *m. 2*) *C*, uiro D^1 tam tam *D* 3 ipso Q^1 sita] si*ta (si *m. 2*, i *ras.*) *C*, si ita (si *m. 2*) *V*, si ita DE^1H^1R 4 causa est $C^1D^1E^1M^1$, causae est *cet. v* quur $C^1D^1EP^1$ etiamsi (e *m. 2*) *C* 5 ante *BEFGMQSVm* fumus H^1 *nos *C* 6 uoluntatem *D* et] ac *a* mereri] misereri *H* ac *om. a* tegere *H* 7 item G^1v 8 honeste M^1, honestaque Q^1 id *in ras. C*, *add.* Q^2 *s. l.* fugatibus *F* rebus] *al.* bonis *a in mg.* 9 rem tantam *F* facillitate Q^1, felicitate *P* ei] dei $CD^1E^1S^2$ (*mg.*) 10 uelle* *C* 11 cuius ad *B* consi*derationem *H* 12 incommutabilis D^1 13 beatitate *C*, beatitudine BQ^2 miseria *C* sup*plicium *H*, supplitium *D* 14 et] in *R* 15 constetit C^1D^1V, constituit M^2 secundo libro *CD*, libro secundo *cet. v* 16 inquam inquam *D* aliquod (d *s. l.*) *CD* 17 rectae *M* dixi loco F^1 loco (co *s. l.*) *V*

fieri non posse nisi eodem libero uoluntatis arbitrio. et in libro tertio: *quid opus est quaeri*, inquam, *unde iste motus existat, quo uoluntas auertitur ab incommutabili bono ad commutabile bonum, cum eum non nisi animi et uoluntarium et · ob hoc culpabile esse fateamur omnisque de hac re disciplina utilis ad id ualeat, ut eo motu inprobato atque cohibito uoluntatem nostram ad fruendum sempiterno bono a lapsu temporali conuertamus?* et in alio loco: *obscure*, inquam, *de te ueritas clamat. non enim posses aliud sentire esse in potestate nostra nisi quod, cum uolumus, facimus. quapropter nihil tam in nostra potestate quam ipsa uoluntas est. ea enim prorsus nullo interuallo mox, ut uolumus, praesto est.* item alio loco: *si enim tu laudaris*, inquam, *uidendo, quid facere debeas, cum id non uideas nisi in illo, qui est incommutabilis ueritas, quanto magis ille, qui et uelle praecepit et posse praebuit et non inpune nolle permisit.* deinde subiunxi dicens: *si enim hoc debet quisque, quod accepit, et sic homo factus est, ut necessario peccet, hoc debet, ut peccet. cum uero peccat, quod debet facit; quod si scelus est dicere, neminem*

2 Id. III, 1, 2 8 Id. III, 3, 7 12 Id. III, 16, 46 15 Philipp. 2, 13

1 libero] libro F^1, *om.* O^1 tertio libro *O* 2 inquam quaeri *FVm* iste (e *ex* a *corr. m. 2*) *C* quod *H* 3 commutabili C^1 4 eum] enim D^1V uoluntarium (n *s. l. m. 2*) *C* ab GS^1 culpabilem *BEFGHNQSv* 5 omnis qui *R*, omnesquȩ D^1 ua*leat (a *pr. ex* o) *Q* 6 ut] ut et *R* moto H^1 cohibito (cohi *in ras.*) *M*, quohibito C^1D^1 uoluntate nostra *R* 7 perfruendum *FSVv*, fruendam *H* temporalium $BD^2FGHMQSVv$ conuertamur G^1H 8 in *CD*, *om. cet. v* obscure CE^1RS^2 (*mg.*), obscu**re (ra *ras.*) *D*, optime *cet. v* de te] te B^1, deceo H^1, de cetero FH^2 (*mg.*) ueritas *om. H* ueritas de te B^2 enim] e. de te *R* 9 posse *MV*, possum *a* sentiri *H* nisi] n. id B^1 qđ cum M^2 *in ras.*, quod M^1 10 uoluimus *Q* nil *R* qua *Q* 11 ea] et *H* 12 praesta D^1, semper praesto *O* alio] in a. *BEFGNQS* 13 uidendo *om.* C^1D^1R id] *id (h *ras.*) *CD*, in id *H* 14 *alt.* qui C^2D^2 *s. l.* 15 praecipit B^2FHO impune (u *m. 2 in ras.*) *M*, inpone C^1D^1 16 subiuxi C^1, subiunxit *N* debit C^1 quis *H* quisque debet *B* accipit *HM* 17 est *om. R* 18 uero CD^1, ergo *cet. v* si] si id *R* est] e. hoc B^2 *s. l.*

natura sua cogit, ut peccet. et iterum: *quae tandem esse poterit,* inquam, *ante uoluntatem causa uoluntatis? aut enim et ipsa uoluntas est et a radice ista uoluntatis non receditur, aut non est uoluntas et peccatum nullum habet. aut igitur uoluntas est primum causa peccandi aut nullum peccatum est prima causa peccandi, nec est, cui inputetur peccatum nisi peccanti. non ergo est, cui recte inputetur nisi uoluntati.* et paulo post: *quis,* inquam, *peccat in eo, quod nullo modo cauere potest? peccatur autem: caueri igitur potest.* quo testimonio meo in quodam libro suo Pelagius usus est. cui libro cum respondissem, titulum libri mei esse uolui: de natura et gratia.

(4) In his atque huius modi uerbis meis, quia gratia dei commemorata non est, de qua tunc non agebatur, putant Pelagiani uel putare possunt suam nos tenuisse sententiam. sed frustra hoc putant. uoluntas quippe, qua et peccatur et recte uiuitur, quod hic uerbis egimus, uoluntas ergo ista nisi dei gratia liberetur a seruitute, qua facta est serua peccati, 4

1 De lib. arb. III, 17, 49 7 Id. III, 18, 50 11 Aug. de nat. et grat. 1, 1. 7, 7. 67, 80 17 Rom. 6, 17. 20

1 sua* (m *ras.*) *G* cogi CD^1 cogit natura sua *a* iterum] rerum *R* quae tandem] quid euitandum *N* tandem *om. B* 2 et *om. NQ, eras. D* ipso D^1 3 uoluptas *B* ista] ipsa *M*, illa *B* 4 et] ut BM^2 *s. l.* habit C^1, habeat *B* 5 primum CD^1ENR, prima *cet. v* causa—prima M^2 *s. l. et in mg.* aut nullum—peccandi G^2 *in mg., om. R* 6 peccanti *P* nec] non O^1 cui] $\overset{****}{\text{cui}}$ *C*, cui recte $BD^2EFGNOPQSVv$, recte cui *H* peccati C^1 peccanti—nisi *om. P* 7 recte *om. R* inputetur] i. peccatum *a* uoluntati CD^1M^1R, uolentis *E*, uolenti *cet. v* et *om. H* 8 nullu D^1 cauere D^1P, cabere C^1, caueri *cet. v* potest—caueri *om. H* peccatur—potest *om. E* peccator $C^1D^1F^1P^1R^1$ 9 cauere D^1, *caueri^{i} (g *ras.*) *R* testimonium C^1 quodam (o *ex* a) *C* 11 titolum *V* uolui *om. H*, uolui* *D* 12 atque] autem *F* meis *del.* D^2 gratię C^1D^1 14 pelagini C^1D^1 uel] quod Q^1 suam] iam *H* timuisse Q^1 15 fustra *G* quippe] q. est $BD^2EFGM^2P^2QSv$ peccator F^1 16 uiuitur (it *in ras.*) *M* quid B^1 his EMQ^2Vv egitus H^1, agitur H^2 *s. l.* ista *CDR*, ipsa *cet. v* 17 gratia dei *BFOPRSa* est *om. F*

et, ut uitia superet, adiuuetur, recte pieque uiui a mortalibus non potest. et hoc diuinum beneficium, quo liberatur, nisi eam praeueniret, iam meritis eius daretur et non esset gratia, quae utique gratis datur. quod in aliis opusculis nostris satis egimus istos inimicos huius gratiae, nouos hereticos, refellentes, quamuis in his libris, qui non contra illos omnino — quippe illi nondum erant — sed contra Manicheos conscripti sunt de libero arbitrio, non omni modo de ista dei gratia reticuimus, quam nefanda inpietate conantur auferre. diximus quippe in secundo libro *non solum magna sed etiam minima bona non esse posse nisi ab illo, a quo sunt omnia bona, hoc est deo.* et paulo post: *uirtutes*, inquam, *in quibus recte uiuitur, magna bona sunt; species autem quorumlibet corporum, sine quibus recte uiui potest, minima bona sunt; potentiae uero animi, sine quibus recte uiui non potest, media bona sunt. uirtutibus nemo male utitur, ceteris autem bonis, id est mediis et minimis, non solum bene sed etiam male quisque uti potest. et ideo uirtute nemo male utitur, quia opus uirtutis est bonus usus istorum, quibus etiam non bene*

4 Aug. c. d. epist. Pelag. I, 18, 36 sqq. de spir. et litt. 27 sqq. de nat. et gr. 47, 55 sqq. de gest. Pel. 7 sqq. de grat. Christi I, 4, 5 sq. de gr. et lib. arb. 5, 10 sqq. 21, 42, sqq. 10 De lib. arb. II, 19, 50

1 ut *om.* $C^1D^1M^1$ uitio D^2 rectae *M* a *add.* D^2 non pot. a mortalibus *a* 2 quo] quod HOP^1RV liberaretur *M*, liberator H^1 3 eam*** (qui *ras.*) *M* pręuenerit C^1D^1, praeuenirit *V*, praeueniret (t *m. 2 in ras.*) *M* essit *V*, esse CD^1H^1 gratiam *C* 4 utique] unicuique B^1 in aliis] malis *O* opuscolis D^1 5 inimicos *om.* B^1, inimicus H^1 6 quamuis CD^1, quamuis et *cet. v* in *om.* HOQ^1 libros C^1 7 manicheus C^1D^1, manichaeos *MV* libro Q^1 8 reticuimus (e *ex* a) *Q* 10 posse essė *P* 11 illo] ipso *B* ho Q^1 deo] a deo BD^2FGSV 12 in CD^1EMP^1R, *om. cet. v* recte *om.* F^1 13 quorumlibet (quor *in ras.*) *M* minima—potest *om. E* 14 sunt *ex* sū H^2 animae *a* ****sine (sine *ras.*) *H* non *om.* Q^1 15 uirtutibus uero *a* 16 id est] et B^1 minimis (s *m. 2 in ras.*) *C* 17 uti quisque *B* uirtutē *C* ne^mo^ (mo *m. 2*) *D* quia] qui C^1 18 uirtutes Q^1 bonis *R*, bonūș *H* usus *om. H* iustorum B^1

uti possumus; nemo autem bene utendo male utitur. quare abundantia et magnitudo bonitatis dei non solum magna sed etiam media et minima bona esse praestitit. magis laudanda est bonitas eius in magnis quam in mediis et magis in mediis quam in minimis his bonis, sed magis in omnibus, quam si non omnia tribuisset. et in alio loco: *tu tantum,* inquam, *pietatem inconcussam tene, ut nullum tibi bonum uel sentienti uel intellegenti uel quoquo modo cogitanti occurrat, quod non sit ex deo.* itemque alio loco dixi: *sed quoniam non, sicut sponte homo cecidit, ita etiam sponte surgere potest, porrectam nobis desuper dexteram dei, id est domini nostri Iesu Christi, firma fide teneamus.*

(5) Et in libro tertio, cum dixissem illud, quod et Pelagium de 5
meis opusculis usum fuisse commemoraui: *quis enim peccat in eo, quod nullo modo cauere potest? peccatur autem: caueri igitur potest,* continuo secutus adiunxi: *et tamen etiam per ignorantiam facta quaedam inprobantur et corrigenda iudicantur, sicut in diuinis auctoritatibus legimus. ait enim apostolus: m i s e r i c o r d i a m c o n s e c u t u s s u m, q u i a i g n o r a n s f e c i; ait et*

6 Id. II, 20, 54 13 Retract. I, 8, 3 De lib. arb. III, 18, 50 sq. 17 I Tim. 1, 13

1 possimus Q^1 habundantia *BCDEHOQR* 2 magnitudo] magna *H* magna *om. H* 3 mea et mima Q^1, minima et media F^1 praestetit C^1V magisque *P* 4 magis] mag*is (n *ras.*) *H* in mediis quam H^2 *s. l.* 5 minimis] mediis F^1 his CD^1MNR, *om. cet. v* bonis *om. F* quam *om.* B^1 omnia (nia *in ras.*) *M*, omnibus O^1P 6 tribuissit *V* in *CDE*, *om. cet. v* pietate $BC^2D^2EGNQRS$ inconcusam H^1, incocussam D^1, inconcussa $B^2C^2D^2EGQRS$, incussa B^1 7 sentienti (ti *in ras.*) *S*, scienti B^2 intellegenti (ti *in ras.*) *S* 8 quoquo] quo D^1M cogitandi *E* occurrit *G* itemque] item quod *a* 9 non *om. Q* homo* *H* 11 dei] idī *O* id est] et *B* dominum^ *Pv* nostrum *Pv*, *om. ENQ* iesum christum *Pv* 12 illud (d *ex* m) *E* quod $BCD^1F^1GNOPQRS^1$, quo *cet. v* 13 enim] e. inquam *a* 14 eos O^1 nullu *CD* cauere C^1D^1, caueri *cet. v* peccatur (r *m. 2*) *F*, peccator $C^1D^1R^1$ 15 igitur G^2 *mg.* potest] p. peccatum *Q* sequutus EPQ^2, sequitur H^1, sequenter H^2 adiunxi* (n *m. 2 s. l.*, t *ras.*) *C*, adiunxit *F* etiam *om. BN* 16 facta] etiam f. *N* iudicentur *H* 17 legimus (mus *m. 2*) *Q* misericordiam] m. dei *a* 18 consequutus HPQ^2

propheta: delicta iuuentutis et ignorantiae meae ne memineris. sunt etiam necessitate facta inprobanda, ubi uult homo recte facere et non potest. nam unde sunt illae uoces: non quod uolo facio bonum, sed quod odi malum, hoc ago; et illud: uelle adiacet mihi, perficere autem bonum non; et illud: caro concupiscit aduersus spiritum, spiritus autem aduersus carnem. haec enim inuicem aduersantur, ut non ea, quae uultis, faciatis? sed haec omnia hominum sunt ex illa mortis damnatione uenientium. nam si non est ista poena hominis, sed natura, nulla ista peccata sunt. si enim non receditur ab eo modo, quo naturaliter factus est ita, ut melius esse non possit, ea quae debet facit, cum haec facit. si autem bonus homo esset, aliter esset; nunc autem quia ita est, non est bonus nec habet in potestate, ut bonus sit, siue non uidendo, qualis esse debeat, siue uidendo et non ualendo esse, qualem debere esse se uidet. poenam istam esse quis dubitet? omnis autem poena, si iusta

1 Ps. 24, 7   3 Rom. 7, 15   5 Rom. 7, 18   6 Gal. 5, 17

1 iuuentutis] i. meae *Fv*   ignorantias *a*   meae *om.* Q^1, meas *a*   2 memineris] m. dñe B^1 sunt—uult *add.* C^2 *in mg.*   inprobabanda C^2 ult C^1 3 rectae *D*   unde] et u. *H*   non *CDEQR*, non enim *cet. v*   4 boni *H*   *odi (h *ras.*) *H*   5 et illud *om. H*   adiacet (a *alt. ex* o) *H*, adiecet C^1, adiacit *V*   6 non *del.* D^2, *rursus add.* D^3, non inuenio $B^2H^2P^2Ra$, non ago P^1 aduersum *H*   7 auersus C^1 inuicem] i. sibi *GP*, sibi i. NS^2 10 uenientia R^1 ****ista (ista *ras.*) *M*   hominum *H*   naturae B^1M^2 11 ista *om. O*   si *om. H*   receditur] recedit HR^2, recte dicitur CD^1 ****ab eo (ab eo *ras.*) *M*   12 ut *om.* H^1 essent H^1 non *om.* H^1 posset *CV*   13 debit C^1 sic M^2 autem] enim BFM^2 aliter EM^1OP, si alter Q^1, non aliter B^2F, si aliter *cet.*   14 *ita (a *ras.*) *M*   bonus *om. H*   in *om. R*   15 sit *om.* H^1 uiuendo *O*   qualis—uidendo et P^2 *in mg.*   16 siue] si H^1 uiuendo *R*, uidenda E^1 et non—uidet E^2 *in mg.*   non *om.* Q^1 qualem C^2 *in ras.*, qualis $B^2FH^2Q^1$, quales H^1 deberet B^2FH^2, debeat Q^1 esse *om. Q*   se *om. O*, si $B^2F^2H^2$, sic F^1 uidit D^1 17 istam *M*   qui C^1, quid Q^1 dubitat *F*   autem M^2 *in ras.*   pena C^1D^1, *fere semper*   iusta est *om. H*

est, peccati poena est et supplicium nominatur. si autem iniusta poena est — quoniam poenam esse nemo ambigit — iniusto aliquo dominante homini inposita est. porro quia de omnipotentia dei et iustitia dubitare dementis est, iusta haec poena est et pro peccato aliquo penditur. non enim quisquam iniustus dominator aut subripere hominem potuit uelut ignoranti deo aut extorquere inuito tamquam inualidiori uel terrendo uel conturbando, ut hominem iniusta poena cruciaret. relinquitur ergo, ut haec poena iusta de damnatione hominis ueniat. et alio loco: *adprobare,* inquam, *falsa pro ueris, ut erret inuitus, et resistente atque torquente dolore carnalis uinculi non posse a libidinosis operibus temperare non est natura instituti hominis, sed poena damnati. cum autem de uoluntate recta faciendi loquimur, de illa scilicet, in qua homo factus est, loquimur.*

(6) Ecce tam longe, antequam Pelagiana heresis extitisset, sic 6
disputauimus, uelut iam contra illos disputaremus. cum enim

9 De lib. arb. III, 18, 52

1 peccata H^1, peccanti *EOP* et *om.* *R* minatur *H* 2 est poena *EQa* quoniam] cum *GS*, cum iustam *B* poena D^1 esse *om.* B^1 3 dominan*te (n *ex* m) *M* homine B^1 imposuit *H* 4 iustia H^1 **iusta (pe *ras.*) *M* haec p. est B^2 *in mg.* 5 impenditur F^2 6 dominatur $B^2D^1E^1FGHORSa$ surripere *F* homini *V* uelud C^1H, uel B^1 ignorante B^1a aut B^2 *s. l.* 7 extorqueri *GS* tamquam *om.* *H* intalidiori *H* terreno B^1 conturbando $CDENOPQRS^2$ (*mg.*), confligendo *cet.* *v* 8 ut] aut *C* homine C^1D^1 cruciare relinquitur. Ergo CD^1 9 aprobare E^1M 10 beris P^1 ueris, ut erret] uersu terret CD^1, uerisu terret *R*, uerisu terreret *H* inuit *R* resistente (nte *m. 2 s. l.*) *CM*, resistet *C pr.* 11 atque****** *H*, ac *B* torrente Q^1 colore H^1, calore *a in mg.* uincoli *V* posse Q^2 *in mg.*, possit *EOPV* ad *CD* 12 operibus (b *m. 2*) *H* est] potest *R* institui Q^1, infatuati *O* homini *H* 13 damnati (ti *in ras.*) *C* uoluntate (te *m. 2 s. l. CD*) *CDR*, illa uoluntate *cet.* *l*, libera uoluntate *am* recta *CD*, rectae *M*, recte *cet.* *v* loquitur C^1D^1 14 *post* loquimur *eras.*: de illa scilicet *H* 15 ecce C^1 *in ras.* tam] quam BD^2E^1FGNQS pelagina C^1 extetisset C^1DV, exstitisset* (& *ras.*) *M* si H^1 16 disputabamus *R* ueluti (*om.* iam) *E* enim] omnia enim Q^1

bona dicerentur ex deo, id est et magna et media et minima, in mediis quidem bonis inuenitur liberum uoluntatis arbitrium, quia et male illo uti possumus; sed tamen tale est, ut sine illo recte uiuere nequeamus. bonus autem usus eius iam uirtus est, quae in magnis reperitur bonis, quibus male uti nullus potest. et quia omnia bona, sicut dictum est, et magna et media et minima, ex deo sunt, sequitur, ut ex deo sit etiam bonus usus liberae uoluntatis, quae uirtus est et in magnis numeratur bonis. deinde dictum est, ex qua miseria peccantibus iustissime inflicta liberet dei gratia, quia sponte homo, id est libero arbitrio, cadere potuit, non etiam surgere. ad quam miseriam iustae damnationis pertinet ignorantia et difficultas, quam patitur omnis homo ab exordio natiuitatis suae, nec ab isto malo quisquam nisi dei gratia liberatur. quam miseriam Pelagiani nolunt ex iusta damnatione descendere negantes originale peccatum, quamuis, ignorantia et difficultas etiamsi essent hominis primordia naturalia, nec sic culpandus, sed laudandus deus esset, sicut in eodem libro tertio disputauimus. quae disputatio contra Manicheos habenda est, qui non accipiunt scripturas sanctas ueteris instrumenti, in quibus peccatum origi-

9 Id. II, 20, 54. III, 18, 50 sqq. *deinde dictum*—47, 5 *profitentur*] Aug. de don. perseu. 11, 27 16 De lib. arb. III, 20, 58. I 22, 64 20 Aug. de haer. 46. Confess. VIIII, 4, 8

1 bona CD^1R, omnia bona *cet. v* ****dicerentur D *pr.* et *om.* O, *del.* D^2 2 librum Q^1 3 quia] quo E^1R illo *om.* $C^1D^1E^1R$ possimus D^1 4 nequeamus (a *add. m. 2*) C eius *om.* N, est P 5 in | in Q repperitur *mss.*, repperetur D^1 bonis *om.* D^1 (n)ullus F^2 *in ras.*, nollus D^1 6 omnia M *in ras.* sicut] s. et B 7 *alt.* ex F^2 *s. l.* etiam B^2 *s. l.*, et *a* 8 qui B^1 9 numerabitur E donis M^1 10 liberat D^2E^2Q 11 resurgere FO 12 pertinit V ignorantiae (*om.* et) EH^1OP 14 gratia dei $BEQNOP$ pelagiani (ni *m 2 s. l.*) S 15 uolunt E^1 nolunt pelagiani *a* damnatio C^1D^1 discendere C^1D^1V, dei descendere *a* 16 et M *in ras.* hominis essent B 17 prim*ordia (o *ras.*) E natu alia R culpandus] c. deus E 18 deus *om.* EH deus esse D^1, esset deus *v* odem D^1 tertio libro *v* dispotatio V 19 manicheus D^1 20 originale peccatum Pm

nale narratur, et quidquid inde in litteris apostolicis legitur. detestabili inpudentia inmissum fuisse contendunt a corruptoribus scripturarum, tamquam non fuerit ab apostolis dictum. contra Pelagianos autem hoc defendendum est, quod utraque scriptura commendat, quam se accipere profitentur.

Hoc opus sic incipit: *Dic mihi, quaeso te, utrum deus non* 7
sit auctor mali.

(X) CAPVT VIIII.

DE GENESI ADVERSVS MANICHEOS LIBRI DVO.

Iam uero in Africa constitutus scripsi duos libros de Genesi 1
contra Manicheos. quamuis enim superioribus libris quidquid disputaui, unde ostenderem deum summe bonum et inmutabilem creatorem esse omnium mutabilium naturarum nec ullam esse naturam malum siue substantiam, in quantum natura est atque substantia, aduersus Manicheos nostra uigilaret intentio, isti tamen duo libri apertissime aduersus eos editi sunt in defensionem ueteris legis, quam uehementi studio uaesani erroris oppugnant, in primo ab eo, quod scriptum est: in principio fecit deus caelum et terram, donec septem peraguntur dies.

2 Confess. V, 11, 21 12 De lib. arb. I, 1 sqq. 17 Aug. de haer. 46 18 Gen. 1, 1

1 quidquid C^1NOV, quicquid *cet.* inde *om.* *P* in *om.* *HM* 2 destabili S^1 inp*udentia (r *ras.*) *D* 3 fuerint C^1D^1 apostolo *N* 5 scriptura**** (tura *ras.*) *D* accipere* (i *ex* e, t *ras.*) *C*, acciperit D^1 profitentur (fi *m. 2 in ras.*) *C*, prophitentur D^1 8 X *v* 9 genesis CD^1 aduersum *FGHOV*, contra *E* manicheus D^1 libri duo *om.* *CD* 10 affrica *BFGQR* conscripsi *a* duos libros *om.* *Q* 11 manicheus D^1 superioribus CD^1, in superioribus *cet.* *v* quidquid C^1V, quicquid *cet.* 12 summum B^1F^1V et *om.* *N* immotabilem H^1 13 ulla D^1 esse B^2 *s. l.* 14 malam BD^2EFGM^2QRSVv siue subst. malam esse nat. Q^1, nat. s. subst. m. e. Q^2 15 aduersum *H* manicheus C^1D^1, manich*aeos (i *ras.*) *M* uigilaret BC^1DFGNQ, uigilarit *R*, inuigilarit *HM* inuigilaret *cet.* *v* ista E^1 16 apertissimae C^1 aduersum *V* aduersus eos B^2 *s. l.*, adu. eus D^1 *editi (d *ras.*) *C*, *editi (s *ras.*) *D* defensione *EOP* 17 uehimenti H^1 18 oppungnant (nt *m. 2*) *G* 19 peragantur *BEFGHOPSVa*

ubi legitur deus requieuisse in die septimo, in secundo autem ab eo, quod scriptum est: hic liber creaturae caeli et terrae, donec Adam et mulier eius dimissi sunt de paradiso et custodia posita est ligno uitae. deinde in fine libri errori Manicheorum fidem catholicae ueritatis opposui, quid illi dicant et quid dicamus, breuiter aperteque conplectens.

2 Quod uero dixi: *illud autem lumen non inrationabilium auium* (2)
oculos pascit, sed pura corda eorum, qui deo credunt et ab amore uisibilium rerum et temporalium se ad eius praecepta inplenda conuertunt; quod omnes homines possunt, si uelint, non putent noui heretici Pelagiani secundum eos esse dictum. uerum est enim omnino omnes homines hoc posse, si uelint. sed praeparatur uoluntas a domino et tantum augetur munere caritatis, ut possint. quod hic ideo dictum non est, quoniam praesenti
3 necessarium non erat quaestioni. quod uero ibi legitur, bene-
dictionem domini, de qua dictum est: crescite et multiplicamini, in carnalem fecunditatem post peccatum conuersam

1 Gen. 2, 2 2 Gen. 2, 4 3 Gen. 3, 23 sq. 7 De Gen. adu. Man. I, 3, 6 12 Prou. 8, 35 sec. LXX 15 De Gen. adu. Man. I, 19, 30 16 Gen. 1, 28

1 deum *BFG* *pr.* in *om.* *Q* 2 hic] hic est *B* 3 mulier] uxor *B* dimisi *EH* paradyso *BCEFG* 4 ligno] in l. *B* errorum H^1, erroris O^1 5 fide D^1 catolicae *B* ueritas CD^1 6 et quid CD^1NR, et quid nos *Ea*, et nos quid *cet.* *m* breuiter *om.* *E* aperte*** (que *add. m. 2*) *D*, et aperte (*om.* que) *F* conplectes D^1 7 inrationabilium *CDEQ*, inrationalium *cet.* animalium *a* 9 implenda F^2 *in mg.*, al seruanda *a in mg.* 10 omnis *V* homines *om.* *O* possunt (po *m. 2 in ras.*) *D* uellint D^1 non—12 si uel *add.* F^2 *in mg. inf.* putent C^2D^2ENQR, potent C^1D^1, exhistiment *V*, existiment *cet.* *v* 11 pelagiani B^2 *s. l.*, giani D^2 *in ras.*, p*elagiani (a *ras.*) *C* esse (*pr.* e *ex* s) *M* dictum esse *B* dictum** (ee *ras.*) *M* 12 omnis *V* si] se C^1H^1 uellint D^1 praeparatur] pepatur C^1, praepatur D^1 13 uolun C^1, uolon D^1 augitur C^1D^1 munere (re *s. l. m. 2*) *H* 14 ut] et H^1 non est dictum *H*, non dictum est *B*, dictum est F^1 15 benedictionem] de benedictione *EOPa* 16 dñi CD^1, dei *cet.* *v* de qua *CDEFGNQR*, qua *cet.* *v*; *an scribendum:* domini dei, qua? fecunditatem] eam f. E^2 *s. l.*

esse credendam, si non potest alio modo dictum uideri, nisi
ut putentur illi homines non habituri fuisse filios homines,
nisi peccassent, omnino non adprobo. illud etiam non est con- 4
sequens, ut ideo intellegatur in allegoria tantummodo esse
accipiendum, quod herbae uirides et ligna fructifera omni generi
bestiarum et omnibus auibus et omnibus serpentibus in libris
Geneseos dantur ad cibum, quia sunt et quadrupedia et uola-
tilia, quae solis carnibus uiuere uideantur. fieri enim posset,
ut alerentur ab hominibus etiam de fructibus terrae, si propter
oboedientiam, qua ipsi homines deo sine ulla iniquitate ser-
uirent, mererentur omnes bestias et aues omni modo habere
seruientes. item mouere potest, quomodo dixerim de populo 5
Israhel: *adhuc corporali circumcisione et sacrificiis tamquam
in mari gentium populus ille legi seruiebat,* quandoquidem
apud gentes sacrificare non poterat, sicut eos et nunc uidemus
sine sacrificiis remansisse, nisi forte, quod per pascha immolant
ouem, hoc in sacrificio deputetur.

(3) In secundo etiam libro illud, quod posui, nomine pabuli 6

3 De Gen. adu. Man. I, 20, 31 5 Gen. 1, 29 sq. 12 De Gen. adu. Man. I, 23, 40 16 Aug. c. litt. Petil. II, 37, 87. Hieron. ep. 52, 10 (ad Nepotianum). cf. Deut. 16, 6 sq. 18 De Gen. adu. Man. II, 3, 4

1 credendum B^2EFHP uidere C^1D^1, inueniri *a* 2 potentur Q^1 fuisse F^2 *in ras.* filius C^1D^1 3 adprobo** (o *in ras.*) *H* 4 alligoria *MP* tantummodū E^1 5 *erbae (a *ras.*) *P* uirides] uideret H^1, uidelicet H^2 *s. l.* et *om.* *HN* genera H^1, genere B^1 6 libris CD^1R, libro *cet. v; cf. CSEL XXVIII, 229, 22* 7 geneseus C^1D^1 quadrapedia F^1 8 posset enim M^1 possit *GS*, posse *a* 9 *alerentur (h *ras.*) *E* ominibus *D* si* *F* 10 hobedientiam *Q* sine (n *ex* u) *H* seruire C^1D^1 11 mererentur (ren *m. 2*) *C*, merentur D^1, mererent S^1 omnis *V* 12 seruituti B^2 *s. l.* 13 corporali] de c. BE^1FGM^2OPSV de corp. adhuc *B* circumcisioni C^2 14 mari] manu E^2, magi D^1 populos H^1 ille *om.* *a* legis *C* 15 poterat B^1CD^1, poterant *cet. v* sic *B* eos] in eos H^1 uidimus D^1 16 quod] apud q. Q^1, quosdam Q^2 *in mg.* pasca B^1R, pascha* (m *ras.*) *E* 17 ouem (**** *supra*) *H* sacrifitio *D*, sacrificiis *a* deputentur *N* 18 pabuli (p *in ras.*) *M*, pa*buli *D*

significari posse uitam — melioris interpretationis codices non
habent pabulum, sed faenum — non satis apte dictum
uidetur. non enim congruit faeni nomen significationi uitae
7 quomodo pabuli. item non uideor recte appellasse uerba prophe-
tica, quibus scriptum est: quid superbit terra et cinis?
quia non in eo libro legitur, quem certi simus appellandum
8 esse prophetam. nec illud apostoli, ubi adhibet testimonium
de Genesi dicens: factus est primus homo Adam in
animam uiuentem, sicut ille uoluit exponi, intellexi, cum
exponerem, quod scriptum est: insufflauit deus in faciem
eius flatum uitae, et factus est homo in animam
uiuam uel in animam uiuentem. apostolus enim ad hoc
adhibuit illud testimonium, ut probaret esse corpus animale;
ego autem hinc putaui esse monstrandum animalem factum
9 prius hominem, non corpus hominis solum. quod autem dixi
nulli naturae nocere peccata nisi sua, ideo dixi, quoniam iusto
qui nocet, non ei uere nocet, quandoquidem mercedem eius

4 Id. II, 5, 6 5 Eccli. 10, 9 7 De Gen. adu. Man. II, 8, 10 8 I Cor. 15, 45 10 Gen. 2, 7 16 De Gen. adu. Man. II, 29, 43 17 Matth. 5, 12. Luc. 6, 23

1 significare *F* uitam C^1DR, uitam quin OP^1V, uitam cum *cet.* *v* meliores C^1 interpraetationis *DMP* cudices *V*, codicis C^1D^1 2 habent CDQ^1R, habeat S^1, habeant *cet.* *v* sed] et *O* apte *B* 3 uideretur *O* enim] sic Q^2 *s. l.* nom*** (ine *ras.*) D^1, nomine *EOPVa* significatio *EOPVa* 4 pabuli (p *m. 2 in ras.*) *M*, pa*buli *D* idem C^1D^1, itē* *E*, itemque O^1 uideor non *v* uideo *CER* recta Q^1 uerba *om.* *O* profetica *H* 5 dictum *F* 6 in *om.* Q^1 eo CD^1R, eius *cet.* *v* legit S^1 certi simus C^2, certissimus C^1D, certi sumus *cet.* appellasse *a* 7 profetam *H* nec] hec *O* adhibet CD^1EOPR, adhibuit *cet.* 8 gesi H^1 9 ille *om.* *a* exponi, intellexi *scripsi*, exponi CD^1, poni FRS^2 (*mg.*), intelligi NQ^2, intellexi posui Q^1, uel intellexi sic non est ibi posui Q^3 *mg.*, intellexi (*om.* exponi) *cet.* *v* 10 facie D^1 11 uitae C^1 *in ras.* factum *M*, factis Q^1 est *om.* *G* homo *om.* B^1 amam D^1 12 ad hoc *om.* *P*, adhuc O^1 13 istud *F* ut M^2 *s. l.* corpus esse *Ba*, corpus (*om.* esse) *N* 14 autem *om.* *V* putaui hinc *B* esse] hoc e. *a* animale *a* 15 solum corp. hominis *B* hominem Q^1 17 uere nocet ei *B* nocit C^1D^1 mercedem B^1C^1D, etiam mercedem *cet.* *v*

auget in caelis; sibi autem peccando uere nocet, quoniam propter ipsam uoluntatem nocendi recipiet id, quod nocuit. possunt sane Pelagiani ad suum dogma trahere istam sententiam et ideo dicere paruulis aliena non nocuisse peccata, quia dixi *nulli naturae nocere peccata nisi sua,* non intuentes ideo paruulos, qui utique pertinent ad humanam naturam, trahere originale peccatum, quia in primis hominibus natura humana peccauit, ac per hoc naturae humanae nulla nocuerunt *peccata nisi sua.* per unum quippe hominem, in quo omnes peccauerunt, peccatum intrauit in mundum; non enim nulli homini, sed *nulli naturae* dixi *peccata nocere nisi sua.* item in 10
eo, quod paulo post dixi, *nullum esse malum naturale*, possunt quaerere similem latebram, nisi hoc dictum ad naturam talem referatur, qualis sine uitio primitus condita est. ipsa enim uere ac proprie natura hominis dicitur, translato autem uerbo utimur, ut naturam dicamus etiam, qualis nascitur homo, secundum quam locutionem dixit apostolus: fuimus enim et nos aliquando natura filii irae sicut et ceteri.

Hoc opus sic incipit: *Si eligerent Manichei, quos deci-* 11
perent.

9 Rom. 5, 12 12 De Gen. adu. Man. II, 29, 43 17 Eph. 2, 3

1 augit C^{1}, autget D sibi] siue $C^{1}D^{1}$ quoniam $CDNR$, quia *cet. v* 3 pelageali Q^{1} docma $C^{1}D$. dogma (do *m. 2 s. l.*) H ista D 4 iueo B paruolis $C^{1}D^{1}$ nocuisse (is *ex* u) E 5 nulli (i *in ras.*) C 6 paruolus $C^{1}D^{1}$ pertinent (ent *m. 2*) G 7 in *om.* R 8 peccat $C^{1}R$ nocuere *v* 9 hominē* D omnis V 11 homines et H^{1} nocere peccata $BFGS$ iterum O^{1} 12 naturae QR 13 semilem V ad naturam *add.* $C^{2}D^{2}$ *in mg.* 14 referat S^{1} sine] nisi H^{1} 15 ac] et ENR propriae $C^{1}DMS$ naturae D homines H^{1} translati*u* (u *m. 2*) C 16 quali $GNQS$, quali* D 17 locutione D^{1}, loquutionem $EHP^{1}Q^{2}$ dicit O apostulus M enim *om.* M et nos aliq. enim F aliquando** (do *ras.*) M 18 naturaliter $BEFGNQS^{1}$ fili H^{1} coeteri D 19 elegerent $C^{1}D^{1}E^{1}M^{1}P$ manichaei M deceperent $C^{1}V$, decoeperint D, decepissent $B^{1}FGS$

CAPVT X. (XI)

DE MVSICA LIBRI SEX.

1 Deinde, ut supra commemoraui, sex libros de musica scripsi. quorum ipse sextus maxime innotuit, quoniam res in eo cognitione digna uersatur, quomodo a corporalibus et spiritalibus, sed mutabilibus numeris perueniatur ad inmutabiles numeros, qui iam in ipsa sunt inmutabili ueritate, ac sic inuisibilia dei per ea, quae facta sunt, intellecta conspiciantur. quod qui non possunt et tamen ex fide Christi uiuunt, ad illa certius atque felicius conspicienda post hanc uitam ueniunt; qui autem possunt, si desit eis fides Christi, qui unus mediator est dei et hominum, cum tota sapientia sua pereunt.

2 In hoc libro illud, quod dixi: *corpora enim tanto meliora, quanto numerosiora talibus numeris; anima uero istis, quae per corpus accipit, carendo fit melior, cum sese auertit a carnalibus sensibus et diuinis sapientiae numeris reformatur*, non sic accipiendum est, quasi non sint futuri numeri corporales in corpo- (2)

3 Retract. I, 5, 6 7 Rom. 1, 20 9 Rom. 1, 17. 3, 26. Gal. 3, 11 Hebr. 10, 38 11 I Tim. 2, 5 13 De mus. VI, 4, 7

1 XI *v* 2 liberi H^1 liber VI (tus *s. l.*) D^2 3 deinde] hic incip̄ *add.* D^2 *s. l.* commemo G lib̄ CD^1 4 quorum—sextus *add.* C^2 quorum] qm̄ D^1EN, quo̅ R ipse *om.* Q in eo res *a* ea BM^2 digna cognitione *m* 6 sed] et M^1R nomeris C^1R perueniat S^1 inmutabilis C^1D^1, immotabiles H^1 numerus C^1D^1 7 sunt in ipsa *m* inmutabile R, ut inmutabili N ac sic] et sic $HOPVv$, ac si N 8 dei *om.* R qụạẹ per ea F conspiciant S, conspiciuntur D^2 *s. l.* Q^1 9 quod (uo *m. 2*) G et] ei D^1 at E^1 10 tertius E^1, cercius D facilius M conspitienda D, conspienda C^1 hanc *om.* H uita D^1 11 quid *a* possunt S *in mg.* si desit] id erit V ei Q^1 qui] qua OVa, quia $BFGS$ ***mediator (med *ras.*) M^1, mediatur D^1G est mediator dei F, m. dei est M^2, mediator dei (*om.* est) M^1 13 tantum H^2, tam H^1 meliora] m. sunt *a* 14 quantum H nūmeris (u *in ras.*) C istis *om.* Q^1 15 accipit B^2 *in mg.*, accepit $CDOPV$ sit F^1 se B^1, esse D^1 16 refurmatur C^1, reformator E, seformatur D^1 17 qua E^1 non *om.* E

ribus incorruptibilibus et spiritalibus, cum speciosiora et decentiora futura sint, aut anima eos sensura non sit, quando erit optima, quemadmodum hic eis carendo fit melior. hic enim opus habet auertere se a carnalibus sensibus ad intellegibilia capienda, quia infirma est et minus idonea utrisque simul adhibere intentionem suam, et in his corporalibus nunc inlecebra cauenda est, quamdiu anima inlici ad delectationem turpem potest. tunc autem firma erit atque perfecta, ut numeris corporalibus non auertatur a contemplatione sapientiae et ita sentiat eos, ut non inliciatur ab eis nec eis carendo fiat melior, sed ita sit bona et recta, ut nec latere possint eam nec occupare.

3) Item quod dixi: *haec autem sanitas tunc firmissima erit atque* 3
certissima; cum pristinae stabilitati certo suo tempore atque ordine hoc corpus fuerit restitutum, non ita dictum putetur, quasi non sint futura post resurrectionem corpora meliora, quam primorum hominum in paradiso fuerunt, cum illa iam non sint alenda corporalibus alimentis, quibus alebantur ista; sed pristina stabilitas hactenus accipienda est, quatenus aegritudinem ita nullam

12 De mus. VI, 5, 13

1 cum CD^1, cum multa B^1, cum multo *cet. v*   specio*siora (t *ras.*) C, speciosa V dicentiora C^1D^1 2 aut] ut R anime [e] os (e *m. 2*) M, anime [a] os [a] H 3 quemammodum MV, *semper*   hic carendo eis B, eis hic c. *a*   enim *om.* D^1 4 auertere [*] C^1, auerteret E^1 accernalibus E^1 5 sapienda BD^2EFGNQ ideo E 6 illecebra BF, inlicebra D^1 7 inlici* (i *ras.*) M, inlici*** S, illic R *ad M, a E^1 delictationem C^1, dilectatione D^1 turpi [e] E potest turpem B 8 potest] p. trahi R firma CD^1, tam firma *cet. v*   est R atque perfecta erit B aut H^1 9 ista D^1 10 ut] et B^1 non *om.* F alliciatur O 11 ista D^1 et] atque B possit Q^1 eam possint N 12 tunc] tam O erat E 13 pristi**nae H 14 hoc B^2 *s. l.*, oc Q^1 corpus] opus CD^1, tempus O^1 fierit C^1D quasi] quia V 15 resurrectione D^1 quam C^2 *in mg.* D^2 *s. l.*, cū C^1D^1 priorum H 16 paradyso $FGNP$, iparadiso (*om.* in) O 17 alibantur G^1 pristina (a *m. 2*) C, pristinae H^2 stabilitatis H^2 18 actenus $C^1DERS^1V^1$ accipienda—quatenus *om.* H accipianda E^1 quatinus C^2D^2O, quatentis D^1 egritudinem CMV nulla C^1D^1OPR

corpora illa patientur, sicut nec ista pati possent ante peccatum.

4 Alio loco: *laboriosior est*, inquam, *huius mundi amor. quod* (4) *enim in illo anima quaerit, constantiam scilicet aeternitatemque, non inuenit, quoniam rerum transitu conpletur infima pulchritudo et, quod in illo imitatur constantiam, a summo deo per animam traicitur, quoniam prior est species tantummodo tempore commutabilis quam ea, quae et tempore et locis.* haec uerba si eo modo accipi possint, ut non intellegatur infima pulchritudo nisi in corporibus hominum omniumque animalium, cum quibus sensu corporis uiuimus, ratio manifesta defendit. hoc quippe in ea pulchritudine imitatur constantiam, quod in conpage sua manent eadem corpora, in quantum manent, id autem a summo deo in ea per animam traicitur. anima quippe ipsam conpagem tenet, ne dissoluatur et diffluat, quod uidemus in corporibus animalium anima discedente contingere. si autem

3 De mus. VI, 14, 44 14 Aug. Confess. X, 34, 53

1 patiantur BM^2Q^2, patien**tur *D* *possent *M in ras.* 3 modi ENQ^1 amur D^1 4 in *om. ENQ* anima in illo *Oa* aeternitatemq;** *M*, aeternitatem B^1, et aeternitatem quę D^1R 5 quoniam] quo *N*, quorum B^1 transitu *C*, transitum *D* infime C^1, infirma $DFGM^1PS^2V$ pulcritudo *DQ* 6 illa $GHOPQ^2SV$ immitatur C^1, **imitatur *D* a *om.* C^1V 7 trahicitur G^1MS tempore (e *in ras.*) *S*, tempora *G* commotabilis *D* 8 quam] q. ex *E*, q. est *m pr.* et *om. E*, ei CD^1 locis et tempore *F* locis] l. ē incommutabilis *R* 9 accepi C^1DO possunt D^1OPR^1Vv, possit Q^1 non *in ras. M*, *om. F* infema *S*, infirma $C^1DGM^1S^2V$ 10 hominibus *B* cum quibus $B^1CDEFNQRS^2$ (*mg.*), quae cum (uae *in ras.*) *H*, quae con P^1, quae cum *cet. v* 11 senso C^1D^1 uiuimus *C*, uiuimus $B^1DEFNQR$. uiuunt *cet. v* ***defendit *G*, ostendit R^1 hanc *R* 12 ea] illa D^2 *s. l.* imitamur *R* *alt.* in *ex* im *corr. M* conpagem *D* 13 manet D^1 *id (h *ras.*) *C* a *om. N* 14 *in *M* eam CD^1OPa, eo *FGS* trahicitur *GV* anima] sed a. Q^1 15 defluat C^2Da uidimus C^1D^1 16 corporalibus F^1 disce*dente (n *ras.*) *CHM*, descedente D^1

ipsa pulchritudo in omnibus corporibus intellegatur, cogit ista sententia etiam ipsum mundum animal credere, ut etiam in ipsum, quod in illo imitatur constantiam, a summo deo per animam traiciatur. sed animal esse istum mundum, sicut Plato sensit aliique philosophi plurimi, nec ratione certa indagare potui nec diuinarum scripturarum auctoritate persuaderi posse cognoui. unde, tale aliquid a me dictum quod accipi possit etiam in libro de inmortalitate animae, temere dictum notaui, non quia hoc falsum esse confirmo, sed quia nec uerum esse conprehendo, quod sit animal mundus. hoc sane inconcusse retinendum esse non dubito, deum nobis non esse istum mundum, siue anima eius ulla siue nulla sit, quia si ulla est, ille, qui eam fecit, est deus noster; si autem nulla est, nullorum deus potest esse iste, quanto minus noster. esse tamen spiritalem uitalemque uirtutem, etiamsi non sit animal mundus, quae uirtus in angelis sanctis ad decorandum atque administrandum mundum deo seruit, et a quibus non intellegitur rectissime

2 Varro ap. Aug. de ciu. dei VII, 23 4 Plato Tim. p. 30 B. Diels Doxogr. p. 609, 14. Cic. de nat. d. I, 23 sq. 30. 52. II, 22. 30. 32 8 De inm. an. 15, 24. Retract. I, 5, 4 13 Ps. 45, 1

1 ipsa BCD^1ENRS^2 *mg.*, infirma G^1M^1, infirma ista *Q*, infima *cet. v* corporibus omnibus *Q* 2 **ipsum (in *ras.*) *E* mundum B^2 *s. l.* animalem *H* etiam (t *m. 2 s. l.*) *C* in *ras. B*, id *M* 3 in *om. V* per animam *om. a*, per anim D^1 4 traicitur NQ^1 5 plurime H^1, quam plurimi *m* indagari H^2, indare S^1 potuit *H* 6 scripturarum] scurū C^1, scarū *D*, scarū *E*, scarum scripturarum *R* persuadere B^1, persuari *O* 7 a me tale aliquid *P* quod *CD*, quod id BF^2R, quo id *cet. v* quod—dictum F^2 *in mg.* accepi $B^1C^1R^1$ posset C^2H 8 libro (o *add. m. 2*) *D*, librum *O* anima et emere E^1 timere C^1D^1, tenere *Q* 9 falsum hoc *Q* 10 compraehendo *MP* inconcussae *D*, incusse B^1 11 *alt.* esse non *F* 12 *pr.* siue] sed CD^1R eius *om. B* ille] ill̶ *D* 13 fecerit B^1 *alt.* est *expunxit* D^2 14 esse iste *M in ras.* iste R^2 *in mg.* noster] inter *E* tamen] talē *H* 15 uitalem quae *D* si (ǝtiam *om.*) D^1R 16 decorandem D^1 amministrandum *M*, ministrandum *EN* 17 mundum *om.* M^1O, omnium *Pa* et] ut E^2 a] e E^2 *s. l.* rectissimae *D*, recte *B*

creditur. angelorum autem sanctorum nomine omnem sanctam creaturam spiritalem in dei secreto atque occulto ministerio constitutam nunc appellauerim. sed spiritus angelicos sancta scriptura nomine animarum significare non sólet. proinde in eo, quod circa finem libri huius dixi: *rationales et intellectuales numeri beatarum animarum atque sanctarum legem ipsam dei, sine qua folium de arbore non cadit et cui nostri capilli numerati sunt, nulla interposita natura excipientes usque ad terrena et inferna iura transmittunt*, non uideo, quemadmodum uocabulum animarum secundum scripturas sanctas forsitan possit ostendi, quandoquidem hic non nisi angelos sanctos intellegi uolui, quos habere animas numquam me legisse in diuinis eloquiis canonicis recolo.

5 Hic liber sic incipit: *Satis diu paene.*

CAPVT XI. (XII)

DE MAGISTRO LIBER VNVS.

1 Per idem tempus scripsi librum, cuius est titulus de magistro. in quo disputatur et quaeritur et inuenitur magistrum non esse, qui docet hominem scientiam, nisi deum secundum

5 De mus. VI, 17, 58 7 Ps. 1, 3. Es. 34, 4. 64, 6 Luc. 12, 7. Matth. 10, 30 11 Retract. I, 15, 2 17 Aug. Confess. VIIII, 6, 14

1 sacrorum H^2, sacrum H^1 sanctam] *al.* factam *a mg.* 2 in *om.* *M* deo *P* occultoque (*om.* atque) *B* 3 nunc G^2 *in ras.* appellauerunt C^1 4 scriptura *om.* CD^1 significare *om.* CD^1R solet] s. appellare *R* proinde**** *C*, p. uero *a* 5 huius libri *BOVa* rationabiles F^1 intellectuale D^1 6 numeros *R* beatorum C^1D^1 legem ipsam] *al.* ea ipsa lege *a mg.* 7 nurati H^1 8 interpossita Q^1 usque] atque $B^1C^2D^2EFNRS^2$ *mg.*, adque C^1D^1 ad—uideo quem D^2 *in ras.* 9 iure *H* transmittant *Ha* uocabulo CD^1 10 sanctas scripturas *N* forsitan *om.* *OPVa*, *del.* D^2, positum Q^1m 11 hic P^2 *s. l.*, *om.* *a* uoluit *G* 12 numquam C^1D, nusquam *cet.* *v* canonicis (oni *in ras.*) *M* 14 pene *CD* 15 XII *v*, *om.* *Q* 17 id *R* est *om.* *H* 18 quo] illo R^1 *mg.* quaeretur C^1D^1 *alt.* et *om.* *H* inuenitur (nue *m. 2 in ras.*) *C*, t *in ras.* D^2 magistrū (ū *m. 2*) *H* 19 docit *V* conscientiam B^1

illud etiam, quod in euangelio scriptum est: unus est magister uester Christus.

Hic liber sic incipit: *Quid tibi uidemur efficere uelle, cum loquimur?* 2

(XIII) CAPVT XII.

DE VERA RELIGIONE LIBER VNVS.

Tunc etiam de uera religione librum scripsi, in quo multipliciter et copiosissime disputatur unum uerum deum, id est trinitatem, patrem et filium et spiritum sanctum, religione uera colendum, et quanta misericordia eius per temporalem dispensationem concessa sit hominibus Christiana religio, quae uera religio est, et ad eundem cultum dei quemadmodum sit homo quadam suauitate coaptandus. maxime tamen contra duas naturas Manicheorum liber hic loquitur. 1

(2) In hoc libro quodam loco: *sit*, inquam, *tibi manifestum atque perceptum nullum errorem in religione esse potuisse, si anima pro deo suo non coleret animam aut corpus aut fantasmata sua.* hic animam pro uniuersa creatura incorporali posui non loquens more scripturarum, quae animam, quando non translato uerbo utuntur, nescio utrum uelint intellegi nisi 2

1 Matth. 23, 10 15 De uer. rel. 10, 18

1 *pr.* est] sit *O* *alt.* est *om.* *O*, est enim *F* uester magister *HMRV* magister (agis *in ras.*) *M* 3 quod *R* uideąmur *D* uelle] uel C^1D^1 5 XIII *v*, *om.* *Q* 6 relegione C^1DM, *fere semper* 7 nunc *a* de uera *om.* *H* scribsi *D* 8 cupiosissime *V*, copiose *B* 11 concessa sit] concessit C^1D^1 quae—religio *om.* *H* 12 uere *F* est religio *B* quemammodum *M*, quemammodo C^1D^1 13 suauitate] sua uita $BE^1GHNOPQ^1RS$, uita sua D^2Fv quoaptandus C^1D^1, coaptandis S^1 14 manich*aeorum (i *ras.*) *M* hic] sic B^1GS^1V hic liber *F* 15 hoc B^2 *s. l.* libro *om.* *BF* manifesţątum (ta *del. m. 1*) *M* 16 praeceptum *R* 17 colerit D^1V anima *V* fantasmata *BCDFGHOQ*, phantasmata *cet.* 18 hinc P^1 anima *E* 19 loqueis E^1, loquem *O* more* *C* 20 non** *C* ne*scio (c *ras.*) D^1 uellint D^1

eam, qua uiuunt animalia mortalia, in quibus et homines sunt, quamdiu mortales sunt. paulo post autem eundem sensum melius sum breuiterque conplexus, ubi dixi: *non ergo creaturae potius quam creatori seruiamus nec euanescamus in cogitationibus nostris, et perfecta religio est.* creaturam quippe uno nomine utramque, id est spiritalem corporalemque, significaui. restat, quod ibi dixi: *aut fantasmata sua,* propter quod hic dixi: *nec euanescamus in cogitationibus nostris.*

3 Item quod dixi: *ea est nostris temporibus Christiana religio,* (3)
quam cognoscere ac sequi securissima et certissima salus est, secundum hoc nomen dictum est, non secundum ipsam rem, cuius hoc nomen est. nam res ipsa, quae nunc Christiana religio nuncupatur, erat et apud antiquos nec defuit ab initio generis humani, quousque Christus ueniret in carne, unde uera religio, quae iam erat, coepit appellari Christiana. cum enim eum post resurrectionem ascensionemque in caelum coepissent apostoli praedicare et plurimi crederent, primum apud Antiochiam, sicut scriptum est, appellati sunt discipuli Chri-

2 De uer. rel. 10, 19 3 Rom. 1, 25 4 Rom. 1, 21 9 De uer. rel. 10, 19 fin. 14 I Io. 4, 2. II Io. 7 17 Act. 11, 26

1 eam *om.* R^1 et *om.* B^2F sunt *om.* *O* 2 autem B^2 *s. l.* 3 sub *E* breuiterque $C^1E^2NOPQ^1RS^2$ *mg.*, rebiterque E^1, breuiusque *cet.* *v* 4 euanescamus] uanesc *m. 2* *C*, euaniscamus M^1, uane sciamus D^1 5 nostris et G^2 *in ras.* est religio *N* 6 utramquae C^1, utrumquę D^1 spiritali H^1 corporalem *H in mg.* significari *R* 7 dixit P^1 8 euaniscamus C^1, eua.nescamus (s *ras.*) *M*, eua nescamus *D* 9 christiana (ana *in mg.*) *H* 10 cognuscere C^1 hac P^1 et certissima *om.* *N* est salus *F* 11 rem ipsam *N* 12 hoc *om.* *R* est hoc nomen *H* ipsa res *BFGS* religio xpiana *O* 13 noncupatur C^1 et *om.* *Hm* antiquus D^1, antiquos. quos *N* inicio *C* 14 humani generis *B*, generis humanis C^1D, g. humana R^1 christus C^1D^1, ipse christus *cet.* *v* uenerit C^1 ueniret christus *B* carne] cruce B^1 15 uera] et u. B^1 iam] etiam *H* eŗrat *H* cepit C^1 16 eum *om.* B^1 in] ad *M* 17 plurimum *E*, multi *B* apud G^2 *in ras.*, ad B^1 18 anthiochiam $C^2DEHMNPR$, athiociam C^1 scribtum *D* scriptum—discipuli M^2 *in ras.* discipoli *V*

stiani. propterea dixi: *haec est nostris temporibus Christiana*
religio, non quia prioribus temporibus non fuit, sed quia po-
sterioribus hoc nomen accepit.
(4) Alio loco: *intende igitur*, inquam, *in haec, quae secuntur,* 4
diligenter et pie, quantum potes; tales enim adiuuat deus. quod
non ita intellegendum est, quasi tantummodo tales adiuuet,
cum etiam adiuuet non tales, ut sint tales, id est ut diligenter
et pie quaerant; tales autem adiuuat, ut inueniant. itemque 5
alibi: *deinde*, inquam, *iam erit consequens, ut post mortem cor-*
poralem, quam debemus primo peccato, tempore suo atque ordine
suo hoc corpus restituatur pristinae stabilitati. quod sic acci-
piendum est, quia etiam pristina stabilitas corporis, quam
peccando amisimus, habebat tantam felicitatem, ut in defectum
non uergeret senectutis. huic ergo pristinae stabilitati restituetur
hoc corpus in resurrectione mortuorum, sed habebit amplius,
ut nec alimentis temporalibus sustentetur, sed ad sufficientiam
uiuificetur solo spiritu, cum resurrexerit in spiritum
uiuificantem, quia iam etiam spiritale erit. illud autem,
quod primum fuit quamuis non moriturum, nisi homo peccasset,
tamen animale factum est, hoc est in animam uiuentem.

4 De uer. rel. 10, 20 fin. 5 II Par. 26, 7. Ps. 53, 6 9 De uer. rel. 12, 25 17 I Petr. 3, 18 18 I Cor. 15, 45 20 Gen. 2, 7

1 est *V s. l.*, *eras. D* 4 inquam igitur O^1 in *om.* CD^1 sequuntur *BEHQ*² 5 piae *DM* potest G^1PR^1 enim] autem *H* 6 est intelligendum *BF* adiubet C^1D^1 7 adiuuet *om. P* etiam adiuuet *CD*, adiuuet etiam *cet. v* *alt.* ut *om.* B^1 8 piae *DM* quaerent *E* adiubat C^1D^1 ut *om. E* ut inueniant adiuuat *F* 9 erit *om. H* ut] et *GS* 10 peccato primo R^1 tempore] donec t. M^1Q^2 atque ordine *om.* Q^1R 11 suo *om. QR* praestinae P^1 stabilitate H^1 12 prius pristina *R* 13 inde fectum *C*, infectum *H* 14 uergerit C^1D^1V seruitutis GS^1 hanc B^1 restituaetur *H* 15 resurrectionem *O* abebit D^1 16 temporalibus $C^1DEM^1NRS^2$ *mg.*, corporalibus *cet. v* sustententur F^1, sustentur Q^1 suffitientiam *D* 17 resurrexeri*t (n *ras.*) *H* spiritu CD^1E^1 18 uiuificante CD^1 quia iam *CDR*, qua iam *EN*, qua*causa (e *ras.*) *M*, quia causa *H*, qua causa *cet. v* 20 hoc est *om. m* anima D^1

6 Et alibi: ***usque adeo,*** inquam, ***peccatum uoluntarium malum est, ut nullo modo sit peccatum, si non sit uoluntarium.*** potest uideri falsa haec definitio, sed, si diligenter discutiatur, inuenietur esse uerissima. peccatum quippe illud cogitandum est, quod tantummodo peccatum est, non quod est etiam poena peccati, sicut superius ostendi, cum quaedam commemorarem ex libro tertio de libero arbitrio, quamuis et illa, quae non inmerito non uoluntaria peccata dicuntur, quia uel a nescientibus uel a coactis perpetrantur, non omni modo possunt sine uoluntate committi, quoniam et ille, qui peccat ignorans, uoluntate utique peccat, quod, cum faciendum non sit, putat esse faciendum, et ille, qui concupiscente aduersus spiritum carne non ea quae uult facit, concupiscit quidem nolens et ideo non facit quod uult, sed, si uincitur, concupiscentiae consentit uolens, et ideo non facit nisi quod uult, liber scilicet iustitiae seruusque peccati. et illud, quod in paruulis dicitur originale peccatum, cum adhuc non utantur arbitrio uoluntatis, non absurde uocatur etiam uolun- (5)

1 De uer. rel. 14, 27 6 Retract. I, 8, 5 12 Gal. 5, 17 16 Rom. 6, 20. 17

1 peccatum inquam *F* (2) uolontarium *V* 2 nullu *D*[1] peccatum *om. F* 3 haec falsa *F* haec d. falsa *B* difinitio *CQ*[2], diffinitio *BE*[2]*GHOR*, id ē finitio *E*[1] si *om. E*[1] inueniatur *H* 4 esse] hec *O* intelligendum *Oa* 6 cum *V s. l.* cummemorarem *C*[1]*D*[1] 7 ex] et *E*[1] non *om. a* 8 non *om. H* a *om. H* 9 a *om. GH* c**oactis *Q* perpetrantur *om. F* possunt *B*[2] *s. l.* 10 quoniam—uoluntate *om. E* ignorans (n *alt. in ras.*) *M* 11 itaque *B*[1] peccat *C in ras.*, facit *HMQ*[2]*V* (*in ras.*) *m* quod, cum] quodcumq. *H* 12 concupiscente] non c. *C*, noncupiscente (c̄ *ras.*) *D* spiritum—quidem *F*[2] *s. l.* 13 carnem *V* 14 uolens *F*[1]*M*[1] ideo *CD*[1], in eo *cet. v* si] cum *D*[2] *s. l.* 15 consensit *NQ*[1] ideo *CD*[1], in eo quod *BEFNS*, in eo *cet. v* non *B*[2] *s. l.* nisi *om. a* liber uult *H* 16 liber] l. est *BM*[2] scilicet *del. R*[2] iusticiae *C*, iustitiae ee (ee *m. 2*) *H* seruus *H*[1] 17 paruolis *C*[1]*D*[1]*V*, parabolis *E*[1] cum *M*[2] *s. l.* 18 arbitrio] libero a. *a* arbitrio—uocatur *add. C*[2] *in mg.* absorde *D*[1] uoca*tur (n *ras.*) *Q* etiam uocatur *N*

tarium, quia ex prima hominis mala uoluntate contractum
factum est quodam modo hereditarium. non itaque falsum est,
quod dixi: *usque adeo peccatum uoluntarium malum est, ut
nullo modo sit peccatum, si non sit uoluntarium.* ideo gratia
dei non solum reatus omnium praeteritorum soluitur in omnibus, qui baptizantur in Christo, quod fit spiritu regenerationis, uerum etiam in grandibus uoluntas ipsa sanatur
et praeparatur a domino, quod fit spiritu fidei et
caritatis.

(6) Alio loco quod dixi de domino Iesu Christo: *nihil egit ui,* 7
sed omnia suadendo et monendo, non mihi occurrerat, quod
uendentes et ementes flagellando eiecit de templo. sed
quid hoc aut quantum est, quamuis et daemones nolentes
ab hominibus non sermone suasionis, sed ui potestatis eiecerit?
item alio loco: *prius,* inquam, *isti sequendi sunt, qui unum* 8
*summum et solum colendum esse dicunt; si apud hos ueritas
non eluxerit, tunc demum migrandum.* quod ita potest uideri

6 Rom. 6, 3 7 Prou. 8, 35 sec. LXX 8 II Cor. 4, 13 10 De uer. rel. 16, 31 12 Marc. 11, 15. Matth. 21, 12. Luc. 19, 45 13 Matth. 9, 32 sqq. Marc. 1, 34. 5, 1 sqq. Luc. 4, 35 15 De uer. rel. 25, 46

1 primi D^2Q^1R 2 modum C^1D^1 itaquae *et* 3 usquae *D* falsus *E* 3 peccato C^1D^1 4 nullu C^1D^1 modo (o *alt. ex* u) *M*, (do *add. m. 2 s. l.*) *C* si] nisi *E* 5 *reatus (c *ras.*) *M* praeteritorum] *al.* peccatorum *a in mg.* 6 qui* (a *ras.*) *D* fi*t (e *ras.*) *D* 7 gradibus *E* 8 *post* domino *ras. 5 litt. C* et *om.* CD^1 10 quod *BCDEFGNRS*, in eo quod *cet. v* iesu *V s. l.* egit *er. M*, *egit (l *ras.*) *E* ui* *Q*, ui nr̄i *H* 11 *occurrerat (h *ras.*) *C* 12 uindentes *MV* mentes M^1 flagello E^2a, fallendo E^1 eiecit (i *pr. in ras.*) *C*, egecit D^1O de *BCDNR*, e *cet.* sed *om. H* 13 quod *F* aut (t *in ras.*) *C* 14 hominibus (homi *in ras.*) *M*, hominibus exire *O* eiecerit (e *alt. in ras.*, rit *a m. 2*) *C*, eicerit P^1 15 loco alio *GHSV* prius] quo prius (uo *in ras.*) CD^1, priusquam *F*, primum *O* sint (i *ex* u) *H* unum] in u. *V* 16 summum] s. deum *SV*, deum s. *v* et solum CD^1ER, solum uerum deum et solum *HVv*, et solum et uerum deum et solum *O*, et uerum deum *P*, uerum deum summum et s. *F*, uerum deum et solum *cet.* solem** H^1 aput C^1DFM 17 luxerit M^1, *eluxerit *E* tum *FGOPSVm* migrandum CD^1, migrandum est *cet. v*

dictum, quasi de huius religionis ueritate dubitauerim. dixi autem, sicut ei congruebat, ad quem scribebam. sic enim dixi: *si apud hos ueritas non eluxerit,* nihil dubitans, quod apud eos elucesceret, quemadmodum ait apostolus: s i C h r i s t u s n o n r e s u r r e x i t, non utique dubitans, quod resurrexit.

9 Item quod dixi: *nec miracula illa in nostra tempora durare* (7)
permissa sunt, ne anima semper uisibilia quaereret et eorum consuetudine frigesceret genus humanum, quorum nouitate flagrauit, uerum est quidem; non enim nunc usque, cum manus inponitur baptizatis, sic accipiunt spiritum sanctum, ut loquantur linguis omnium gentium, aut nunc usque per umbram transeuntem praedicatorum Christi sanantur infirmi, et si qua talia tunc facta sunt, quae postea cessasse manifestum est. sed non sic accipiendum est, quod dixi, ut nunc in Christi nomine fieri miracula nulla credantur. nam ego ipse, quando istum ipsum scripsi librum, ad Mediolanensium corpora martyrum in eadem ciuitate caecum inluminatum fuisse iam noueram et alia nonnulla, qualia tam multa etiam istis tem-

4 I Cor. 15, 14 6 De uer. rel. 25, 47 10 Act. 2, 4. 10, 46 12 Act. 5, 15 sq. 16 Ambros. ep. 22, 17. Aug. Confess. VIIII, 7, 16. de ciu. dei XXII, 8, 2. Serm. 286, 5

1 relegionis C^1DM^1 2 scribebam (ebam *in ras. m. 2*) M 3 si *om.* $D^2M^1NQ^1$ nihil (h *in ras.*) C 4 elucescerit C^1Q^1, non elu..x.erit C^2, eluceret H^1Q^2, elucisceret D^1H^2, lucesceret R quemammodum C^1M; et quemadmodum R ait B^2 *s. l.* 5 *pr.* non *om.* C resurrexerit F^1, surrexerit H non—resurrexerit *om.* H *alt.* resurrexit CD^1E, resurrexerit *cet.* v 6 non B^1 miracola V illa *in ras.* M, ista a 7 nec O^1R uisibilia semper B uisibilia (lia *in ras.*) C quaererit V 8 consuetududine D frigescere H^1 flagrabat D^2 *s. l.* 9 est uerum B nunc] huc OV 11 nunc C^2 *in mg.*, nun G per] ad $D^2HMOPQVv$ umbra D^1 12 transeuntem D^1, transeuntiū (iū *m. 2 in ras.*) C, transeuntium *cet.* v 13 cessare Q 15 miracola V nulla miracula Ba ipse] sine M^1 16 ipsum (um *in ras.*) C, ips.um (a *ras.*) H librum scripsi v martirum D 17 caelum D^1 iam nou. caec. illum. fuisse B 18 nonnullia B qualia] talia q. BD^2FGNQS, alibi talia q. (*h. e.* $\overset{\text{alibi talia}}{\text{qualia}}$) E quam Q

poribus fiunt, ut nec omnia cognoscere nec ea, quae cognoscimus, enumerare possimus.

(8) Et alio loco illud, quod dixi: *sicut ait apostolus*: *omnis* 10
ordo a deo est, non eisdem uerbis hoc dixit apostolus, quamuis eadem uideatur esse sententia. ait quippe ille: quae
autem sunt, a deo ordinata sunt. et alibi: *prorsus*, 11
inquam, *nemo nos fallat: quidquid recte uituperatur, in melioris conparatione respuitur.* hoc de substantiis atque naturis dictum est; inde enim disputabatur, non de bonis actibus atque peccatis. itemque alibi: *sed nec sic quidem*, inquam, *ab homine* 12
homo diligendus est, ut diliguntur carnales fratres uel filii uel coniuges uel quique cognati aut adfines aut ciues; nam et ista dilectio temporalis est. non enim ullas tales necessitudines haberemus, quae nascendo et moriendo contingunt, si natura nostra in praeceptis et imagine dei manens in istam corruptionem non relegaretur. hunc sensum prorsus inprobo, quem iam et superius inprobaui in primo libro de Genesi contra Manicheos. ad hoc enim ducit, ut credantur illi coniuges primi non gene-

1 Aug. de ciu. dei XXII, 8 3 De uer. rel. 41, 77 5 Rom. 13, 1 6 De uer. rel. 41, 78 10 Id. 46, 88 17 Retract. I, 9, 3

1 cognuscere C^1 nec *om.* *V* cognuscimus C^1V, cognoscime S^1 3 illud] aliud *F* dix̄ *H* sicut—dixit *om.* *H* omnes C^1D^1 4 a D^2 *s. l.* a deo ordo B^1 non] nec *B* apostolus dixit hoc *NQ*, dixit a. hoc *E* 5 eadem *om.* *H* sentia C^1 6 sunt autem O^1 ordinatae C^2M^1Ov 7 nemo inquam R^1 nemo* (s *ras.*) *M* uos *BFa* meliuris E^1 8 respicitur *E* de *om.* E^1 9 actibus BCD^1Fa (*mg.*), actionibus *cet.* *v* peccati *H* 10 ne O^2Q^1 si *R* quidam Q^1 inquam *om.* *F* ab *om.* B^1 11 homo *om.* *O* fili C^1, filios D^1 12 quicumque *a* afines C^1D *alt.* aut] uel *V* 13 nullas C^1D^1 necessitudines* (n *ras.*) *M* 14 contin | tingunt *F*, contingunūnt *O* si *add.* M^2 15 i*magine (n *ras.*) *M*, in imagine *R* ista D^1Q^1 corruptione Q^1 16 religaretur BC^2FGP^2QRVa, relegatur *H* prorsus] *om.* S^1, rsu *in ras.* *M* quam E^1 et *om.* F^1 17 superius] superiis D^1, in superiorib; (in *et* b; *m. 2 s. l.*) *C* libro primo *BF* contra R^2 *mg.* manichaeos *M*, manicheus D^1 18 adhuc F^1H ducet CD^1, ducitur B^1G conieges C^1D^1

raturi posteros homines, nisi peccassent, tamquam necesse fuerit, ut morituri gignerentur, si de concubitu maris et feminae gignerentur. nondum enim uideram fieri potuisse, ut non morituri de non morituris nascerentur, si peccato illo magno non mutaretur in deterius humana natura ac per hoc, si et in parentibus et in filiis felicitas fecunditasque mansisset, usque ad certum sanctorum numerum, quem praedestinauit deus, nascerentur homines non parentibus successuri morientibus, sed cum uiuentibus regnaturi. essent ergo etiam istae cognationes atque adfinitates, si nullus delinqueret nullusque moreretur.

13 Item alio loco: *ad unum deum tendentes*, inquam, *et ei uni* (9)
religantes animas nostras, unde religio dicta creditur, omni superstitione careamus. in his uerbis meis ratio, quae reddita est, unde sit dicta religio, plus mihi placuit. nam non me fugit aliam nominis huius originem exposuisse latini sermonis auctores, quod inde sit appellata religio, quod religitur: quod

7 Rom. 8, 28 sqq. I Cor. 2, 7. Eph. 1, 5. 11 12 De uer. rel. 55, 111 16 Cic. de nat. deor. II, 28, 72

1 posteras C^1D^1 2 gignerentur *eras.* C si de] sine CD^1, si*de (c *ras.*) B concubito C^1D^1 fiminae D^1 3 uiderant F^1 4 morituris (ris *s. l. m. 2*) H peccatum D^1 5 in] ut R *ac (h *ras.*) CD 6 si] si et parentibus H *alt.* in *om.* Q filiis *om.* D feconditas quae (*om.* felicitas) D^1, fecunditas felicitasque $OPVv$, fecunditas quę felicitas E, foecunditasq; felicitatis N mansissed D^1 7 ad *om.* N numerū (rū *m. 2 in ras.*) C, numero D^1 quę R, quam D^1 praedistinauit C^1D^1GHM 8 nasceprentur F, ut nascerentur O succensuri D^1 9 ergo *om.* B etiam G^2 *in mg.* 10 cognitiones H adfinitate* C^1, adfinitatem D^1, affinitiones O^1 delinquerit V 11 moretur C^1, moritur D, moriretur S^2V 12 alio] in a. HOP et M^2 *in ras.*, et i Q^1 unii Q^1 13 relegantes C^1M^1, religates D^1 (15) relegio C^1D^1 omne C^1 14 caremus D^1 redita D^1 15 plus] alia plus P non me] nomine O^1 16 alia D^1 huius *om.* NQ^1 latini* (s *ras.*) M sermones C^1DH^1 17 relegio C^1D^1 relegitur B^2D^1EFHM, religetur O^1PV, religatur O^2a

uerbum compositum est a legendo, id est eligendo, ut ita latinum uideatur religo sicut eligo.

Hic liber sic incipit: *Cum omnis uitae bonae ac beatae uia.* 14

(XIIII.) CAPVT XIII.

DE VTILITATE CREDENDI LIBER VNVS.

Iam uero apud Hipponem Regium presbyter scripsi librum 1
de utilitate credendi ad amicum meum, quem deceptum a Manicheis adhuc eo errore noueram detineri et inridere in catholicae fidei disciplina, quod iuberentur homines credere, non autem, quid esset uerum, certissima ratione docerentur.

In hoc libro dixi: *in quibus tamen legis praeceptis atque* 2
mandatis, quibus nunc Christianos uti fas non est, quale uel sabbatum est uel circumcisio uel sacrificia et si quid huius modi est, tanta mysteria continentur, ut omnis pius intellegat nihil esse perniciosius, quam quidquid ibi est accipi ad litteram, id est ad uerbum, nihil autem salubrius quam spiritu reuelari. inde est: littera occidit, spiritus autem uiuificat.

2 Aug. de ciu. dei X, 3 (I, 450, 11 sqq. ed. Hoffm.) 11 De ut. cred. 3, 9 (p. 13, 2 ed. Zycha) 16 Eph. 3, 5 17 II Cor. 3, 6

1 a] ad C^1D^1 legendum C^1D^1 eligendo] a ligendo *R*, ligendo D^1 ut] et *R* uideatur latinum *B* 2 religo BC^2D^2PS, relegio M^1, religio *cet.* eligio S^2 3 liber sic (er sic *in ras.*) *M* omnes C^1 uia] uiae M^2, uitae B^2F 4 XIIII *v*, *om.* *Q* 5 credentiū B^1 *post* credendi *add.* *M:* ad honoratum 6 iam] hic incip̄ *add.* D^2 hipponi C^1D^1, hippone C^2D^2, hipponis *R*, ipponis *E*, ipponem *HMV*, ippone *GNS*, yponem *O*, yppone *BQ* praesbiter *C*, presbiter *DEGMS*, prespiter *F* scribsi *D* 7 credenti B^1 quem *om.* *N*, quaem D^1 8 adhuc eo] ádō *R* nouera D^1 deteneri *M* in] hinc D^2Q 9 disciplinam $BD^2EFGNQRV$ quod] quid H^1 iubentur C^1 10 esse C^1S^1, essent H^1 ducerentur *E* 11 libri Q^1 legi H^1 praeceptis legis *B* 12 christianus C^1D^1, christianis D^2E^2NQ, christiano *m* fas (f *ex* u) *M* 13 est *om.* B^2 et] ut *R* eius *H* 14 misteria BC^2FGNP, miseria C^1D^1E omnes E^1 15 esse B^2 *s. l.* perniciosius (osius *m. 2*) *F*, pernitiosius *BM*, pernitiosus C^1D^1 accepi C^1D^1 accipi ad] accipiat E^1O 16 nihil] mihi *F* 17 inde] id D^2 *s. l.* inde est *om.* *O* uiuificat (uiui *in ras. m. 2*) *D*

sed aliter exposui uerba ista apostoli Pauli et, quantum mihi uidetur uel potius ipsis rebus apparet, multo conuenientius in eo libro, qui scribitur de spiritu et littera, quamuis non sit et iste sensus respuendus.

3 Item dixi: *duae sunt enim personae in religione laudabiles,* (2)
una eorum, qui iam inuenerunt, quos etiam beatissimos iudicari necesse est, alia eorum, qui studiosissime et rectissime inquirunt. primi ergo sunt iam in ipsa possessione, alteri in uia, qua tamen certissime peruenitur. in his uerbis meis, si illi, qui iam inuenerunt, quos in ipsa possessione iam esse diximus, sic accipiantur beatissimi, ut non in hac uita, sed in ea, quam speramus et ad quam per fidei uiam tendimus, sint, non habet iste sensus errorem; ipsi enim iudicandi sunt quod quaerendum est inuenisse, qui iam ibi sunt, quo nos quaerendo et credendo, id est uiam fidei tenendo, cupimus peruenire. si autem in hac uita isti esse putantur uel fuisse, id uerum esse non mihi uidetur, non quia in hac uita nihil uerum omnino inueniri potest, quod mente cernatur, non fide credatur, sed quia tantum

3 Aug. de spir. et litt. 5, 7 sqq. cf. Retract. II, 63 5 De ut. cred. 11, 25 (p. 31, 14) 14 Matth. 7, 7 sq. Luc. 11, 9 sq. 17 Cic. Acad. II, 59. 66. 76

1 uerba ista exposui Q^1 quantum] in q. $BFGM^2S$ 2 uideatur C^1 apparet (pa *in ras. m. 2*) *M* multos O^1 3 scribitur *CDEMR*, inscribitur *cet. v; cf. Optat. p. 161, 7 Ziw.* 4 iste sensus *CDENQR*, sensus iste *cet. v* respuendẹṇdus (spu *m. 2*) *E* 5 enim sunt *F* relegione $C^1D^1M^1$ laudabilis C^1D^1 6 iudicare *H*, indicari O^1 7 altera D^2Q studiosissimae *D* 8 iam] qui iam *GS* *post* possessione *add.* S^2 *s. l.* sunt 9 certissimae *D* perueniatur E^1 si *add.* D^2, ** (si *s. l.*) *C* iam *B s. l.*, iam non Q^1 10 possessẹṣṣione *D*, esse possessione *R* esse iam *ENQm* si *M* 11 *pr.* in *om.* B^1 eam *O* quā (˜ *m. 2*) *C* 12 s*speramus *Q* uitam *F* sint B^2 *s. l.* 13 sensus iste (iste *m. 2 s. l.*) *M* enim] e. ṣụṇṭ *F* 14 ubi M^1 credendo et quaerendo *F* et credendo *om.* *M* 15 tenḍendo *Oa* peruenisse *R* 16 ac E^1 uita— 17 quia F^2 *in mg.* isti esse putantur *CD*, p. isti esse *EQm*, putantur esse isti *cet.* uel fuisse *post* esse *signis additis posuit* D^2 17 uerum C^1D^1, uiri E^1, ueri *cet. v* nomnino *E* inuenire D^1 18 menta E^1 cernetur D^1 credatur] creator D^1 tantum] t. non *a*

est, quidquid est, ut non faciat beatissimos. neque enim quod ait apostolus: uidemus nunc per speculum in aenigmate et: nunc scio ex parte, ex parte non cernitur mente; cernitur plane, sed beatissimos nondum facit. illud enim beatissimos facit, quod ait: tunc autem faciem ad faciem et: tunc cognoscam, sicut et cognitus sum. qui hoc inuenerunt, ipsi dicendi sunt in beatitudinis possessione consistere, ad quam ducit uia fidei, quam tenemus et quo credendo cupimus peruenire. sed quinam sint illi beatissimi, qui iam sunt in ea possessione, quo ducit haec uia, magna quaestio est. et angeli quidem sancti quod ibi sint, nulla quaestio est. sed de sanctis hominibus iam defunctis, utrum ipsi dicendi sint iam in illa possessione consistere, merito quaeritur. iam enim corpore quidem corruptibili, quo anima grauatur, exuti sunt, sed adhuc expectant etiam ipsi redemptionem corporis sui, et caro eorum requiescit in spe, nondum in futura incorruptione clarescit. sed utrum ad contemplandam cordis oculis ueritatem, sicut dictum est: faciem ad faciem, nihil

2 I Cor. 13, 12 14 Sap. 9, 15 15 Rom. 8, 23 16 Act. 2, 26 17 Eccle. 2, 12

2 uidimus C^1D^1 specolum *V* enig*mate (m *ras.*) *C* 3 scio] cernitur *a* ex parte ẹx pạrtẹ *CD*, ex parte *cet.* *v* 4 *pr.* beatissimus D^1 nondum—beatissimos E^2 *in mg.* beatissimos (us D^1) facit *BCDENOPQR*, facit beatissimos *cet.* 5 faciem CD^1E^1, facie *cet.* *v* a C^1D^1 6 cognuscam C^1, cognoscant B^1 et] et ego *NQ* inuerunt C^1, inuenerint *N* 7 possessione* (s *ras.*) *E* 8 uiam BD^1FGS fides *BFGS* credendendo O^1, credendum *P* 9 qui*nam (a *ras.*) *H* sunt *HOP* illi sint *B* qui* (a *ras.*) *CD* sunt *om.* *E* in ea] in illa *F*, in ipsa *O*, om̄ia *Q* 10 possessione sunt (sunt *m. 2*) *E* ducit* *CD* (et)angeli—quaestio M^2 *in mg.* et *resecto* 11 quedem C^1 sunt M^2 nulla D^2 *in ras.*, magna C^1R, nulla magna *E*, nulla****** *G* est *om.* M^2 12 defunctis (u *ex* i) ṣẹḍ *C*, definitis D^1 ipsi] ipsi saltim C^2 (*s. l.*) *HMOPV*, saltim *del.* M^2, i. saltem *v* sunt C^1H, *sint (s *ras.*) *E* 13 iam enim] tamen in E^1, tametsi E^2 14 corruptebili *V* grabatur C^1D^1, adgrauatur D^2OPv, aggraua*tur (n *ras.*) *Q* ex*uti (s *ras.*) *E* 15 etiam C^2D^2 *in ras.*, enim D^1 16 **incorruptione (in *ras.*) *V* 17 contemplandam (contem *m. 2 in mg.*) *C*, contemplendam *F* 18 ocolis *V* faciem CD^1, facie *cet.* *v* nihil M^2 *in ras.*, nihl *C*

ex hoc minus habeant, non hic locus est disputando requirere.

4 item quod dixi: *nam scire magna et honesta uel etiam diuina beatissimum est*, ad eandem beatitudinem referre debemus. in hac enim uita, quantumcumque id sciatur, nondum est beatissimum, quoniam inconparabiliter longe est amplius, quod inde nescitur.

5 Et quod dixi: *multum interesse, utrum aliquid mentis certa* (3) *ratione teneatur, quod scire dicimus, an fama uel litteris credendum posteris utiliter commendetur*, et paulo post: *quod scimus igitur, debemus rationi, quod credimus, auctoritati*, non sic accipiendum est, ut in sermone usitatiore uereamur nos dicere scire, quod idoneis testibus credimus. proprie quippe cum loquimur, id solum scire dicimus, quod mentis firma ratione conprehendimus. cum uero loquimur uerbis consuetudini aptioribus, sicut loquitur etiam scriptura diuina, non dubitemus dicere scire nos et quod percipimus nostri corporis sensibus et quod fide dignis credimus testibus, dum tamen inter haec et illud quid distet intellegamus.

2 De ut. cred. 11, 25 (p. 31, 27) 7 Ibid. p. 32, 19

1 habeant (b *n ras.*) *C* requere *D*¹, inquirere *m* 2 nam] iam *R* (*et* 8) scire] intellegere *Aug. de util. cred. 11, 25* magna] m. ł alibi *H* onesta *E*¹, hones *D*¹ 3 ad *M in mg.* 4 quantumque *C*¹ *fort. recte*, quantumquae *D*¹ 8 teneatur] uideatur *de util. cred. 11, 25* (*p. 32, 20*) quod (uod *m. 2 in ras.*) *C*, *add. D*², uel *R* scire*** *C* dicemus *C*¹ famae *OPQ*¹*Vv* uel litteris *eras. D* 9 utiliter (e *ex* u) *C* 10 simus *Q*¹ crededimus *R* non] nunc *CD*¹ 11 ut] et *D*¹ sermonis *E*² *s. l.* usitatione *E*, usitatio re *D*¹ nos** *E* 12 dicere *om. O*, discere *F*¹ quo *R*¹ idonee *O* propriae *DH*¹, propie *M*, propria *V* 13 loquitur *F*, loquimus *H*¹ scire *om. R*, *scire (i *ras.*) *C*, isciri (i *tert. in ras.*) *D*, sciri *B*¹*GMOQ*¹*R* dicemus *E*¹ 14 compraehendimus *MP*, conprehindimus *V* uerbis—loquitur *om. E* consuetudine *R* 15 abtioribus *C*¹, abtiobus *D*¹ loquimur *B*¹*C*¹ diuina scriptura *BFOSVv*, scripturā diuinā *E*² dubitaremus *GS* 16 sciri *C*¹ percepimus *GHQRS*, percepimus *C* nostri* (s *ras.*) *CD* 17 et *om. C*¹*D*¹ credimus *BCDFGPRSV*, crededimus *cet.* 18 quod *H*

(4) Item quod dixi: *nemini dubium est omnes homines aut stultos esse aut sapientes,* potest uideri esse contrarium illi, quod legitur in libro tertio de libero arbitrio: *quasi uero natura humana praeter stultam et sapientem nullam mediam recipiat affectionem.* sed illud ibi dictum est, ubi de primo homine quaerebatur, utrum sapiens fuerit factus an stultus an neutrum, quoniam nullo modo stultum dicere poteramus, qui sine uitio factus est, cum sit stultitia magnum uitium, et sapientem quomodo diceremus, qui potuit seduci, non satis apparebat. ideoque ad conpendium dicere uolui: *quasi uero natura humana praeter stultitiam et sapientiam nullam mediam recipiat affectionem.* intuebar quippe etiam paruulos, quos licet confiteamur trahere originale peccatum, tamen nec sapientes nec stultos possumus proprie dicere nondum utentes libero arbitrio seu bene seu male. nunc autem aut sapientes aut stultos esse omnes homines dixi eos uolens intellegi, qui iam ratione utuntur, qua discernuntur a pecoribus, ut homines sint, sicut dicimus beatos esse omnes homines uelle. numquid 6

1 De ut. cred. 12, 27 (p. 34, 21) 3 Aug. de lib. arb. III, 24, 71 9 Gen. 3, 13 18 Cic. Tusc. V, 10, 28. Aug. de Acad. I, 2, 5. Confess. X, 21, 31. de ciu. dei X, 1. enarr. in Ps. XXXII, 15. (serm. II.)

1 ıpemini *F*, nulli *B* omnis *V* 2 stultus C^1D^1 esse stultos *B* esse *om. a* contra H^1 3 libero] liber D^1 humana natura *B* 4 stultam $C^1D^1RS^2$ *mg.*, stultiam *V*, stultitiam *cet. v* sapientem $C^1D^1E^1RS^2$ *mg.*, sapientiam *cet. v* 5 ibi] ubi $BFGM^1S$ homine *om. N* 6 quaereuatur C^1D^1, quaebatur E^1 *alt.* an] aut *O* 7 quoniam nullo E^2 *in ras.* nullu C^1D^1 stultu D^1 9 quomodo] quoque *O* potui *E* seduci] ose *E* appareuat *E*, appareat C^1D^1R, apparebit D^2 10 com***pendium (pen *ras.*) *M* quasi] qui si *E* 11 recipit H^1, accipiat $BFGM^2S$ 12 affeccionem *D*, affectationem *N* etiam] et *a* paruolus C^1, paruolos *V* quod OP^1 confiteremur *V*, confitemur *BF* 13 *originale (h *ras.*) *E* ***tamen *M* sapientes (— *ras.*) *H* 14 stultus D^1 propriae D^1M necdum *N* libero (ero *m. 2 in ras.*) *M*, liuero E^1 15 *pr.* aut] ut *F* 16 omnis *V* uoluens O^1 17 quam M^1 discernantur *O* peccoribus B^1QR, peccudibus B^2, corporibus M^1, peccatoribus E^1 ut *add.* C^2D^2 18 diximus B^2O beatus D^1 omnis *V*, homnes O^1 uelle homines *S*

enim in hac sententia tam uera atque manifesta metuimus ne intellegantur et paruuli, qui hoc adhuc uelle non possunt?

7 Alio loco, cum miracula commemorassem, quae dominus Iesus (5) fecit, cum hic esset in carne, adiunxi dicens: *cur, inquies, ista modo non fiunt?* atque respondi: *quia non mouerent, nisi mira essent; si autem solita essent, mira non essent.* hoc autem dixi, quia non tanta nec omnia modo, non quia nulla fiunt etiam modo.

8 In fine autem libri: *sed quoniam sermo iste noster,* inquam, (6) *multo processit longius, quam putabam, hic finem libro faciamus. in quo memineris uolo nondum me Manicheos coepisse refellere et illas nugas nondum inuasisse neque de ipsa catholica magnum aliquid aperuisse, sed uoluisse tantummodo eruere tibi, si possem, etiam opinionem de ueris Christianis malitiose aut inperite nobis insinuatam et erigere ad magna quaedam et diuina discenda. quare hoc uolumen ita sese habeat. placatiore autem*

4 De ut. cred. 16, 34 (p. 44, 7) 6 Retract. I, 12, 9 8 De ut. cred. 18, 36 (p. 47, 23)

1 enim *om.* *F* scriptura sententia *B* uera (a *ex* e) *C* metuimus (metui *m. 2*) *H* 2 ne* (c *ras.*) *CD* intellegentur *E* paruoli C^1D^1 uelle adhuc *B* 3 miracola *V*, *om.* *m* cummemorassem D^1 Iesus *om.* F^1 4 carne* *C*, carne* (m *ras.*) *D* adiuncxi *D*, adiunxi* (t *ras.*) *H* quur C^1D^1EH inquiens $BD^2EFGNOPQSV$, inquis *v* 5 atque] ad quę $C^1D^2FQ^1$, acq; Q^2 resspondi E^1 quod *F* 6 solida $C^1D^1Q^1$ non mira *B* 7 *pr.* non] nec *R* nullę *H* 8 finem D^1 quoniam] quod E^1 iste sermo *F* *noster (no *m. 2*) *D* inquam putabam m. processit longius quam *E*, inquit quam put. m. proc. l. *N* 9 praecessit M^1 10 me manicheus D^1, manicheos me Q^2Rm, manicheos (*om.* me) NQ^1 11 nugas *om.* *O* inuassisse *E* catholica] fide doctrina Q^2 *s. l.*, c. doctrina *a* 12 aperuisse D^2 *in ras.*, apparuisse BG^1S^1 tantumodo D^1 eruere *post* opinionem *B* tibi (t *add. m. 2*) *CD*, me tibi D^2Q^1 possim *M*, possem me *N* 13 etiam D^1R, etiam *C*, falsam etiam (a *alt.* *ex* u) *E*, falsam *cet.* *v* oppinionem *H*, opininionem G^1 maliciose C^1, matiose M^1 14 nobis (v *m. 2*) *C* insinuatam (am *m. 2*) *M* eregere C^1D^1 magnā D^1 15 sese] sesse D^1, esse *ER* habeat (b *m. 2*) *M* placaciore C^1, placatiori B^1

animo tuo facto ero fortassis in ceteris promtior. haec non ita dixi, quasi nihil contra Manicheos adhuc scripsissem uel nihil de doctrina catholica mandassem litteris, cum tot superius edita uolumina de utraque re non me tacuisse testantur, sed in hoc libro ad illum scripto *nondum Manicheos refellere* coeperam *et illas nugas nondum* inuaseram *neque de ipsa catholica magnum aliquid* aperueram, quoniam sperabam hoc initio facto ad eum me scripturum fuisse, quae hic non scripseram.

Hic liber sic incipit: *Si mihi, Honorate, unum atque idem* 9
uideretur esse.

(XV.)

CAPVT XIIII.

DE DVABVS ANIMABVS LIBER VNVS.

Post hunc librum scripsi adhuc presbyter contra Manicheos 1
de duabus animabus, quarum dicunt unam partem dei esse, alteram de gente tenebrarum, quam non condiderit deus et quae sit deo coaeterna, et has ambas animas, unam bonam,

1 Retract. I, 6. 8. 9 15 Aug. de haeres. 46. Confess. V, 10, 20

1 ero] e. promtior *P* fortasse D^2HMRV, fortaris D^1 promtior *BH*, *om.* *P*, promcior C^1, prumptior D^1E, promptior *cet.* 2 quasi *ex* qsi *H* contra *CDENQR*, aduersum *V*, aduersus *cet.* *v* manicheus D^1 adhunc C^1D^1 scripsisem C^1 3 nihil *om.* *O* de *om.* B^1O tot* (h *ras.*) *CD* 4 uolumina (n *in ras.*) *M*, uolunina O^1 utraquae D^1 re *om.* BM^1 me* *H* testentur tacuisse *a* testantur *C*, testentur (t *pr. ex* u) *E*, testentur *cet.* *v* 5 hos libros C^1D^1 scriptum C^1a nondum] num D^1 manicheus D^1 manicheos—nondum B^2 *s. l.* 6 inuasseram C^1 catholica] catholicam D^1, doctrina *add.* Q^2 *s. l.* 8 inicio C^1, in initio *P*, in illo M^1, in tuo *F* eum me] eum ipsum me $BGHM^2OPSVv$, eum me ipsum *F* scripturum—non *om.* Q^1 recepturum *R* non C^1D, nondum *cet.* *v* 10 onorate *V*, honora *E* unus *E* 11 uidetur CD^1EFGM^2NRS 12 XV *v*, *om.* *Q* 13 de] contra manichaeos de *v* animabus D^2 *s. l.* 14 post] p. hec *E* presbiter *CGMQ* contra M^2 *in mg.* manich *D* 15 duobus B^1 animabus *om.* E^1 dicuntur *EN* unam (u *m. 2*) *M* esse dei *B* esse *om.* *a* 16 alteram] a. esse *B* condederit C^1D 17 deo *ex* dei *D* quoaeterna C^1D^1 has (h *m. 2*) *H*

alteram malam, in homine uno esse delirant, istam scilicet malam propriam carnis esse dicentes, quam carnem etiam dicunt gentis esse tenebrarum, illam uero bonam ex aduenticia dei parte, quae cum tenebrarum gente conflixerit, atque utrumque misceri, et omnia quidem bona hominis illi bonae animae, omnia uero mala illi malae animae tribuunt.

2 In hoc libro illud, quod dixi, *nullam esse qualemcumque uitam, quae non eo ipso, quo uita est et in quantum omnino uita est, ad summum uitae fontem principiumque pertineat*, ita dixi, ut tamquam creatura ad creatorem pertinere intellegatur, non autem de illo esse tamquam pars eius existimetur.

3 Item quod dixi: *nusquam scilicet nisi in uoluntate esse* (2)
peccatum, possunt Pelagiani pro se dictum putare propter paruulos, quos ideo negant habere originale peccatum, quod eis in baptismo remittatur, quia nondum arbitrio uoluntatis utuntur. quasi uero peccatum, quod eos ex Adam dicimus originaliter trahere, id est reatu eius inplicatos, et ab hoc poenae obnoxios detineri, umquam esse potuit nisi ex uoluntate, qua uoluntate

7 De d. anim. 1, 1 (p. 51, 14 ed. Zycha) 12 Id. 9, 12 (p. 68, 3)

1 alteram] et a. BD^2FGQS in—malam *om.* *H* uno homine *v* delerant C^1D^1 scilicit *V* 2 *post* malam *ras. 4 litt.* *M* quem E^1 3 gentes EH^1N aduenticia R^2 *in ras.*, aduintitia C^1, aduentia *P* 4 confinxerunt *H* utramque *m* 5 misceri C^1D^1R, miscerit *H*, miscuerit *cet.* *v* homines *C* illę B^1 7 hoc (h *m. 2 s. l.*) *C* qualemque C^1 *fort. recte*, qualemquae D^1, qualecumque E^1 8 quantum] q. est B^1 9 summam E^1 fon***tem *Q*, bonum B^1 10 ita *om.* *V* ut tamquam] uitam quam C^1D^1 creatorem] creaturam *H* 11 esse *om.* *B* existim*etur (a *ras.*) *H*, exstimetur *E* 12 nusquam (us *in ras.*) *M*, nosquam C^1 in M^2 *s. l.* uoluntatem *N* 13 pellagiani *S*, etiam pelagiani H^1 14 *negant *D* originale CD^1, *om. cet.* *v* 15 baptismo] bap**tismo baptizatur H^1, baptismate *v* remittatur (ttat *in ras.*) *M* qua Q^1, quod *B* 16 eos *om.* *V*, eo M^1 17 reatui F^2, reati F^1, reatus D^1 eius] eos D^2 implicitos *O* ab C^1, ab** D^1, ob *cet.* *v* penae C^1 obnoxius *E*, obnoxio D^1, noxios *F* 18 deteneri M^1, detineri* (s *ras.*) *E* umquam C^1D^1R, nusquam BC^2FGM^2a, quam EQ^1, usquam *cet.* *m* potui C^1D^1, potuerit C^2H^2, posuit *E*, possit *Q* potuit esse *B* ex $BC^1D^1EFG^1NRS$, in *cet.* *v* nisi in M^2 *in ras.* qua uoluntate *om.* *R*

commissum est, quando diuini praecepti est facta transgressio. potest etiam putari falsa esse ista sententia, qua diximus *nusquam nisi in uoluntate esse peccatum*, quia dixit apostolus: si autem, quod nolo, hoc facio, iam non ego operor illud, sed quod in me habitat peccatum. hoc enim peccatum usque adeo non est in uoluntate, ut dicat: quod nolo, hoc facio. quomodo ergo nusquam est nisi in uoluntate peccatum? sed hoc peccatum, de quo sic est locutus apostolus, ideo peccatum uocatur, quia peccato factum est et poena peccati est, quandoquidem hoc de concupiscentia carnis dicitur, quod aperit in consequentibus dicens: scio, quia non habitat in me, hoc est in carne mea, bonum; uelle enim adiacet mihi, perficere autem bonum non. perfectio quippe boni est, ut nec ipsa concupiscentia peccati sit in homine, cui quidem, quando bene uiuitur, non consentit uoluntas; uerum tamen non perficit bonum, quia inest adhuc in concupiscentia, cui repugnat uoluntas; cuius concupiscentiae reatus in baptismate soluitur, sed infirmitas manet, cui, donec sanetur, omnis fidelis, qui bene proficit, studiosissime reluctatur. peccatum autem, quod *nusquam* est *nisi in uoluntate*, illud

4 Rom. 7, 20 cf. Rom. 7, 16 sq. 10 I Io. 2, 16. Aug. enarr. Ps. LVII, 18 11 Rom. 7, 18

1 est facta*** (est *ras.*) *M*, facta est *B*, esse f. *V* 2 potes H^1, po*test (s *ras.*) *Q* etiam *om.* *R* qua] quia *H* 3 ****nisi (nisi *ras.*) *D* 4 e*go (r *ras.*) *CD* illud operor *F* 5 quod] id quod *HM* habitat in me *Bv* 6 in uoluntate non est *F* 7 nunquam *R* est D^2 *s. l.* 8 sed—peccatum *om.* C^1D^1R sed M^2 *in ras.* hoc peccatum *om.* NQ^1, peccatum hoc *M* loquutus EHP^1 locutus est *Ba* 9 uocatū peccatum *H* quia] q. quod pro *Q* peccatum CD^1Ha factum *om.* CD^1 et *om.* *ENQR* poena—est *om.* *R* 10 est *om.* *N* 11 aperit *in ras.* F^2, apperit *H* 13 non] *del.* D^2, *adiecit* D^3, n. est M^2 *s. l.*, n. inuenio R^2a, alibi non inuenio H^2 *in ras.* perfectio *om.* *H*, perfecti D^1, protectio *E* 14 quippe] quippiā aū *H* nec ipsa (c i *m. 2 in ras.*) *M* si*t (n *ras.*) *H* 15 homine* *D* 17 in concupiscentia C^1D^1, concupiscentia *cet.* *v* cuius] cui *O* 18 reatus (r *ex* b) *M* permanet *P* cui don**ec *D*, donec cui F^1 19 studis(si)sime (si *m. 2*) *H* 20 nisi in] sine B^1GS^1 illud (ill *in ras.*) *C*

praecipue intellegendum est, quod iusta damnatio consecuta est — hoc enim per unum hominem intrauit in mundum — quamquam et hoc peccatum, quo consentitur peccati concupiscentiae, non nisi uoluntate committitur. propter hoc et alio loco dixi: *non igitur nisi uoluntate peccatur.*

4 Itemque alio loco ipsam uoluntatem definiui dicens: *uoluntas* (3)
est animi motus cogente nullo ad aliquid uel non amittendum uel adipiscendum. quod propterea dictum est, ut hac definitione uolens a nolente discerneretur et sic ad illos referretur intentio, qui primi in paradiso fuerunt humano generi origo mali nullo cogente peccando, hoc est libera uoluntate peccando, quia et scientes contra praeceptum fecerunt, et ille temptator suasit, ut hoc fieret, non coegit. nam et qui nesciens peccauit, non incongruenter nolens peccasse dici potest, quamuis et ipse, quod nesciens fecit, uolens tamen fecit; ita nec ipsius esse potuit sine uoluntate peccatum. quae uoluntas utique, sicut definita est, *animae motus fuit cogente nullo ad aliquid uel*

2 Rom. 5, 12 5 De d. anim. 14 (p. 68, 21) 6 Ibid. (p. 68, 24) 10 Gen. 3, 1 sqq. 13 Retract. I, 12, 6

1 praecipuae *D* consequuta *EHP* 2 introiuit *v* 3 et *in ras. S*, ex Q^1 quod *OP* peccato D^2OPQV 4 committitur—uoluntate *om. R* commititur *C* hoc] qđ D^2 *s. l.* 5 peccatur nisi ex uoluntate *B* 7 uel] u. ad *B* amittendum* M^1, ammittendum *R*, admittendum $D^2E^2FHM^2OPV$, commitendum CD^1; *cf. p. 75, 1* 8 adhipiscendum *V*, ad**ipiscendum *F* quo S^1 ha*c (n *ras.*) *H*, hec *E*, ad hac C^1D^1 definicione C^1, deffinitione *F*, diffinitione *B* 9 discernere*tur (n *ras.*) *D* refferetur D^1M, refertur *R* 10 paradyso *BFGR* fuerunt C^1DOPR, fecerunt *cet.* humana C^1D^1, humani M^1 origo *OPR*, *origo (h *ras.*) C^1D, originem *cet.* 11 *pr.* peccare *F* hoc est—peccando *om.* $C^1D^1FM^1$ liuera E^1, libere H^2 uoluntate *om. H* 12 sciendo *a post* fecerunt *ras. 6 litt. M* temptatur D^1H^1 suasit] s. uoluntas *H* 13 ut] ut et E^1 fierit C^1D^1 no D^1 nam et qui] numquid *H* et $CDMQ^2R$, *om. cet.* qui *om.* C^1R, ** (qui *m. 2*) *D* peccaui* (t *ras.*) *R* non incon(gruenter) M^2 *in ras.* 14 ingruenter C^1 peccasse* (t *ras.*) *C* 15 quod] qui E^1 nescienter *BFGS* uolenēs *O* ipsius—potuit Q^2 *in mg.*, tale peccatum Q^1 16 quae (uae *s. l. m. 2*) *C* 17 difinita *D* animae C^1D^1EMOR, animi *cet. v* motu E^1 nullo cogente *m* coegente *M*

non amittendum uel adipiscendum. quod enim, si noluisset, non fecisset, non coactus est facere. quia uoluit, ergo fecit, etsi non, quia uoluit, peccauit nesciens peccatum esse, quod fecit. ita nec tale peccatum sine uoluntate esse potuit, sed uoluntate facti, non uoluntate peccati, quod tamen factum peccatum fuit; hoc enim factum est, quod fieri non debuit. qui autem sciens peccat, si potest cogenti ad peccatum sine peccato resistere nec tamen facit, utique uolens peccat, quoniam qui potest resistere, non cogitur cedere. qui uero cogenti cupiditati uoluntate resistere non potest et ideo facit contra praecepta iustitiae, iam hoc ita peccatum est, ut sit etiam poena peccati. quapropter peccatum sine uoluntate esse non posse uerissimum est.

(4) Itemque definitio peccati, qua diximus: *peccatum est uoluntas* 5
retinendi uel consequendi, quod iustitia uetat et unde liberum est abstinere, propterea uerum est, quia id definitum est, quod tantummodo peccatum est, non quod etiam poena peccati. nam quando tale est, ut idem sit et poena peccati, quantum

14 De d. anim. 11, 15 (p. 70, 15) Aug. op. inperf. c. Iul. I, 104. enarr. Ps. LVII, 18

1 ammittendum *R*, admittendum C^2D^2EFHOV adhipiscendum *V* enim *om.* *G* si] nisi $ENQS^2$ *mg.* noluissit *V*, uoluisset $ENQS^2$ *mg.* 2 *pr.* non] et si non *F* fecissit *V* coatus D^1 ergo—uoluit *om.* HQ^1 ergo uoluit ẹrgọ D^2 3 etsi D^1R, **et si *C*, etiamsi *cet.* *v* qua *N* noluit EF^2GNS 5 *bis* uoluntas C^1D^1ENQR 6 peccatum factum *F* peccatum *om.* M^1, *expunxit* D^2 debuit D^2 *in ras.* 7 qui $BCD^1EFGNRS$, quisquis *cet.* *v* si*** *CDFR*, si non *BEGNOa* 8 facit] resistit D^2 *s. l.* nolens G^1 9 (potest non) ṇọṇ çọgiṭụr *D* c*edere (r *ras.*) *B* cogente E^1, uolenti *a* 10 cupiditati (i *tert.* *a m. 2*) *D* uoluntate CD^1, boni uoluntate E^1N, bona uoluntate *cet.* *v* ideoque (*om.* et) *E* 11 sit—poena M^2 *in ras.* 12 qua*propter *C* 13 uirissimum *V* 14 diffinitio *B* quia *M* est E^2 *s. l.* 15 iustitia* (e *ras.*) *M* et *del.* M^2, *om.* *BFGS* liberum] arbitrium *add.* M^2 *s. l.* 16 uera $E^2HOPQVv$ *pr.* est *om.* *H* 17 etiam] est *a* peccati poena O^1 18 quando] quantum est q. *N* est *om.* *E* et poena p. sit *B* et *om.* *EH*

est, quod ualet uoluntas sub dominante cupiditate, nisi forte, si pia est, ut oret auxilium? in tantum enim libera est, in quantum liberata est, et in tantum appellatur uoluntas. alioquin tota cupiditas quam uoluntas proprie nuncupanda est, quae non est, sicut Manichei desipiunt, alienae naturae additamentum, sed nostrae uitium, a quo non sanatur nisi gratia saluatoris. quod si quisquam dicit etiam ipsam cupiditatem nihil esse aliud quam uoluntatem, sed uitiosam peccatoque seruientem, non resistendum est nec de uerbis, cum res constet, controuersia facienda. etiam sic enim ostenditur sine uoluntate nullum esse peccatum siue in opere siue in origine.

6 Rursus in eo, quod dixi: *iam quaerere coeperam, utrum illud* (5)
malum genus animarum, antequam bono misceretur, habuisset aliquam uoluntatem. si enim non habebat, sine peccato atque innocens erit et ideo nullo modo malum, 'cur ergo', inquiunt, 'peccatum dicitis paruulorum, quorum uoluntatem non tenetis ream?' respondetur non eos proprietate uoluntatis, sed origine reos teneri. omnis enim homo terrenus quid est origine nisi

6 Tit. 2, 11   12 De d. anim. 16 (p. 71, 23)

1 cupiditati E 2 oret (or *m. 2 in ras.*) M liuera E^1 in quantum] quia in tantum HM^2OPVa 3 liberata] libera (b *ex* u) E in quantum—est *post* uoluntas *posuit* E^2 4 tota] tam N^2O quam] quae FHS^1, qua E propriae DMP nuncupanda] noncupenda D^1, inculpanda *a in mg.*   quae (uae *s. l. m. 2*) C 5 manichaei M despiunt D^1, disputant D^2 *s. l.*   alenae H^1, alię N^1 6 sanatur C^1DFOPQ^1V, sanamur *cet. v*   7 aliud esse *m*   8 uoluntate D^1 peccatoq;** (ue *ras.*) M 9 resistendum (*pr.* s *m. 2*) D contruuersia D^1 10 facienda** D etiam] quoniam D^2 *s. l.*, est *a*   sic] si C^1D^1 enim *om.* N, etiam D^2 11 nullum *del.* B, non F, nullum sic H operis E^1 12 rursum B coeperam (poteram *ras.*) C, poteram HM^1Q^2 illum OP^1V 13 bonu C^1D^1H, homo G^1Q habuissit V, habuisse O 14 enim] autem O peccatum D^1 15 innocens er. at. sine pecc. B^1 erit C^1D^1, erat *cet. v*   nullu D^1 quur $CDEHP^1$, cum F^1 ergo] igitur *m*   inquirunt O^1 16 uoluntate D^1 17 responditur C^1D^1, respondet N eo M *pr.*   propriaetate D, propriae ENQ 18 tineri C^1D^1 enim *om.* F .est (ē *m. 2*) M

Adam? porro autem Adam habebat utique uoluntatem, qua
uoluntate cum peccasset, peccatum per eum intrauit in
mundum.
(6) Itemque in eo, quod dixi: *natura esse malae animae nullo* 7
modo queunt, si quaeritur, quomodo accipiamus, quod ait
apostolus: fuimus et nos natura filii irae sicut et ceteri,
respondemus naturam in his uerbis meis me intellegi uoluisse
illam, quae proprie natura dicitur, in qua sine uitio creati
sumus. nam ista propter originem natura appellatur, quae origo
utique habet uitium, quod est contra naturam. et iterum quod 8
dictum est: *peccati reum tenere quemquam, quia non fecit
quod facere non potuit, summae iniquitatis est et insaniae*, 'cur
ergo', inquiunt, 'paruuli tenentur rei?' respondetur, quia eius
ex origine tenentur, qui non fecit quod facere potuit, diuinum
scilicet seruare mandatum. quod autem dixi: *illae animae quid-* 9
quid faciunt, si natura, non uoluntate faciunt, id est si libero

2 Rom. 5, 12 4 De d. anim. 17 (p. 73, 22) 6 Eph. 2, 3 11 De d. anim. 17 (p. 73, 26) 14 I Io. 2, 3 15 De d. anim. 17 (p. 73, 28)

1 porro—adam M^2 *in mg.* autem *om.* B^1, *del.* D^2 **utique *H*, *om.* *O* 2 cum] eum *OP* peccasse *OP* intrauit p. e. peccatum *B* 3 mundo M^1 4 itemq̧ue *M*, itemquae D^1 nature C^1S^1, naturę $C^2D^1S^2$, naturam *NR* nullu D^1 5 quaeunt *D*, quaerunt *GS*, queunt respondere *N* ait M^1 *in ras.*, iat *O* 6 natura *om.* *O* sicut *om.* *R* 7 naturam *om.* *BF* intellego H^1, intellegere H^2 8 illa D^1 propriae *DMP*, prorię R^1 natura *om.* *O* natura dicuntur CD^1, dicitur natura *a* 9 simus C^1D^1 ista* (m *ras.*) *D* appellantur C^1D^1 quae] quale *P* 10 et in eo iterum *Q* quod BC^1D^1EFNR, in eo quod *cet.* *v* 11 peccatori C^1D^1 reum peccati *F* teneri $BC^2D^2E^2H^2M^2$ *OPSv* quemquam (a *ex* e) *H*, quendam D^2 *s. l.* facit *O* 12 non *del.* E^2, *om.* *a* et insaniae est *Em*, et insaniae (*om.* est) D^1 quur $CDHP^1$ 13 paruuli inquiunt *O* paruoli C^1D^1 responditur C^1D^1 eius ex origine C^2D^2, ex origine C^1D^1R, eius origine *H*, ex or. eius *ENQ*, ex eius origine *cet.* 14 q* (i *m. 2*) *C*, quę D^1N potuit] non p. G^1 15 saluare *O* animae (ni *in ras. m. 2*) *C* 16 id est—faciendum et M^2 *in ras. unius lineae* si C^2D^2 *s. l.* liuero E^1, uero *R*

et ad faciendum et ad non faciendum motu animi carent, si denique abstinendi ab opere suo potestas nulla conceditur, peccatum earum tenere non possumus, propterea non perturbat de paruulis quaestio, quia ex illius origine rei tenentur, qui uoluntate peccauit, quando *libero et ad faciendum et non faciendum motu animi* non carebat eique ab opere malo abstinendi summa potestas erat. quod Manichei de tenebrarum gente non dicunt, quam fabulosissime inducunt, eamque naturam semper malam, numquam bonam fuisse contendunt.

Illud autem quaeri potest quomodo dixerim: *etiamsi sunt* (7) *animae, quod interim incertum est, corporeis officiis non peccato, sed natura deditae nosque, quamquam sint inferiores, aliqua tamen interiore uicinitate contingunt, non illas ideo malas haberi oportere, quia nos, cum eas sequimur et corporea diligimus, mali sumus*, quandoquidem de illis hoc dixi, de quibus apertius loqui coeperam dicens: *quamquam etiamsi eisdem concedatur inferiore alio genere animarum nos inlici ad turpia, non inde conficiunt aut illas naturas malas esse aut istas summum bonum* —

10 De d. anim. 20 (p. 77, 11) 16 Id. 20 (p. 76, 9)

1 et ad faciendum B^2 *s. l.* et ad non faciendum *add.* C^2D^2 *s. l.* non ad B^1 motu (u *ras.*) *C*, motū *R*, mutu D^1 animi B^2 *s. l.* 2 abstinendi C^1D^1ENR, **his abstinendi (ab *ras.*) *F*, his abstinendi *cet. v* abstinendis B^1 nulla potestas *F* 3 peccato D^2 teneri D^2a, cernere E^2 *s. l.* 4 paruolis C^1D^1 illius (us *in ras.*) *M* 5 uolunta C^1D^1 liuero E^1 *pr.* et *om.* *ENQ* et non *C*, et ad non *cet. v* 6 eiquae D^1 abstenendi C^1 7 de nebrarum *E* 8 fabulosissimae D^1 eamquem D^1 9 numquā* *C*, numqua D^1 bona D^1 10 etiamsi] eam si E^1 sint O^1 11 incertum (in *m. 2 in mg.*) *CD* 12 naturę *F* aliquantāen *R* 13 inferiore *H* contingant *a* ideo illas *F* malas (a *alt. in ras.*) *M* habere C^1D^1H 14 quia] q. et *a* ea *SV* corpore *EN* dilegimus *V* 15 apertius D^1, aptius (super *ras.*) *C*, superius *cet. v* 16 q:peram (c e *m. 2*) *C*, quaeperam D^1 etiamsi (si *del. m. 2*) *D* eisdem *CDEPQR*, eis *cet.*, eis quidem *a* 17 inferiore] in se inf. *R* alio] a. loco *E*, loco CD^1R, *fort. scrib.* aliquo nos *om. E*, non *O* 18 ullas *B* natura *EHMv* malas (as *m. 2 in ras.*) *M*

de his enim disputationem usque ad hunc loculum perduxi, ubi dixi: *etiamsi sunt animae, quod interim incertum est, corporeis officiis non peccato, sed natura deditae* et cetera — quaeri ergo potest, cur dixerim: *quod interim incertum*, cum prorsus dubitare non debuerim non esse tales animas. sed hoc ideo dixi, quia expertus sum, qui dicerent diabolum et angelos eius bonos esse in genere suo et in ea natura, in qua eos creauit deus ordine proprio tales, quales sunt, sed nobis malum esse, si inliciamur et seducamur ab eis, si autem caueamus eos atque uincamus, decorum atque gloriosum. et hoc qui dicunt, uidentur sibi, ut id probent, de scripturis adhibere idonea testimonia uel illud, quod scriptum est in libro Iob, cum diabolus describeretur: hoc est initium figmenti domini, quod fecit ad inludendum ab angelis suis, uel illud in Psalmo centesimo tertio: draco hic, quem finxisti ad inludendum ei. quam quaestionem, quae non aduersus Manicheos, qui hoc non sentiunt, sed aduersus alios, qui hoc

6 Aug. de ciu. dei XI, 11 sqq. 13 Iob 40, 14 15 Ps. 103, 26. cf. Aug. de ciu. dei XI, 15

1 enim *om.* *H* disputationib*us quę *H* hunc (unc *m. 2 in ras.*) *M*, huc C^1D^1, illum *B* loculū C^1D^1, locum *cet.* *v* perduxi usq. ad il. l. (per *s. l. m. 2*) *B* 2 incertū* (s *ras.*) *H* 3 corporeis—incertum *om.* *V* naturę *H* 4 potest ergo *E* potest (tes *in ras. m. 2*) *C* quur $C^1D^1EHP^1$ quod *om.* *F* incertum C^1D^1, incertum est *cet.* *v* inc. est interim *B* cum *om.* C^1D^1, qđ *H* 5 *alt.* non] nec B^1 sed hoc M^2 *in ras.* hoc D^2 *s. l.* ideo dixi hoc *P* 6 dicerint D^1 diabulum C^1D^1EH angelus D^1, angelis E^1 7 bonus C^1D^1E esse *om.* *H* creauit eos *B* 9 inlitiamur *D* 11 ut] et C^1 de*scripturis (s *ras.*, s *pr. a m. 2*) *C* adhiberi *V*, adhiberent *R* 12 testimonia idonea R^1 uel] de *R* illo *R*, illud in psalmo Q^1 in *om.* C^1 13 diabulus D^1 describeretur M^2 *in ras.*, discriberetur C^1, describetur S^1, describeret *E* est *om.* *B* inicium C^1 14 fecerit *B*, feci *F* 15 centisimo C^1D^1 tercio C^1 dracho $C^1D^1E^1$ fincxisti C^1D^1, formasti *BN*, fecisti *Q* 16 quescionem D^1 quae] quia C^2 (*s. l.*) *a* non *om.* *F*, nos E^1 aduersus] a. est *GS* 17 manichaeos *M*, manicheus D^1, manicheos est *BEFNQ* non *om.* *V* alios] eos *OP*

sentiunt, suscipienda esset atque soluenda, pertractare atque enodare tunc nolui, ne librum multo, quam uellem, facerem longiorem, cum uiderem, etiamsi hoc concederetur, tamen debere Manicheos ac iam posse conuinci introducentes insanissimo errore naturam mali aeterno bono coaeternam. ideo ergo dixi: *quod interim incertum est,* non quod ego inde dubitarem, sed quod inter me et illos, quos ita sapere inueneram, nondum esset ista quaestio dissoluta. quod tamen in aliis longe posterioribus libris meis de Genesi ad litteram secundum scripturas sanctas quanta potui manifestatione dissolui.

11 Alio loco: *propterea,* inquam, *corporea diligendo peccamus,* (8)
quia spiritalia diligere et iustitia iubemur et natura possumus, et tunc in nostro genere optimi et beati sumus. ubi quaeri potest, cur *natura* et non gratia *possumus* dixerim. sed contra Manicheos de natura quaestio uersabatur, et utique id agit gratia, ut ista natura, quod uitiata non potest, possit per eum, qui uenit quaerere et saluum facere, quod perierat.

9 Aug. de Gen. ad litt. XI, 20 sqq. 11 De d. anim. 20 (p. 77, 16) 17 Luc. 19, 10. Matth. 18, 11

1 suscipiendam D^2OPQV esset C *in ras.*, esse D^2OPQV soluendam D^2OPQV pertractare at atq; quam Q 2 tunc] nunc E, hic N, tunc hic Q uolui C^1D^1a ne] nec C^1D^1, uel B 3 uideretur F 4 delibere Q manicheos debere R^1 manicheus D^1 ac *om.* $BCDEFGHNQ^3RS$, hac O iam posse $BCD^1EFGNQRS$, hoc posse H, posse *cet.* conuinci] uinci $CDENQR$ insanissimos errores C^1D^1 5 aeterno aeternam B^1 quoaeternam C^1D^1 6 inde (de *s. l.*) C 7 iter D^1 8 ista esset B dissuluta D^1 quod D^1, qd C, quam *cet. v* alis S^1 9 genesis C^1D^1 10 quata C^1, quantum a 11 corporea *om.* F 12 qui $BFGNQS$ spiritualia BNS^2, *sic semper* iustitiam FH, iusta P debemus R 13 tunc (in *ras.*) E generi D^1 genere nostro a obtimi C^1DQR beati C, beatissimi *cet. v* quaeri] quae Q^1 14 quur C^1DEHP^1 et *om.* B possumus] potius C^2E^2OPa, posuimus H^1 15 manicheus D^1 quaestio de natura B agit *om.* F, agat C^1, ait P^1, agitur a 16 ista natura D^1, sanata natura (sanata *m. 2 in ras.*) C, sa.nata n. H, natura sanata (sanata *s. l. m. 2*) M, sanata natura *cet. v* 17 quaere E saluum facere] saluare D^2NQ, saluare qm E pererat C^1

quam tamen gratiam etiam tunc recolens oraui pro familiarissimis meis, qui mortifero illo adhuc tenebantur errore, et dixi: *deus magne, deus omnipotens, deus summae bonitatis, quem inuiolabilem et incorruptibilem credi atque intellegi fas est, trina unitas, quam catholica ecclesia colit, supplex oro expertus in me misericordiam tuam, ne homines, cum quibus mihi a pueritia in hominum uictu fuit summa consensio, in tuo cultu a me dissentire permittas.* sic utique orans iam fide retinebam non solum conuersos ad deum gratia eius adiuuari, ut proficiant ac perficiantur — ubi adhuc dici potest pro merito conuersionis illorum istam dari gratiam — uerum etiam ut conuertantur ad deum, ad ipsam dei gratiam pertinere, quem pro eis oraui, qui erant ab illo nimis auersi, atque ad illum conuerterentur oraui.

Hic liber sic incipit: *Opitulante dei misericordia.* 12

3 De d. anim. 24 (p. 79, 26) 9 Act. 11, 21 13 Eccli. 46, 13. Hier. 4, 28

1 etiam *om.* G^1 tunc *in ras.* *C*, *om.* B^1, nunc (n *pr. ex* h) *E*, hic *N* pro] ut pro *R* familiarissimis (fa *s. l. m. 2*) *CD* 2 meis *om.* Q^1 mortifera D^1 3 dixi** deus (deus *m. 2*) *D* summe *M* 4 et incorruptibilem (atque incommutabilem *ras.*) *C*, atque incommutabilem B^2GHM^1, et incommutabilem *SV*, et (*om. B*) incorruptibilem atque incommutabilem B^1FM^2OP, incorr. atque immutabilem *a* 5 trina] et tr. *R* ecclesia catholica *FP* colit ecclesia *B* colet C^1D^1V suplex BC^1D expertis C^1 6 ne] ut B^1 cum] uni H^1, uani H^2 7 a H^2 *s. l.* puericia (p *m. 2*, in *om.*) *E* hominum] homine C^1, omni D^2Q^1m uictū *BF*, fictu H^1, conuictu *Qm* in *om. E* tua H^1 culto D^1 8 a H^2 *in mg.* dissenti*re *HM*, dissentare B^1 sicut quę *H*, secuti quae D^1 9 conuersus $C^1D^1GH^1RS$ dm̄ (m *in ras.*) *M* gratiae (*om.* eius) *P* adiubari C^1 profitiant *D* 10 atque *F* proficiantur M^1N, perficientur *O* 11 istorum *B* etiam] tamen D^2 *s. l.* 12 gratia D^1 quem D^1ER, q;** *C*, quandoquidem *cet. v* 13 erat C^1D^1 nimis *ex* minus *Q* aduersi C^1M^1O ad C^1D^1ER, illum ut (ut *s. l.*) C^2D^2, ut ad *cet. v* 14 conuerterentur] conuerterent sēp H^2 15 misericordia] gratia D^2

CAPVT XV. (XVI)

ACTA CONTRA FORTVNATVM MANICHEVM, LIBER VNVS.

1 Eodem tempore presbyterii mei contra Fortunatum quendam, Manicheorum presbyterum, disputaui, qui plurimum temporis apud Hipponem uixerat seduxeratque tam multos, ut per eos ibi eum delectaret habitare. quae disputatio nobis altercantibus excepta est a notariis, ueluti gesta conficerentur; nam et diem habent et consulem. hanc in librum memoriae mandandum conferre curaui. uersatur ibi quaestio, unde sit malum, me asserente exortum fuisse hominis malum ex libero uoluntatis arbitrio, illo autem naturam mali deo coaeternam suadere moliente. sed consequenti die tandem confessus est nihil se aduersus nos inuenire, quod diceret, nec sane catholicus factus, sed tamen ab Hippone discessit.

2 In hoc libro illud, quod dixi: *animam dico esse factam a deo, ut cetera omnia, quae a deo facta sunt, et inter illa, quae deus omnipotens fecit, principalem locum datum esse animae,* ita dixi, ut hoc generaliter de uniuersa creatura rationali accipi uellem, quamuis in scripturis sanctis animas dictas esse (2)

15 c. Fort. 1, 13 (p. 90, 20)

1 XVI *v, om. Q* 2 (3) furtunatum D^1, fortunatu *H* 3 eode D^1 presbiterii *BCDEGMNOPQV*, prespiterii *F* 4 maniche∗orum (ū *ras.*) *E*, manichaeum *M* presbiterum *DMQSV*, prespiterum *F* 5 ipponem *EFGHMNPQSV*, hypponem *R*, ypponem *BO* seduxeratque tam] seduxerat quaedam C^1D^1 per CD^1EM^1R, propter *cet. v* illos *BFGHOPSVv* 6 delectare C^1D^1 alternantibus *O* 7 confiterentur O^1 diem] ē *H* 8 habet $HNOPQ^2Vv$ consolem $C^1D^1M^1$ et cons. habent *B* hunc E^2 *s. l.* mandandam *GOPSVv* 9 curaui *BCDEFGNQR*, curauimus *cet. v* malum M^2 *s. l. in spatio uacuo*, modo M^1 10 liuero E^1 11 natura C^1 coaeternā (ā *m. 2*) *C*, coaeterne D^1 suadere C^1D^1, persuadere *cet. v; cf. Retr. I, 16 (p. 85, 14); II. 48, 1. Oros. p. 40, 3. 120, 23 (ed. Zangem.)* molientem C^1D^1, maliente E^1 12 tandem] zan idem E^1 confissus C^1, confusus *D* aduersum *PR* 13 dicerit *V*, dicere C^1D^1 factus CD^1, factus est *cet. v* 14 ippone *EFGHMNPQSV*, yppone *BO* 15 quod *om.* C^1D^1 factam esse *BFR* 16 ut—deo *om. E* facta sunt *expunxit* E^2 et *om.* C^1D^1 17 locum] in l. E^1 datū∗ (s *ras.*) *C* 18 racionali C^1 accepi C^1 19 dicta D^1S^1

angelorum aut omnino aut non possit facile reperiri, sicut
supra iam diximus. item alio loco: *ego dico,* inquam, *peccatum* 3
non esse, si non propria uoluntate peccatur. ubi peccatum
illud intellegi uolui, quod non est etiam poena peccati; nam
de tali poena dixi alibi in eadem disputatione, quod dicendum
fuit. itemque dixi: *ut postea eadem ipsa caro, quae nos poenis* 4
torsit in peccato manentes, subiciatur nobis in resurrectione et nulla aduersitate nos quatiat, quominus legem et diuina praecepta seruemus. quod non est ita accipiendum, tamquam et in illo dei regno, ubi incorruptibile atque inmortale corpus habebimus, de scripturis diuinis lex et praecepta sumenda sunt, sed quia perfectissime ibi lex aeterna seruabitur et illa duo praecepta de diligendo deo et proximo non in lectione, sed in ipsa perfecta et sempiterna dilectione tenebimus.

Hoc opus sic incipit: *V. KAL. SEPTEMBRIS ARCADIO* 5
AVGVSTO BIS ET RVFINO VV. CC. CONSS.

2 Retract. I, 10, 4 c. Fort. 2, 21 (p. 100, 9) 5 Id. 1, 15 (p. 91, 24 sqq.) Retract. I, 14, 3 sq. 6 c. Fort. 2, 22 (p. 10 6, 15) 13 Deut 6, 5. Matth. 21, 37 sqq. Marc. 12, 30 sq. Luc. 10, 27

1 omnino BCD^1EFNP^1R, non omnino *cet. v* posset *V* non facile possit F^2, f. non p. *B* repperiri $C^2EGHMRV$, repperire C^1D^1, repperi *F* 2 iam supra *BFN* dico *V s. l.* peccato C^1 3 peccatur BD^1M, pecc*atur (e *ras.*, u *ex* o *corr.*) *C*, peccetur *cet. v* peccatum] pecco D^1 4 pena C^1 peccati poena *O* 5 alibi *om. B* 6 itemq; ụẹ *M* ut] et *B* poenis] fecit *H*, in poenis *a* 7 intorsit *B* peccato *C*, peccatis *cet. v* manentis R^1 resurreccione *D* 8 nulla nos aduersitate *B*, nos n. adu. *a* nos] non GS^1 praecepta diuina *v* 9 seruemus (u *pr. ex* b) *C* est ita *CENQR*, est i*ta *D*, ita est *cet. v* temquam C^1 10 regno dei *G* ubi *om. F* incorruptebile *V* et *a* inmortalitate Q^1, mortale *O* abebimus C^1 11 diuinis scripturis *O* summenda C^1 sunt BC^1D^1, sint *cet. v; cf. Aug. de nupt. I, 19, 21* 12 perfectissimae D^1, perfectissima *a* 13 de *om.* E^1R^1 in *om.* Q^1 leccione *D* 14 dileccione *D*, perfectione *V* tenebimur *O* 15 hic corpus *E* incipit *om. E* V] quinta *B*, U Q^1, VI *R*, dño II *E* kł *CFGHOPR*, calendarum *Q*, kalendarū D^2 septembrium D^2NQ archadio *BFHNOQ* agusto D^1 augusto—conss. *om. H* 16 bis] ·II· EQ^1, ·II· *B*, scdo *N*, *om. O* rofino C^1D^1, rufino bis *O* VV. CC] uc *CD*, cc *B*, qnto qnquies *N*, uicies Q^2, *om. R* consulib; vv. cc *O*

CAPVT XVI. (XVII)

DE FIDE ET SYMBOLO LIBER VNVS.

1 Per idem tempus coram episcopis hoc mihi iubentibus, qui plenarium totius Africae concilium Hippone Regio habebant, de fide ac symbolo disputaui. quam disputationem nonnullis eorum, qui nos familiarius diligebant, studiosissime instantibus in librum contuli. in quo de rebus ipsis ita disseritur, ut tamen non fiat uerborum illa contextio, quae tenenda memoriter conpetentibus traditur.

2 In hoc libro cum de resurrectione carnis ageretur: *resurget,* inquam, *corpus secundum Christianam fidem, quae falli non potest. quod cui uidetur incredibile, qualis sit nunc caro adtendit, qualis autem futura sit non considerat, quia illo tempore inmutationis angelicae non iam caro erit et sanguis, sed tantum corpus* et cetera, quae ibi de corporum terrestrium in corpora caelestia mutatione disserui, quoniam dixit apostolus, cum inde loqueretur: caro et sanguis regnum dei non possidebit. sed quisquis ea sic accipit, ut existimet ita corpus terrenum, quale nunc habemus, in corpus caeleste resurrectione mutari,

10 De fid. et symb. 10, 24 (p. 30, 16) 17 I Cor. 15, 50

1 XVII *v*, *om.* *Q* 2 et *BCD*^{1}*P*, *om.* *O*, uel *cet.* simbolo *FGHRS*, simbolu C^1, symbulu D^1, simboli *O* 3 coram] ard *H* hic *R* 4 plenarum $C^1D^1H^1Q^1$ tocius C^1 affricae *BEFGHOR* ippone *EFGHMNPQSV*, hyppone *R*, hipponi D^1, yppone *BO* habebant] agebant *MO*Q^1S^2*V* 5 ac] et D^2*v*, ac de *R* symbulo C^1, simbulo D^1, simbolo *FHNRS* disputaui C^1D^1*R*, presbyter (presbiter C^2D^2*E GMPQ*) disputaui *cet.* *v* 6 nos (os *in ras.*) *C* familiaris S^1 diligebam S^1 8 faciat *ER* coniectio D^1, contexio *E*, contexto S^1 qua C^1 tenendo *H*, tenda D^1 memoriter tenenda *B* 10 resurgit C^1D^1V 11 inquam (in *m. 2 s. l.*) *CD*, *in mg.* *N* fidem (fid *m. 2 in ras.*) *C* qua C^1 falli *BD*^{1}*R*, falli*** *C*, habui fallere falli *E*, fallere *cet.* *v* 12 sit] sic Q^1 13 autem] tunc *BS*, autem tunc D^2*EFGNQ* sit *ras.* *S* 14 inmutatione *CD*^{1} angelica C^2 iam non erit caro *a* sangus D^1 15 qua C^1 de *om.* *B* 16 dixi P^1 17 possidebit *R*, possedebit C^1D^1, possidebunt *cet.* *v* accepit C^1 18 ęstimet E^1*NQ* terrenum (e *alt. in ras.*) *C* 19 resurreccione *D* mutare *B*

ut nec membra ista nec carnis sit futura substantia, procul dubio corripiendus est commonitus de corpore domini, qui post resurrectionem in eisdem membris non solum conspiciendus oculis uerum etiam manibus tractandus apparuit carnemque se habere etiam sermone firmauit dicens: palpate et uidete, quia spiritus ossa et carnem non habet, sicut me uidetis habere. unde constat apostolum non carnis substantiam negasse in dei regno futuram, sed aut qui secundum carnem uiuunt carnis et sanguinis nomine nuncupasse aut ipsam carnis corruptionem, quae tunc utique nulla erit. nam cum dixisset: caro et sanguis regnum dei non possidebunt — bene intellegitur tamquam exponendo, quid dixerit — continuo subdidit: neque corruptio incorruptionem possidebit. de qua re ad suadendum infidelibus difficili diligenter, quantum potui, me disseruisse reperiet, quisquis de ciuitate dei librum nouissimum legerit.

Hic liber sic incipit: *Quoniam scriptum est.* 3

5 Luc. 24, 39 9 Rom. 8, 12 sq. 15 Aug. de ciu. dei XXII, 5. 21

2 corripiendus *CD*, coririgendus *M*, corrigendus *cet. v* communitus H^1 de—domini *S s. l.* 3 in eisdem *om. B* memoris *R* conspiciendis F^1 4 tractandus CD^1NRSV, tangento tractandus *Q*, tangendus *cet. a* 5 sermone *om. a* firmauit E^2 *in ras.*, ostendit *a in mg.* 6 carnem et ossa *BEFNOPVv* 7 uidistis D^1Q apostolū* (- *m. 2*, s *ras.*) *CD* 8 regno dei *v* futurum E^1H aut] ut E^1 qui *CDR*, homines qui *cet. v* 9 uibunt D^1 carnis (is *s. l.*) *V* sanguinis (guinis *in ras. m. 2*) *M* noncupasse C^1 10 quae (uae *m. 2 s. l.*) *C* utiquae *D* nam cum] numquam E^1, nunc quid E^2 dixissit *V* 11 possedebunt C^1 12 quid (d *s. l. m. 2*) *CD*, quod *G* dixeri*t *C* subdidit D^1, subdedit C^1, subdedisse *V*, subdidisse *cet. v* 13 incorruptio D^1 incorruptionem *C*, incorruptionem** *E* posidebit *M*, possedebit C^1V 14 p su*adendum (p *add. m. 2*) *C*, persuadendum *cet. v; cf. Retr. I, 15, 1 (p. 82, 11)* difficile CF^1 quam D^1 15 me desseruisse D^1, disseruisse me *ENQ* repperiet *EFGHMRSV*, repperi*et *C*, repperi D^1, inueniet *P* dei *om. N* 16 legeret C^1D^1 legerit nouissimum *v* 17 scriptum] sic sc. *H*

CAPVT XVII. (XVIII)

DE GENESI AD LITTERAM LIBER VNVS INPERFECTVS.

1 Cum de Genesi duos libros contra Manicheos condidissem, quoniam secundum allegoricam significationem scripturae uerba tractaueram non ausus naturalium rerum tanta secreta ad litteram exponere, hoc est quemadmodum possent secundum historicam proprietatem, quae ibi dicta sunt, accipi, uolui experiri in hoc quoque negotiosissimo ac difficillimo opere, quid ualerem. sed in scripturis exponendis tirocinium meum sub tantae sarcinae mole succubuit, et nondum perfecto uno libro ab eo, quem sustinere non poteram, labore conquieui. sed in hoc opere cum mea opuscula retractarem, iste ipse, ut erat inperfectus, uenit in manus, quem neque edideram et abolere decreueram, quoniam scripsi postea duodecim libros, quorum titulus est: de Genesi ad litteram. in quibus quamuis multa quaesita potius quam inuenta uideantur, tamen eis iste nullo modo est conparandus. uerum et hunc posteaquam retractaui, manere uolui, ut esset index, quantum existimo, non inutilis

3 Retract. I, 9 15 Retract. II, 50, 1

1 ·XII· *R*, XVIII *v*, *om.* *Q* 2 genesis C^1D^1, gesi G^1 inperfectus liber unus (u. *om.* *V*) *EOPVv* 3 gesi C^1 libros duos *OR* manicheus D^1 4 alligoriam M^1, allegoriam C^1D^1 significationem] *al.* expositionem *a in mg.* 5 ausus M^2 *in ras.* rerum***** *B* tam D^1 6 quemammodum *M* possint *BFGSV* 7 hystoricam *BFOR*, istoricam *HP*, historiam D^1S^1, istoriae *E* propriaetatem *D* qua C^1 accepi C^1D^1 experire D^1 8 negotiosissimo C^1 dificilimo C^1, difficilimo D^1, difficilissimo *R* 9 exponendi D^1 *tirocinium *D*, tyrocinium *BFO*, tyronium *R* sub tantae] substantiae C^1D^1, sub tanta *BFGHMOPSVv* 10 molē C^1 subcubuit *EHQPV* 11 conquieuit *OP* 12 hoc] eo *B* mea] ea *CF* opuscola *V* retractare D^1 ạṣṭẹ (*del. m. 2*) *E* ut] qui Q^2 *s. l.* 13 iperfectus C^1D^1 edideram] ·i· manifestaueram aliis Q^2 *s. l.* 14 scripsi] scribseram alibi scribsi *H* libro *O* 15 ēē *O* de *om.* E^1 genesis C^1D^1 16 inuente E^1 nullu D^1 17 comparandus est *B* retractauit E^1 18 manere *om.* *F* index] in C^1D^1R, iudex BH^2 tantum *E* inutiles D^1, utilis FQ^1, indocilis *a*

rudimentorum meorum in enucleandis atque scrutandis diuinis eloquiis, eiusque titulum esse uolui: de Genesi ad litteram inperfectus. inueni quippe eum usque ad haec uerba dictatum: *pater tamen pater est, nec filius aliud est quam filius, quia et cum dicitur similitudo patris, quamquam ostendat nullam interuenire dissimilitudinem, non tamen solus est pater, si habet similitudinem.* post haec repetiui uerba scripturae rursus consideranda atque tractanda: *et dixit deus: faciamus hominem ad imaginem et similitudinem nostram.* huc usque dictatum librum inperfectum reliqueram. quod autem ibi sequitur, addendum putaui, cum eum retractarem, nec sic tamen perfeci, sed hoc quoque addito inperfectum reliqui. si enim perfecissem, saltem de omnibus operibus et uerbis dei, quae ad sextum diem pertinent, disputassem. in hoc libro eadem notare, quae mihi displicent, uel defendere, quae aliis non bene intellecta displicere possunt, superfluum mihi uisum est. breuiter enim potius admoneo, ut illi duodecim libri legantur, quos longe postea feci. ex ipsis de isto iudicetur.

Hic ergo sic incipit: *De obscuris naturalium rerum, quae* 2
omnipotente deo artifice facta sentimus, non adfirmando, sed quaerendo tractandum est.

4 De Gen. ad litt. inp. 16, 60 (p. 501, 14) 8 Gen. 1, 26

1 in *om.* *M*, **in *C* enocleandis *V*, enucliandis *E*, ecleandis H^1 scrutantis *E* diuinis** *C*, diuinisis *D* 2 eiusdem *E* titulū* (s *ras.*) *C*, titulus D^1 uolui esse *B* 3 inperfectūs *H* usquae *D* 4 tamen] tantum Q^2Sv alius est *B*, est alius *F* quia] quam *H* 5 patris *om.* *O* 6 non—similitudinem *om.* C^1D^1R est *om.* *V* si] sed *a* 7 repetiui *om.* *O* 8 dominus D^2 9 huc—reliqueram *om.* *B* dictum *E* 10 relinqueram E^1RS^1 quod] q *H* ibi] hic *V* sequitur ibi *F* 11 *retractarem (re *ras.*) *M* sic *om.* Q^1, *del.* D^2 perfeci* (e *alt. ex* i *corr.*, s *ras.* *C*) *CDE*, perfici *OQ* 12 additū *R* relinqui E^1 perficissem DM^1 13 saltim BC^2GHM^2RSV 14 diem *om.* H^1 pertinerent *a* eade *E*, ea *Qm* 15 displiciunt *V* 16 uisum (is *ex* er? *corr.*) *C* breuiter] presbiter D^1 17 potius *om.* *a* ammoneo *FMO*, amoneo *P* XII illi libri *O* quos] qđ C^1D^1 18 postea CD^1R, postea episcopus *cet.* *v* ex CD^1, et de *B*, et ex *cet.* *v* 19 ergo] liber *a* 20 omnipotentē C^1, omnipotenti *G* acta *O* sentiamus *E* adfirmando $C^1GHP^1QS^1V$, affirmando *cet.* 21 tractando quaerendum *V*

CAPVT XVIII. (XIX)

DE SERMONE DOMINI IN MONTE LIBRI DVO.

1 Per idem tempus de sermone domini in monte secundum Matheum duo uolumina scripsi.

2 In quorum primo propter id, quod scriptum est: beati pacifici, quoniam ipsi filii dei uocabuntur: *sapientia*, inquam, *congruit pacificis, in quibus iam ordinata sunt omnia nullusque motus aduersus rationem rebellis est, sed cuncta obtemperant spiritui hominis, cum et ipse obtemperat deo.* quod merito mouet, quomodo dixerim. non enim cuiquam prouenire in hac uita potest, ut lex repugnans legi mentis omnino non sit in membris, quandoquidem etiamsi ei sic resisteret spiritus hominis, ut in nullum eius laberetur adsensum, non ideo tamen non repugnaret. hoc ergo, quod dictum est, *nullum esse motum aduersus rationem rebellem*, recte accipi potest id nunc agentibus pacificis domando concupiscentias carnis, ut ad istam pacem plenissimam quandoque ueniatur.

3 Proinde quod alio loco, cum eandem sententiam euangelicam (2) repetens dixissem: *beati pacifici, quoniam ipsi filii dei*

5 Matth. 5, 9 6 De serm. dom. I, 4, 11 11 Rom. 7, 23 17 I Io. 2, 16 20 Matth. 5, 9

1 XIII *HR*, XIX *v*, *om.* *Q* 2 dei *EG* monte] m. habito B^1 3 sec. math. in monte *F* 4 matheum *BCDFGHMNOPQR*, mattheum *ESV* 5 corum C^1 primum OP^1 est *om.* *H* 6 ipsi *om.* *BNS* sapientiam $C^1D^1E^1$ 7 inquit *H* iam (i *in ras.*) *C* 8 metus D^1 9 cun*cta** *B* optemperant *MPQ* ipsi C^1 optemperat *MQ*, optemperant P^1, obtemperet E^1v 10 mouit C^1D^1 cuiquam (c *in ras.*) *C* 11 repugnas H^1 12 mentes E^1 13 ei sic] eis Q^1 resisterit *V*, resterit C^1D^1, resistere *GS* *post* hominis *add. s. l.* S^2 posset in *om.* *E* nullo *BFGS*, nullum ^{in} E^2 eius laberetur *om.* *B* haberetur C^1 14 assensu *BFGNS* tamen C^1D^1R, tamen ille *EQ*, tamen illa *cet.* *v* non *om.* *B* 15 motu* (s *ras.*) *H* 16 recta E^1 accepi C^1D^1 nunc] non *OP* pacifici D^1 17 concupiscentiam D^2EFNPQ pacem *om.* *B* 19 scientiam D^1 20 reppetens *H*, repente *R* pacificis O^1 ipsi *om.* BNS^1

uocabuntur, adiunxi dicens: *et ista quidem in hac uita conpleri
possunt, sicut conpleta esse in apostolis credimus,* sic acci-
piendum est, non ut in apostolis hic uiuentibus nullum
carnis motum arbitremur spiritui repugnasse, sed hactenus
hic ista posse conpleri, quatenus in apostolis credimus esse
conpleta, ea mensura scilicet perfectionis humanae, quanta
in hac uita potest esse perfectio. non enim dictum est: 'ista
in hac uita conpleri possunt; nam conpleta esse in apostolis
credimus', sed dictum est: *sicut conpleta esse in apostolis cre-
dimus,* ut ita conpleantur, sicut in illis conpleta sunt, id est
quadam perfectione, cuius capax est ista uita, non sicut con-
plenda sunt illa, quam speramus, pace plenissima, quando
dicetur: ubi est, mors, contentio tua?

(3) Alio loco quod interposui testimonium: *non enim ad men-* 4
suram dat deus spiritum, nondum intellexeram de Christo
proprie uerius accipi. aliis quippe hominibus nisi ad mensuram
daretur spiritus, non duplum peteret Heliseus, quam fuerit in
Helia. item quod scriptum est: *iota unum et unus apex* 5

1 De serm. dom. I, 4, 12 13 I Cor. 15, 55 14 De serm. dom. I, 6, 17 Io. 3, 34 17 IIII Regn. 2, 9 18 Matth. 5, 18

1 adiun*xi (c *ras.*) *D* hac] ac E^{1} 2 credimus *om.* $E^{1}Q^{1}$, i *in ras. m. 2 D* sic—apostolis *om.* EQ^{1} 3 uibentibus D^{1} *post* uiuentibus *add.* E^{2} *s. l.* in quibus 4 motum carnis *F* arbitramur E^{1}, arbitraremur O^{1} sp*u (s *ras.*) *H*, spu D^{1} actenus $C^{1}DG^{1}S^{1}$ 5 quatinus *FGN*, q: nos C^{1}, quae nos D^{1}, ut *B* 6 perfeccionis *D* 7 perfectior (r *add. m. 2*) *C* enī (- *m. 2*) *C* ista *om.* *BGO* 8 ac E^{1} conpleri possunt D^{2} *in ras.* possū ę *O* esse *om.* Q^{1}, *in ras.* *S* 9 sed—credimus *om.* *R*, *add.* D^{2} *in mg.* sicut—credimus *om.* *H* esse *om.* $BEGNQ^{1}S$ 10 id est—complenda sunt *om.* F^{1} 11 sic sunt (*om.* conplenda) *a* completa F^{2} 12 illa] in illa $BD^{2}EFGNQS$ quam] quae *a* separamus Q^{1} pace *D* 13 dicitur $CD^{1}H$ mors *om.* *O* contemptio *O* 15 sps P^{1} intellex*eram *H*, intellexam Q^{1} 16 uirius N^{1} accipi (i *pr. in ras.*) *C* alius E^{1} si *a* 17 deretur $C^{1}D^{1}E^{1}$ peteretur *B* heliseus *BDEGNPQR*, helise*us (i *ras.*) *C*, helyseus *FO*, helisaeus *cet.* *v* fuerit *C*, fuet D^{1}, fuit *cet.* *v* 18 helya *F*, elia E^{1}, heliam D^{1} et] aut *QRv* apax *E*

non transiet a lege, donec omnia fiant, cum exponerem, dixi nil aliud posse intellegi nisi uehementem perfectionis expressionem. ubi merito quaeritur, utrum ista perfectio sic possit intellegi, ut tamen uerum sit neminem iam utentem uoluntatis arbitrio hic uiuere sine peccato. a quo enim usque ad unum apicem lex perfici potest, nisi a quo fiunt uniuersa diuina mandata? sed in eisdem mandatis est etiam, quod iubemur dicere: dimitte debita nostra, sicut et nos dimittimus debitoribus nostris, quam orationem usque in finem saeculi tota dicit ecclesia. omnia ergo mandata facta deputantur, quando quidquid non fit ignoscitur.

6 Sane quod ait dominus: ***quicumque enim soluerit unum*** (4) ***de mandatis istis minimis et docuerit sic*** et cetera usque ad eum locum, ubi ait: ***nisi abundauerit iustitia uestra plus quam scribarum et Farisaeorum, non intrabitis in regnum caelorum,*** multo melius et conuenientius exposui in aliis posterioribus sermonibus meis, quod etiam hic retexere longum est. ad hoc autem iste ibi perducitur sensus, ut eorum sit iustitia maior quam scribarum et Farisaeorum, qui dicunt et faciunt. de scribis quippe et Farisaeis

1 De serm. dom. I, 8, 20   8 Matth. 6, 12   12 Matth. 5, 19 sq. 16 De serm. dom. I, 9, 21   17 sermones non extare uidentur; cf. tamen Aug. de ciu. dei XX, 9 (II, 449, 20 sqq. Hoffm.) de fid. et oper. 26, 48 sqq.

2 nihil dixi *m*   nil C^1V, nihil *cet. v*   aliud posse *CD*, aliud ẹẹ posse *B*, posse aliud *cet. v*   intellig̃e (˜ *m. 2*) *E*   uehimentem V^1 4 sit uerum B^1 sit] sic *R*   6 apicem* *C*   fiunt *er. B*, *om. F* 8 dicere *om. H*, orare *a*   dimitte *D*, demitte C^1, dimitte nobis *cet. v* debita] peccata *E*   9 demittimus C^1D^1 10 saecoli *V*   aecclesia *D* 11 deputentur *H*   fit* *C*, fuit *E*   agnoscitur *B*   12 quicumque enI *C* (*graece:* οὖν), quicumque *cet. v*   unum C^2 *s. l.*   13 mandatis] datis D^1 istis minimis *exp.* D^2 minimis Q^2 *in mg.*   sic] s. homines *a*   14 eum] dm̄ Q^1 habundauerit $C^1DEHOQR$ 15 quam *om. P*   fariseorum *CDH*, pharisaeorum *cet. v*   intrabetis *V*, introibitis *EN*   16 conuenentius C^1, conuentius D^1 17 eciam C^1 18 ad] a D^1 autem] enim *B*   isto D^1 19 iustitia* *C*   19 (20) fariseorum *C*, farisẹorum *H*, pharisaeorum *cet.*   20 faciunt] non faciunt $BE^2FM^2NOR^2a$ quippe* *C*, quoque *F*

alio loco ipse dominus ait: dicunt enim et non faciunt.
illud etiam melius intelleximus postea, quod scriptum est: 7
qui irascitur fratri suo. codices enim graeci non habent:
sine causa, sicut hic positum est, quamuis idem ipse sit
sensus. illud enim diximus intuendum, quid sit irasci fratri
suo, quoniam non fratri irascitur, qui peccato fratris irascitur.
qui ergo fratri, non peccato irascitur, sine causa irascitur.

(5) Item quod dixi: *hoc et de patre et de matre et de ceteris* 8
uinculis sanguinis intellegendum est, ut in eis oderimus, quod genus humanum nascendo et moriendo sortitum est, ita sonat, quasi non essent futurae istae necessitudines, si nullo naturae humanae praecedente peccato nemo moreretur, quem sensum iam superius inprobaui. essent enim profecto cognationes et affinitates, etiamsi originali nullo existente peccato sine morte cresceret et multiplicaretur genus humanum. ac per hoc aliter soluenda quaestio est, cur dominus praeceperit diligendos inimicos, cum alio loco praecipiat odio habendos et parentes et filios, non sicut hic soluta est, sed sicut eam posterius

1 Matth. 23, 3 2 Aug. de ciu. dei XXI, 27 (II, 576, 8 sqq.) 3 De serm. dom. I, 9, 25. Matth. 5, 22 8 De serm. dom. I, 15, 41 13 Retract. I, 9, 3. 12, 12 14 Gen. 1, 22. 28. 9, 1. 7 16 Matth. 5, 44. Luc. 6, 27 17 Matth. 10, 37. Luc. 14, 26 18 Aug. de ciu. dei XXI, 26 s. f. (II, 572) de uer. rel. 45, 85 sq.

3 qui] quia qui *OPa* codice*s *C*, cudices M^1 greci C^2M, graece D^1 4 idem *om. Oa* ipse *om. P* sit ipse *F* 5 quod D^1 6 suo *om. BEFGNQ* qui* (s *ras.*) *E* peccato* *C* fratres D^1 qui— irascitur *om. H* 7 ergo] autem BD^2FNQ fratri *om. Ha* peccato] p. fratris *Ha* 8 *pr.* et *om. F* *alt.* de *om.* HR^1 9 ut *om.* P^1 odoremus C^1D^1, odiremus C^2, odorimus D^2, oderamus O^1 quid C^1D^1 10 sanat C^1D^1, sonant *R* 11 futurae *om. O* istae] essae D^1 necessitudinis E^1R sine ullo *H*, si nullę *B* 12 humane *C* praecidente C^1D^1 peccato *add.* C^2D^2 *s. l.* moriretur D^1GS 13 enim *om.* Q^1 14 affinites C^1, affinitatis D^1, affinitiones O^1 exsistente *M*, extente D^1 15 cresceret* *C*, crescere D^1 ac] hac P^1Q 16 çonsoluenda (con *del. m. 2*) *M*, soluendo E^1 est quaestio *v* quur C^1D EHP^1 praecepit BM^2 diligendo *E* 17 inimicus D^1 *odio (h *ras.*) *E* et *om. F* 18 et] ac *O* filius D^1 solita F^1 eam] etiam F^1Q^1 posterius** *C*, al. superius *a in mg.*

saepe soluimus, id est ut diligamus inimicos lucrandos regno dei et oderimus in propinquis, si inpediunt regno dei.

9 Item de praecepto, quo prohibetur uxor dimitti nisi propter fornicationem, hic quidem scrupulosissime disputaui, sed quam uelit dominus intellegi fornicationem, propter quam liceat dimittere uxorem, utrum eam, quae damnatur in stupris, an illam, de qua dicitur: perdidisti omnem, qui fornicatur abs te, in qua utique et ista est — neque enim non fornicatur a domino, qui tollens membra Christi facit ea membra meretricis — etiam atque etiam cogitandum est atque requirendum, nec uolo in re tanta tamque ad digerendum difficili putare lectorem istam sibi nostram disputationem debere sufficere, sed legat et ea siue nostra, quae postea scripta sunt, siue aliorum melius considerata atque tractata, uel ipse, si potest, ea, quae hic merito mouere possunt, uigilantiore atque intellegentiore mente discutiat, non quia omne peccatum forni- (6)

3 Matth. 5, 32 4 De serm. dom. I, 16, 43 7 Ps. 72, 27 9 I Cor. 6, 15 13 Aug. Quaest. in Heptat. II, 71. Serm. 162

1 saepae D lugrandos D^1V^1, lucrando P, lucrantes E 2 et— propinquis C *in ras.* propinquis] iniquis D^1R regno C^1D^1, a regno *cet. v* deo O^1 3 quod $BC^1D^1EF^1GHN$ proibetur C^1E^1, prohiberetur GS^1 non dimitti *a* nisi C 4 (5) furnicacionem D^1 quidem *om.* B scrupulosissimae D, scripulosissime E^1 disputaui *om.* P, disputauit H^1 5 uellit D^1 licet H 6 demittere C^1 quae (uae *s. l. m. 2*) C sturpis P^1 7 perdedisti N, perdidistis O^1 omnes (s *m. 2*) E fornicantur (n *alt. m. 2*) E 8 utiquae *et* nequae D 9 ea (a *in ras.*) M, *om.* P membra C 10 etiam R^2 *s. l.* cogitandum est atque *om.* R 11 tanta *om.* E tamque] tamquam D^2O, tam*** (nta *ras.*) E, quę H digerendum D^1ENRS^2, digerendū (gere *in ras.*) C, dinuscendum V, dinoscendum gerendum Q, dinoscendum *cet. v* difficile B, difficilis H^2 12 sibi** C, sibi (b *ex* u) D nostram sibi R disputatione H 13 ea DER, ea C, alia *cet. v* 14 considera**ta (a *alt. m. 2*) C, considerauit D^1 ipse] ille P si potest] sibi postea D^2 *s. l.* 15 quae (uae *m. 2 s. l.*) CE merito *om.* F atque intellegentiore *om.* R 16 intellegentiori N mente M^2 *s. l.*, mentis R quia non S omnem $C^1D^1Q^1$

catio est — neque enim omnem peccantem deus perdit, qui cotidie sanctos suos exaudit dicentes: dimitte nobis debita nostra, quum perdat omnem, qui fornicatur ab eo — sed quatenus intellegenda atque limitanda est haec fornicatio et utrum etiam propter hanc liceat dimittere uxorem, latebrosissima quaestio est. licere tamen propter istam, quae in stupris committitur, nulla quaestio est. et ubi dixi hoc permissum esse, non iussum, non adtendi aliam scripturam dicentem: qui tenet adulteram, stultus et inpius est. nec sane dixerim adulteram fuisse deputandam illam mulierem, etiam posteaquam audiuit a domino: nec ego te damnabo; uade, deinceps iam noli peccare, si hoc oboedienter audiuit.

(7) Alio loco peccatum fratris ad mortem, de quo dicit Iohannes 10
apostolus: *non pro illo dico ut roget,* ita definiui, ut dicerem: *peccatum fratris ad mortem puto esse, cum post agnitionem dei per gratiam domini nostri Iesu Christi quisque obpugnat fraternitatem et aduersus ipsam gratiam, qua reconciliatus est deo, inuidentiae facibus agitatur.* quod quidem non confirmaui, quoniam hoc putare me dixi, sed tamen addendum

2 Matth. 6, 12 8 Prou. 18, 22 11 Io. 8, 11 14 I Io. 5, 16 15 De serm. dom. I, 22, 73

2 cottidie *BD*[1]*EFGR* exaudi*t (a *ras.*) *H* dicentes *om. H* 3 quum *C*[1]*D*[1], cum *cet.* omnem *om. a* fornitur *D*[1] 4 quatinus *C*[2]*O,* qualiter *B* limitanda] elimanda *BENS*[2]*a,* imitanda *R,* uel imitanda *O,* militanda *G* est *D*[1], est (sit *ras.*) *C,* sit *cet. v* hac *D*[1] 5 licet *E* uxorem *E*[2] *in mg.*, uxorum *D*[1] lateprosissima *F*[1] 6 licere—quaestio est *om. H* licere tam(en) *M in ras.* *stupris (s *ras.*, s *pr. m. 2*) *C* 7 hoc ubi dixi *B* 8 illam *B* 9 adulteram dixerim *m* 10 deputandum *H* aetiam *D*[1] postquam *Q*[1] 11 condemnabo *BD*[2]*FGNQS* deinceps] et d. *BD*[2] 12 iam *om. BV*[1] *oboedienter (h *ras.*) *D* 13 loco alio *v* iohannis *C*[1]*D*[1]*E*[1]*V* 14 roget] r. quis *Q*[2] (*s. l.*) *v* deffiniui *F* *ut *R* 15 adicerem *B* fratris peccatum *B,* peccatum ergo fr. *a* cum] eum *S* 16 agnicionem *C*[1]*D* quisquis *a* 17 obpugnat *CD,* obpugnet *H,* oppugnat *cet.* et *E*[2] *s. l.* reconc*iliatus (h *ras.*) *E* 18 dno *F* inuidentiae (ae *ex* a et *ras. corr.*) *C,* inuidentia et *D*[1] agitur *R* 19 confirmaui *C*

fuit: si in hac tam scelerata mentis peruersitate finierit hanc uitam, quoniam de quocumque pessimo in hac uita constituto non est utique desperandum nec pro illo inpatienter oratur, de quo non desperatur.

11 In secundo item libro: *nulli,* inquam, *licebit ignorare dei* (8)
regnum, quum eius unigenitus non solum intellegibiliter sed etiam uisibiliter in homine dominico de caelo uenerit iudicaturus uiuos et mortuos. sed non uideo, utrum recte dicatur homo dominicus, qui est mediator dei et hominum, homo Christus Iesus [cum sit utique dominus]: dominicus autem homo quis in eius sancta familia non potest dici? et hoc quidem ut dicerem, apud quosdam legi tractatores catholicos diuinorum eloquiorum. sed ubicumque hoc dixi, dixisse me nollem. postea quippe uidi non esse dicendum, quamuis non-
12 nulla possit ratione defendi. item quod dixi: *nullius enim*

5 De serm. dom. II, 6, 20 7 II Tim. 4, 1 9 I Tim. 2, 5 12 Epiphan. Ancor. c. 93 (p. 188 A. B. M.) c. 95. Athan. Expos. Ps. 40, 6 (Patrol. gr. XXVII, p. 197 B). disp. c. Arium 20 (Patrol. gr. XXVIII, p. 461 C) Expos. fid. §. 1 s. f. §. 4. Cassian. coll. XI, 13 14 Aug. de serm. dom. II, 6, 22. enarr. Ps. 1, 1. 8, 13 15 De serm. dom. II, 14, 48

1 in *om.* C^1D^1GS hac C^2 *in mg.*, ac D^1 scelerata (s *et* rata *m. 2 in ras.*) *C*, excelerata *D* finiit E^1V, finit *HM* hanc *om. N* 2 quocumquae *D* constitudo C^1D^1 3 disperandum *V* inpacienter *D*, imprudenter $BFGHMQ^2S^1m$, impudenter *V* oratur *om. N*, oreratur (re *m. 2 in ras.*) *E* 4 disperatur C^1P 5 ignore C^1D^1 6 quum C^1, cum *cet.* non solum—uisibiliter E^2 *in mg.*, nondum intelligibiliter E^1 sed—uisibiliter G^2 *in mg.* 7 **uisibiliter (in *ras.*) E^2 hominem C^1D^1 de caelo *om. N* uenit H^1 iudicaturos *V*, iudicare *B* 8 uiuus C^1D^1, et uiuos *a* mortuus C^1D^1 nondum *M* rete D^1 dicatur**** *H*, dicitur *BF* 9 dominicos D^1 mediatur D^1 10 iesus xp̄s *F*, xp̄s (*om.* iesus) *R* cum] c. dn̄s *R* cum—dominus *inclusi, om.* CD^1 *compluribus litt. in mg. erasis* 11 quis in eius] qui sine eius D^2, q. in eis E^1, sine S^2, qui sine eius iure *N*, vł nisi qui est iure ex *N in mg.* sancta *V s. l.*, sanctā *D* non *om.* H^1Oa, recte Q^1 12 ut dicerem] non dicerem nisi quia *F* tractores C^1D 13 ubicumquae *D* dixissē e *E* 14 nolle *R* uidi] dixi *H* quam *N* 15 quod *om.* F^1 nullus Q^1 enim *om. OP*

fere conscientia deum potest odisse, non uideo fuisse dicendum. multi enim sunt, de quibus dictum est: superbia eorum, qui oderunt te.

(9) Alio loco in eo, quod dixi: *ob hoc dixisse dominum: sufficit* 13
diei malitia sua, quia cibos sumere urgebat ipsa necessitas, quam propterea malitiam nominatam arbitror, quia poenalis est nobis; pertinet enim ad hanc fragilitatem, quam peccando meruimus, non adtendi etiam primis hominibus data fuisse in paradiso corporis alimenta, antequam istam mortis poenam peccando meruissent. sic enim erant inmortales in corpore nondum spiritali, sed animali, ut tamen in huius modi inmortalitate alimentis corporalibus uterentur. item quod dixi: *quam* 14
sibi elegit deus gloriosam ecclesiam non habentem maculam neque rugam, non ideo dixi, quia nunc ex omni parte iam talis est, quamuis ad hoc electa non dubitetur, ut talis sit, quando Christus apparuerit, uita eius; tunc enim et ipsa cum illo apparebit in gloria; propter quam gloriam dicta est ecclesia gloriosa. item quod dominus ait: *petite* 15

2 Ps. 73, 23 4 De serm. dom. II, 17, 56 Matth. 6, 34 12 De serm. dom. II, 19, 66 13 Eph. 5, 27 16 Coloss. 3, 4 18 Matth. 7, 7

1 ferre E^2 *s. l.* constientia C^1, conscientiam *O* dm̄ (d *m. 2 in ras.*) *C* posse *O* 2 sunt enim *F* dictum D^1, dictum *C*, scriptum *cet. v* superuia D^1 3 te oderuut *a* 4 ab *H* dixisse* (m *ras.*) *D* deum *BFGOPSV* 5 militia *H* quia *om. V* urguebit R^2SV, urgebit *BFGHOPv* 6 militiam *H* 7 nobis est *v* pertinet enim] cum pertineat D^2NQ, et pertinet *E* fragilitatem (fr *in ras.*) *D* 8 meruimus (m *pr. ex* s *corr.*) *CD* adtendi *om. B* 9 paradyso *FGR* corporalia *Oa* alimenta (i *ex* a *corr.*) *C* 10 inmortalis D^1H^1 in *om. V* 11 spirituali NS^2, spiritales *C*, spiritali* (s *ras.*) *DM* animales C^2 in *om. H* huius modi CD^1ER, eius modi *cet. v* 12 corporalibus alimentis *v* quā (ā *m. 2*) *C* 13 deus elegit *v* gloriosissimam *P* aecclesiam *D* macolam *V* 14 neque] aut *N* parte iam (te *m. 2 s. l.*) *C*, par quam D^1 15 iam *om. B* dubitetur (e *ex* i *corr.*) *C*, dubitaretur *m* 16 aparuerit *S*, apparuit Q^1 17 illa R^1 gloriam *V* 18 dictum D^1OP, dicata *E* aecclesia* gloriosa* (m *ras.*) *D*

et accipietis, quaerite et inuenietis, pulsate et aperietur uobis, operose quidem, tria ista quid inter se differant, exponendum putaui; sed longe melius ad instantissimam petitionem omnia referentur. hoc quippe ostendit, ubi eodem uerbo cuncta conclusit dicens: quanto magis pater uester, qui in caelis est, dabit bona petentibus se; non enim dixit: petentibus, quaerentibus et pulsantibus.

16 Hoc opus sic incipit: *Sermonem, quem locutus est dominus.*

CAPVT XVIIII. (XX)

PSALMVS CONTRA PARTEM DONATI, LIBER I.

1 Volens etiam causam Donatistarum ad ipsius humillimi uulgi et omnino inperitorum atque idiotarum notitiam peruenire et eorum, quantum fieri per nos posset, inhaerere memoriae, psalmum, qui eis cantaretur, per latinas litteras feci, sed usque ad V litteram, quales abecedarias appellant. tres uero ultimas omisi, sed pro eis nouissimum quasi epilogum adiunxi, tamquam eos mater adloqueretur ecclesia. ypopsalma etiam,

3 De serm. dom. II, 21, 71 sqq. 5 Matth. 7, 11 17 Athan. in Ps. LVI, 2 (Patrol. gr. XXVII p. 256 B M.)

1 quęrite (uę *s. l. m. 2*) *C* 2 opere C^1, operosa M^1a quidem (dem *in ras.*) *M* ista tria *a* dif*ferant (dif *in ras. m. 2*) *M* etponendum E^1 3 potaui H^1 melius *in ras. M* ad (a *m. 2*) *C* stantissimam *R* poetitionem D^1 4 omnia *om. F* referentur C^1D^1, referrentur C^2, referuntur *cet. v* 6 dauit E^1, dedit E^2 quaerentibus et petentibus *S* 7 quaerentibus CD^1, et quaerentibus *cet. v* 8 sermone D^1 dominus locutus est *R* dominus *M in ras.* 9 XIIII *R*, XX *v*, *om. Q* 10 $\overline{\text{PS}}$ *C*, de psalmo *B* conta D^1 liber I *om. EFHOPVm*, l. primus S^1 11 causa *HN* donati*starum (i *ras.*) *D* uulgi humilium *O* 12 notiam D^1 13 et] et ut *S* per nos possit *M*, per nos fieri posset *Oa*, posset per nos *m* 14 psalmus *H* qui eis qui eis *C*, quies Q^1 latinam D^1 15 ad u (u *m. 2 s. l.*) *C*, ad *om.* u) D^1, ad u *M*, adhuc *G*, adhuc quintam *S*, ad quintam D^2F litteras D^3 quales] tales autem $C^2HMOPVm$, tales enim *a* abecedarias BCD^1EFGNQ^2R, abeciedarios *H*, abecedarios *cet. v* 16 aepilogum *H*, epylogum *OR*, ephylogum *P* 17 adloquetur E^1 alloqueretur eos mater *F* aecclesia *D* ypopsalma *BCDEFHMNQR*, ipopsalma *GS*, hypops. *cet. v*

quod respondetur, et prooemium causae, quod uoluimus ut cantaretur, non sunt in ordine litterarum; earum quippe ordo incipit post prooemium. ideo autem non aliquo carminis genere id fieri uolui, ne me necessitas metrica ad aliqua uerba, quae uulgo minus sunt usitata, conpelleret.

Iste psalmus sic incipit: *Omnes, qui gaudetis de pace, modo* 2
uerum iudicate, quod eius ypopsalma est.

(XXI.)

CAPVT XX.

CONTRA EPISTVLAM DONATI HERETICI LIBER VNVS.

Librum etiam contra epistulam Donati, qui partis Donati 1
secundus post Maiorinum episcopus apud Carthaginem fuit, eodem presbyterii mei tempore scripsi; in qua epistula ille agit, ut non nisi in eius communione baptisma Christi esse credatur. cui nos contradicimus in hoc libro.

In quo dixi quodam loco de apostolo Petro, quod *in illo tam-* 2

9 non extat 11 Optat. Mil. I, 19. III, 1

1 responditur C^1D^1, respondeatur *V*, responderetur $BC^2EFGQSm$ proymium $C^1D^1H^1M^1R$, prohymium *OV*, prohymemium *Q*, prohemium *GP*, proemium $BC^2FM^2NS^2$, prẹmium *E* uoluimus ut CD^1, uolumus *NR*, nihilominus uolumus *E*, nihilhominus QS^1V, nihilominus *cet. v* 2 cantaretur (retur *in ras. m. 2*) *C*, contar D^1, ł quanta D^3, cantatur *cet.* non] no *add.* C^2 *in mg.* sint *H* in *om. H* litterum C^1D^1 ordo quippe M^1 3 post proymium $C^1D^2M^1R$, post prohymium *HOV*, post proemium BC^2FM^2N, post prohemium *GPS*, post prẹmium *E*, prohyemium (*om.* post) *Q*, postromium D^1 alico C^1D^1 generi *R* 4 mi D^1 me**trica *Q* 5 compellerent *O* 6 histe P^1 omnis S^1V 7 uero S^1 ypapsalma M^1, ypopsalmo *HR*, ypopsalmẹ *E* hypopsalma *OP* sit *E* 8 XXI *v*, *om. Q* 9 epistolam *CSV*, epistula D^1 unus] primus S^1 10 qui partis** D^2 *in ras.* qui] donatus Q^2 *s. l.* donati* (s *ras.*) *D* 11 marinum *Q* episcopum *H* fuit apud carthaginem *P* cartaginem *CGS*, karthaginem *N*, kartaginem *O* 12 presbiterii *CDEGMRV*, prespiterii *BF*, presbiteri H^1Q^1 tempore presb. mei *BFGS* mei *om.* E^1 scribsi *M* epistola *C* ill*e (a *ras.*) *H* 13 ait H^1Pa ut *om. H* in *exp.* D^2 in eius] mens *E* communionae D^1, communionem *BFGS* 14 in hoc libro *om. m* 15 quodam] in q. *m* *pr.* in *om. O*

quam in petra fundata sit ecclesia. qui sensus etiam cantatur ore multorum in uersibus beatissimi Ambrosi, ubi de gallo gallinacio ait:

hoc ipse, petra ecclesiae,
canente culpam diluit.

sed scio me postea saepissime sic exposuisse, quod a domino dictum est: tu es Petrus, et super hanc petram aedificabo ecclesiam meam, ut super hunc intellegeretur, quem confessus est Petrus dicens: tu es Christus, filius dei uiui, ac sic Petrus ab hac petra appellatus personam ecclesiae figuraret, quae super hanc petram aedificatur et accepit claues regni caelorum. non enim dictum illi est: tu es petra, sed: tu es Petrus. petra autem erat Christus, quem confessus Simon, sicut et tota ecclesia confitetur, dictus est Petrus. harum duarum autem sententiarum quae sit probabilior, eligat lector.

3 Alio loco dixi: *nullius mortem deus quaerit.* quod sic acci- (2)
piendum est, quia homo sibi adquisiuit mortem deserens deum et adquirit, qui non redit ad deum, secundum quod scriptum

2 Ambros. hymn. I (Patrol. lat. XVI p. 1409 M) Exam. V, 24, 88 (I p. 201, 12 sqq. ed. Schenkl) 6 Aug. Serm. LXXVI, 1, 1 7 Matth. 16, 18. Io. 1, 42 9 Matth. 16, 16. Io. 6, 70 11 Matth. 16, 19 13 I Cor. 10, 4

1 aecclesia• *D* 2 beati *BE* ambrosi M^1, ambrosius *H*, ambrosii *cet. v* ubi] bi *H* 3 gallinatio *CEFGHNOQRSV* 4 oc E^1 ipse•• *E*, ipsa BC^2OPQ^2RSVv, ipso D^2 petre C^1D^1, p *H* aecclesiae C^1D, ecclesia *a* 5 culpam•• (pā *ras.*) E^2 deluit C^2NQ

8 aecclesiam C^1D ut (e *ras.*) *C* hanc *Fa* intellegatur D^2 *s. l.* 10 •ac sic (h *ras.*) *E*, ac sit C^1, ac si *Ra* apellatus *C* persona C^1D^1 aecclesiae C^1D figuraret *Q* 11 supra *OP* aedifica••tur *D* accipit *ER* 12 dictum est illi *BEFGNQRSv*, illi dictum est *P*, dictum illi *V* petra] petrus B^1 14 symon *BEFNOR* et *CDN*, ei *EQR*, eum *cet. v* confitetur ęcclesia *B* 15 duarum autem C^1, autem duarum *cet. v* sunt *B* probabilis• (q *ras.*) *E* 17 accipiendum D^2 *s. l.* 18 est *om. PSVm* sibi homo *P* adq:siuit C^1, atquesiuit D^1 19 qui] qđ H^2 redit CD^1ERS^2 *mg.*, recurret Q^1, requirit *P*, recurrit *cet. v*

est: deus mortem non fecit. sed etiam illud non minus uerum est: uita et mors a domino deo est, uita scilicet a donante, mors a uindicante.

(3) Item quod dixi *Donatum*, cuius epistulam refellebam, *ro-* 4
gasse, ut imperator inter ipsum et Caecilianum transmarinos episcopos iudices daret, non ipsum, sed alium Donatum, eiusdem tamen scismatis, hoc fecisse probabilius inuenitur. ille autem non erat Carthaginiensis Donatistarum episcopus, sed a Casis Nigris, qui tamen primus apud Carthaginem ipsum nefarium
scisma conmisit. nec sane *Donatus Carthaginiensis, ut* 5
Christiani rebaptizarentur, instituit — quod ego eum instituisse credideram, quando eius epistulae respondebam — *nec de libro Sapientiae ipse abstulit de media sententia uerba ad rem necessaria,* ubi, cum scriptum sit: ***qui baptizatur a mortuo et iterum tangit illum, quid proficit lauatio eius?*** iste sic posuit, tamquam scriptum esset: qui baptizatur a mortuo,

1 Sap. 1, 13 2 Eccli. 11, 14 6 Aug. ep. 43, 2, 3 sqq. 8 Aug. de haeres. c. 69 12 et p. 100, 1 Aug. de bapt. VI, 34, 65. c. Cresc. gr. II, 27, 33 14 Eccli. 34, (31 sec. LXX), 30. cf. Aug. ep. 108, 6

2 a *add.* C^{2}, in *O* 3 mors] et m. *H* 4 donatus $S^{1}V$ cuius] cus $C^{1}D$ epistolam C^{1} *in ras.* 5 caelianum V^{1} transmarinus D^{1}, marinos *H* 6 epos (o *m. 2 s. l.*) *C*, eps D^{1} 7 schismatis *HMP* hoc—episcopus *om. B* fęcisse C^{1} probauilius S^{1} 8 erat] enim *H* carthaginensis $D^{2}FHNR$, cartaginiensis *S*, karthaginiensis *E*, carthagine ensis D^{1} cassis *Oa* 9 primus] ipsum *P* cartaginem $BC^{1}G$, chartaginem *S*, karthaginem *N*, kartaginem *O* 10 scisma $BC^{2}D^{2}EGNORS$, scima $C^{1}D^{1}$, schisma *cet.* ꝓmisit *Oa* sanet̡ *Q* karthaginiensis EN^{2}, cartaginiensis *GO*, chartaginensis *S*, carthaginensis *BFHMP*, carthagin*ensis *D* 11 instituisse (i *tert. ex* e *corr.*) *C* 12 eius *om. Oa* epistulae *HM*, epistolae *cet.* 13 sapientiae *mss.; quae genuina Augustini scriptura uidetur; cf. de baptismo VI, 34, 65:* scriptum est apud Salomonem: *qui baptizatur* etc. *de doctr. chr. II, 8,* ecclesiastici *m* de media] dimidiam *BFGOPSVa* sententiam *BFGOPSVa* necessariam $C^{1}D^{1}$ 14 cum scriptum] conscriptum $C^{1}D^{1}$, scriptum *G* scriptum sit *BCDFGHN*, sit scr. *cet.* mortuis $C^{1}D^{1}$ 15 tanget *H* eum *Ba* profecit *V*, profuit *B* labatio E^{1} sic iste *a* sic] sic eam $C^{2}HM$ 16 est *Oa* pabtizatur B^{1}, baptizatus P^{1} *a (i q *ras.*) *E*

quid proficit lauatio eius? nos autem et antequam esset pars Donati, sic habuisse codices plurimos, uerum tamen Afros, ut non esset in medio: et iterum tangit illum, post addidicimus. quod si iam scirem, non in istum tamquam in furem diuini eloquii uel uiolatorem tanta dixissem.

6 Hic liber sic incipit: *Abs te ipso praesente audieram.*

CAPVT XXI. (XXII.)

CONTRA ADIMANTVM MANICHEI DISCIPVLVM LIBER VNVS.

1 Eodem tempore uenerunt ad manus meas quaedam disputationes Adimanti, qui fuerit discipulus Manichei, quas conscripsit aduersus legem et prophetas, uelut contraria eis euangelica et apostolica scripta demonstrare conatus. huic ego respondi uerba eius ponens eisque reddens responsionem meam. quod hic uno uolumine inclusi et in eo quibusdam quaestionibus non semel, sed iterum respondi, quoniam quod pro me responderam perierat et tunc inuentum est, cum iam iterum respondissem. aliquas sane earundem quaestionum popularibus ecclesiasticis sermonibus solui; adhuc etiam quibusdam non

18 Aug. Serm. 1. 50. 153. 182

1 eius *om. a* 2 donatis *G* cudices *V* affros *BFV* 3 ut] ita ut *FH* illum *om. a* post addidicimus C^1D^1, postea dedicimus *V*, postea didicimus *cet. v* 4 iam] tunc *a* (*mg.*) *m* scissem *a* (*mg.*) *m* *pr.* in *om.* RS^1 5 diuinii *F* tanta] tandem t. *SV* dixisse *F* 6 praesentē *E* 7 XXII *v*, *om. BFQ* 8 adimantum (n *in ras.*) *D*, adamantium *E* manichaei *M* 10 eo *O* ad *D*, ad** *C*, in *cet. v* disputationis Q^1 11 adimati C^1D^1, adunantii *E* fuerit $C^1D^1MP^1$, fuerat *cet. v* discipolus *V* manichei discipulus *Ov* 12 aduersum *V* contrario OP^1 eis R^2 *in ras.* ęuangelica C^1 13 ego *C*, ego *B*, ergo *cet. v* 14 eius** *D* apponens *a* eisque] in e. *OPV*, eiusque *R* 15 quo *R* hic *DR*, hic* *C*, opus *cet. v* conclusi *BEFGNQSVv* aliquibus *M*, quibus $S^{1?}$ 16 quae *P* pro me CD^1, primum *SVv*, in primo Q^1, primo *cet.* 17 et *add.* C^2D^2 *s. l.* inuentus *N* cu D^1 18 aliqua *EOP*, aliqui *B* eorundem *R* 19 aecclesiasticis *D*, et ecc. *FGS* aetiam *D* quibusdam *CDENPQR*, de quibusdam *O*, quibus *cet.*

respondi; aliquae remanserunt, quae rebus aliis magis urgentibus praetermissae sunt cumulo quoque obliuionis adiuncto.

(2) In hoc dixi: *certis enim quibusdam umbris et figuris rerum* 2
ante domini aduentum secundum mirabilem atque ordinatissimam distributionem temporum populus ille tenebatur, qui testamentum uetus accepit; tamen in eo tanta praedicatio et praenuntiatio noui testamenti est, ut nulla in euangelio atque apostolica doctrina reperiantur quamuis ardua et diuina praecepta et promissa, quae illis etiam libris ueteribus desint. sed addendum erat 'paene' atque dicendum: *ut* paene *nulla in euangelio atque apostolica doctrina reperiantur quamuis ardua et diuina praecepta et promissa, quae illis etiam libris ueteribus desint.* quid est enim, quod in sermone euangelico in monte dominus dicit: audistis, quia dictum est antiquis hoc; ego autem dico uobis hoc, si nil ipse amplius praecepit, quam praeceptum est in illis ueteribus libris? deinde regnum caelorum illi populo fuisse promissum non legimus in his, quae promissa sunt lege data per Moysen in monte

3 c. Adim. 3, 4 (p. 122, 5 sqq. ed. Zycha) 14 Matth. 5, 21 sq. 17 Matth. 5, 3. 10. 20. 7, 21. 18, 3 18 Ex. 19, 3 sqq.

1 aliqui C^1, alia quae E^2 urguentibus D^1EP^1RSV 2 praetermissi D^1, praetermissa *a* cumu*lo (1 *ras.*) *M*, cu*mulo *C* adiuncto (nc *in ras. m. 2*) *C* 3 hoc C^1D, hoc ergo *cet. v* ceteris C^1D^1R enim *om.* G^1 4 ante] et a. *H* secundum C^1 5 temporum] pauperum Q^1 popolus *V* ille populus *B* 6 accipit *H* 7 in *om. O* euangelio CD^1HR, euangelica *cet. v* 8 doctrina $DEPQ^2R$, doctrina (******) *C*, disciplina *cet. a* reperiantur (n *in ras. C*) *CD*, repperiantur (eriantur *in ras.*) *M*, repperiantur *cet.* praecerta *H* 9 aetiam *D* desint ueteribus *F* sed—13 desint Q^2 *in mg.* 10 dendum E^1 poenae D^1, pene *CSV*, poene erat *P* ut *om.* V^1 11 euangelio *CDEHOPR*, euangelica *cet. v* atque *om. O* doctrina *CDEOPQRV*, disciplina *cet.* repperiantur *DFGHMPV*, reppereantur C^1 12 *alt.* et *om. R* aetiam *D*, *om.* $BFGNS^1$ 13 sermonem C^1D^1 euangelio C^1 14 quia BD^1, qu**** C^1, quod *cet.* 15 *pr.* hoc *om. F*, hoc modo *H* autem ego $BGNQ^1S$ hoc] *om. Fv*, hoc est $BGNQ^1S$ nil *CD*, nihil *cet. v* praecipit *H* 17 premissum C^1 18 i. s. *m* legi *H*, in lege *R* per] p̧ *C* mosysen O^1, mo*sen *P*

Sina, quod proprie uetus dicitur testamentum, quod praefiguratum dicit apostolus per ancillam Sarrae et filium eius; sed et ibi figuratum est et nouum per ipsam Sarram et filium eius. proinde si figurae discutiantur, omnia ibi prophetata reperiuntur, quae sunt praesentata uel expectantur praesentanda per Christum. uerum tamen propter quaedam praecepta non figurata, sed propria, quae non in uetere, sed in nouo inueniuntur, cautius et modestius diceretur paene *nulla* quam *nulla* hic esse, quae non sint et illic, quamuis illic sint duo illa praecepta de dilectione dei et proximi, quo rectissime omnia et legitima et prophetica et euangelica et apostolica referuntur.

3 Item quod dixi: *tribus modis in scripturis filiorum nomen* (3)
accipitur, minus considerate dictum est. et alios enim quosdam modos sine dubio praetermisimus, sicut dicitur filius gehennae uel filius adoptiuus, quae utique nec secundum naturam nec secundum doctrinam nec secundum imitationem

2 Gal. 4, 22 sqq. 10 Leu. 19, 18. Deut. 6, 5. Matth. 5, 43. 19, 19. 22, 37. 39 13 c. Adim. 5, 1 (p. 124, 13) 15 Matth. 23, 15 16 Rom. 8, 15. Gal. 4, 5

1 sina• *D*, syna *FGHOQR*, propriae *DH* dicitur uetus *Oa* 2 (3) sarae $BD^2E^2FGM^2P^2QRS^2v$ 3 *pr.* et *om.* *MOPV* ipsam *om.* *E*, ipsa D^1 4 si *om.* *H* fugurae B^1C^1, figura H^2, figuratę D^2NQ ubi H^2 propheta H^1S^1, prophetę *N*, prophetica Q^1, prophetię E^2 5 repperiuntur *CDEFGHMPR* praesentata] praesentia *N* 7 *pr.* in *om.* E^1 uetere] ueteri $BD^2E^2FGM^2QRS$, uetere (i *a*) testamento *NOPv* sed] et *BGN* in nouo] non *H* 8 caucius C^1 moderatius *HMOPQVv* digeretur C^1D^1 poenae D^1, pena E^1 ṇụḷḷạ qụạṃ (*del. m. 2*) *M* quam nulla *om.* Q^1 9 sunt G^1Q^1 *pr.* illic E^2 *in ras.* *alt.* illic] et illic *a* sunt *R*, sic *G* illa duo *Fv* 10 praecepta *om.* E^1 dilectionis (*om.* de) *M* quo] co C^1 11 *pr.* et *om.* *HR* legalia E^2 *s. l.*, legitime *a* *alt.* et *om.* Q^1 13 modis] m. tantum *F* scripturis C^1D^1R, scr. sacris *B*, scripturis sanctis *cet.* *v* 14 accepitur C^1M^1 consideratę C^1 15 modos (s *add. m. 2*) *M* sine dubio *om.* G^1 praemisimus D^1 16 adoptiuos C^1D^1, adoptiues H^1 ꝗui C^2 quae utique] quaecumq; *N* nec] ñ *R* secundum] s. imitationem (ua cat *s. l.*) *Q* 17 naturam nec secundum *om.* *H* imitatione D^1

dicuntur. quorum trium modorum, tamquam sola sint, exempla reddidimus: secundum naturam, sicut Iudaei filii Abrahae, secundum doctrinam, sicut filios suos quos euangelium docuit apostolus uocat, secundum imitationem, sicut filii Abrahae nos sumus, cuius imitamur fidem. quod autem dixi: *cum* 4
induerit incorruptionem et inmortalitatem, iam non caro et sanguis erit, secundum corruptionem carnalem dictum est carnem non futuram, non secundum substantiam, secundum quam et domini corpus post resurrectionem caro appellata est.

(4) Alio loco: *nisi quisque*, inquam, *uoluntatem mutauerit, bonum* 5
operari non potest. quod in nostra potestate esse positum alio loco docet, ubi ait: aut facite arborem bonam et fructum eius bonum, aut facite arborem malam et fructum eius malum. quod non est contra gratiam dei, quam praedicamus. in potestate est quippe hominis mutare in melius uoluntatem; sed ea potestas nulla est, nisi a deo detur, de quo dictum est: dedit eis potestatem filios dei fieri.

2 Io. 8, 37 3 I Cor. 4, 14 sq. 4 Gal. 3, 7. 5 Hebr. 13, 7 6 c. Adim. 12, 5 (p. 143, 11 sqq.) I Cor. 15, 54 9 Luc. 24, 39 11 c. Adim. 26, 1 (p. 185, 14 sqq.) 13 Matth. 12, 33 17 cf. Retract. I, 8, 3 18 Io. 1, 12

1 mod*orum (i *ras.*) *F* tamquam] eam qua* *D*¹ sola sint] solis in *M*¹, solos in *E*², solas in *E*¹, soli sint *D*²*FGHNQR*, soliti sint (*ex* sunt) *O*, solita sint *a* exemplar *O* 2 reddedimus *C*¹*D*¹, reddimus *M*¹ iudei *CDSV* fili *M*¹ habrahae *RS* 3 p euangelium (p *add. m. 2*) *DM* 4 apostolos *B*¹*C*¹*FG* imitationen *B*¹ fili *M* habrahae *R* 5 nos sumus] nouissimus *H* imitatur *E*¹ 6 incorruptionem] i. carnalem *Q*¹ 7 caro*et (ro *m. 2*, d *ras.*) *H* sanguinis *H* 8 est*** (enī *ras.*) *CD* 9 quam] quod *D*²*Q*¹ et *CD*¹*ER*, *om. cet. v* post *CDER*, etiam post *cet. v* appellatum *D*²*Q* 11 quisquam *V* inquam] iniquam *B*², inquiam *S*² mutauero *H* 13 docit *C*¹, ducit *D*¹, dn̄s docet (dn̄s *m. 2 s. l.*) *QS* facite** *D*¹ bonam] malam *E*¹*F*¹ et] aut *C*¹*D*¹ fructū* (s *ras.*) *E* 14 eius] est *C*¹*D*¹ bonum] malum *E*² facite** *D* ƀo malum *B* 16 est] ei' *R* quippe est hominis *BFGQ*, q. hominis est *D*²*Ov*, q. esse hominis *N* uoluntatem in melius *B* 17 ea—nulla *om. H* ea] eius *Q*¹ est] deest *H* 18 **filios (in *ras.*) *E*, filius *C*¹*D*¹

cum enim hoc sit in potestate, quod, cum uolumus, facimus, nihil tam in potestate quam ipsa uoluntas est. sed praeparatur uoluntas a domino. eo modo ergo dat potestatem.
6 sic intellegendum est et quod dixi postea: *in nostra potestate esse, ut uel inseri bonitate dei uel excidi eius seueritate mereamur*, quia in potestate nostra non est, nisi quod nostra assequimur uoluntate, quae cum fortis et potens praeparatur a domino, facile fit opus pietatis, etiam quod difficile atque inpossibile fuit.
7. Hic liber sic incipit: *De eo, quod scriptum: in principio deus fecit caelum et terram.*

CAPVT XXII. (XXIII.

EXPOSITIO QVARVNDAM PROPOSITIONVM EX EPISTVLA APOSTOLI AD ROMANOS.

1 Cum presbyter adhuc essem, contigit, ut Carthagine inter nos, qui simul eramus, ad Romanos apostoli epistula legeretur,

2 et 7 Prou. 8, 35 sec. LXX 4 c. Adim. 27, 1 (p. 186, 26 sqq.) 10 Gen. 1, 1

1 sit enim hoc *O* (2) potestatē *C*[1]*D*[1] uoluimus *Q* 2 ipse *H*[1] praeparamur *Q*[1] 3 ergo modo *P* 4 et *om. OP* postea dixi *G* 5 ut *om. CD* inferi *F* bonitati *D*[2]*Pa*, bonitatem *E*[1] 6 *pr.* nr̄a*** (est *ras.*) *N* non] nos *M pr.* nostra *CE*, nostram *cet. v* 7 assequimur *CD*[1], sequimur *E*[2], sequitur *cet. v* sequitur nostram *F* uoluntate *D*, uolantate *E*, uoluntatem *cet. v* q: (a *s. l.*) *C* 8 sit *FG* opus] o *H* piaetatis *D*, potestatis *V* atque] aq: *C*[1]*D*[1] 10 hic—terram *D*[2] *in ras.* de eo] deo *Q* scriptum *C*, s. est *cet. v* in *om. C* 11 deus fecit *CE*, fecit deus *cet. v* et terram *om. F* 12 XXIII *v*, *om. BFPQ* 13 expositio—propositionum *D*[2] *in ras.* propositio *H*[1] 14 epistula *C*[1]*D*[1]*M*, epistola pauli *F*, epistola *cet.* apostoli *om. O* romanus *D*[1], romanos ł ·I· *R* 15 presbiter *BCDGHMQS*, prespiter *F* conti*git (n *ras.*) *CD* ****carthagine (i *s. l.*) (i *alt. m. 2*) *C*, carthaginem *D*[1], apud cartaginem *GS*, apud chartaginem *P*, ap. karthaginem *EN*, ap. kartaginem *O*, apud carthaginem *cet. v* 16 romanus *C*[1]*D*[1] epistula *E*[1]*M*, epistola *cet. v* epistola apostoli *a* legeretur epistola *N*

et quaedam interrogatus a fratribus quibusdam cum sicut poteram responderem, uoluerunt scribi potius, quae dicebam, quam sine litteris fundi. ubi cum eis obtemperarem, liber unus accessit superioribus opusculis meis.

In quo libro: *quod autem ait*, inquam, *scimus, quia lex* 2
spiritalis est; ego autem carnalis sum, satis ostendit
non posse inpleri legem nisi ab spiritalibus, quales facit gratia
dei. quod utique non ex persona apostoli accipi uolui, qui iam spiritalis erat, sed hominis sub lege positi, nondum sub gratia. sic enim prius haec uerba sapiebam, quae postea lectis quibusdam diuinorum tractatoribus eloquiorum, quorum me moueret auctoritas, consideraui diligentius et uidi etiam de ipso apostolo posse intellegi, quod ait: scimus, quia lex spiritalis est; ego autem carnalis sum, quod in eis libris, quos contra Pelagianos nuper scripsi, quantum potui, diligenter ostendi. in isto ergo libro et hoc, quod dictum est: ego autem carnalis sum et deinde cetera usque ad eum locum, ubi dixit: miser ego homo, quis me liberabit de

5 Expos. ep. ad Rom. prop. 41 Rom. 7, 14 9 Rom. 1, 11 Rom. 6, 14 sq. 11 Cyprian. de dom. or. 16 (I, 278 Hart.) Ambros. de paenit. I, 3 15 Aug. de grat. Chr. 43. c. duas epp. Pel. I, 17—25. c. Iulian. II, 3. VI, 23, 70. op. inp. c. Iul. I, 99. Serm. 154. cf. ad Simplic. I, 1. expos. ep. ad Gal. c. 5. de ciu. dei XXII, 21 18 Rom. 7, 24 sq.

1 quadam *E* interrogatus *scripsi*, interrogata $C^{1}D^{1}ERS^{2}$ (*mg.*), interrogabar *cet. v* quibusdam $BC^{1}D^{1}EFGM^{2}NRS$, quibus *cet. v* dum *Q* sicut (t *m. 2*) *C*, sicum D^{1} 2 potui D^{2} responderē* *C*. respondissem *P* uoluerunt *om.* $C^{1}D^{1}R$, *post* potius *posuit* D^{2} dacebam D^{1} 3 ei*s (u *ras.*) *D* obtemper(.)m *H*, obteperarem *Q* 5 quia *om. E* 6 ostendi *a* 7 a *OPSV* spiritalibus (b *m. 2 in ras.*) *M* fecit D^{2} 8 apostoli *om.* $C^{1}DR$ accepi C^{1} accipi apostoli *E* 9 homines M^{2} possiti *H* 10 prius] prauis *H* uerba *C*, uerba* *D* uerba haec *B* sapiebat H^{1}, sapiebant H^{2} 11 tractatoribus diuinorum *O* eloq. tractatoribus *a* 12 mouerit $C^{1}D^{1}$, moret H^{1} consideraui (ui *m. 2 in ras.*) *D* *etiam *D* 13 apostulo *V* quia *CD*, quoniam *cet. v* 14 est *om. B* carnalis sum *om. B* quod—17 sum et *om.* $C^{1}D^{1}R$ 15 pelagianos C^{2} nuber E^{1} 16 ergo *om. O* quod *om. H* 18 dixit $CD^{1}ER$, dicit *cet. v* liberauit $C^{1}HR^{1}S$

corpore mortis huius? gratia dei per Iesum Christum, dominum nostrum, dixi hominem describi adhuc sub lege, nondum sub gratia constitutum, bene facere uolentem, sed uictum concupiscentia carnis male facientem. a cuius concupiscentiae dominatu non liberat nisi gratia dei per Iesum Christum, dominum nostrum dono spiritus sancti, per quem diffusa caritas in cordibus nostris uincit carnis concupiscentias, ne consentiamus eis ad male faciendum, sed potius bona faciamus. unde quidem iam euertitur heresis Pelagiana, quae uult non ex deo nobis, sed ex nobis esse caritatem, qua bene ac pie uiuimus. sed in illis libris, quos aduersus eos edidimus, etiam spiritalis hominis iamque sub gratia constituti melius intellegi uerba ista monstrauimus propter corpus carnis, quod spiritale nondum est, erit autem in resurrectione mortuorum, et propter ipsam carnis concupiscentiam, cum qua ita confligunt sancti non ei consentientes ad malum, ut tamen eis motibus, quibus repugnantibus resistunt, non careant in hac uita. non eos autem habebunt in

4 I Io. 2, 16 5 Rom. 7, 25 6 Act. 2, 38 7 Rom. 5, 5 I Io. 2, 16 10 Aug. de haeres. c. 88 11 Aug. c. duas epp. Pel. I, 10, 17. de perf. iust. hom. 11, 28. de grat. Chr. 39, 43 sq.

2 dominum nostrum *om.* *H* dixi *del.* *P* descripsi *P*, scribi *H* 3 non *H* uoluntatem *EF*¹*O*¹ 4 con*cupiscentia *C*, concupiscentia* *D*, concupiscentię *S* carnis—concupiscentiae *E*² *in mg.* con*cupiscentiae *C* 5 liuerat *E*¹ 6 dominum nostrum *om.* *MOPV* dono *om.* *H* scs *ex* sci *corr.* *H*² 7 quae *D*¹ difusa *P*, diffusa est *CS* uicit *G*¹, uincimus *E*² carnis* (nis *in ras.*) *H* 8 concupiscentiam *CD*¹ 9 potius *om.* *O* quidem *om.* *a* uertitur *M*, euertatur *Q*¹ hereses *S*¹ euertitur h. iam *B* 10 pelagiena *P*, pelagyana *F* non ex—p. 109, 3 paulo post *om.* *P* *alt.* ex *om.* *R*¹ 11 qua* (e *ras.*) *M*, quia *D*¹ pieque (*om.* ac) *a* uiuamus *D*²*Q* 12 ededimus *V* iamquae *D*, que iam *Q* 14 carnis corpus *SVv*, carnis opus *O* quod] dñs *add.* *M*² *in mg.* 15 resurreccionem *D*¹ ipsam *om.* *a* concupiscentiam carnis *C*, *corr.* *m. 1* 16 ita *om.* *F*¹ configunt *B*¹ scl* *C* ei* (s *ras.*) *O* 17 eius *EHMOPQ*²*Vv* quibus] in q. *H* repugnantes *FH*

illa, ubi absorbebitur mors in uictoriam. propter hanc itaque concupiscentiam motusque ipsius, quibus ita resistitur, ut tamen sint in nobis, potest quisque sanctus iam sub gratia positus dicere ista omnia, quae esse dixi uerba hominis nondum sub gratia positi, sed sub lege. quod hic ostendere longum est et ubi id ostendi dictum est.

(2) Item quod disputans, quid elegerit deus in nondum nato, 3
cui dixit seruiturum esse maiorem, et quid in eodem maiore similiter nondum nato reprobauerit, de quibus propter hoc commemoratur quamuis longe postea prolatum propheticum testimonium: Iacob dilexi, Esau autem odio habui, ad hoc perduxi ratiocinationem, ut dicerem: *non ergo elegit deus opera cuiusquam in praescientia, quae ipse daturus est, sed fidem elegit in praescientia, ut, quem sibi crediturum praesciuit,*

1 I Cor. 15, 54 3 Rom. 6, 14 6 Retract. I, 22, 2 (p. 105, 15) 7 *Item quod*—110, 18 *tractauerim*] Aug. de praedest. sanctt. 3, 7 sq. Aug. (Hilar.) ep. 226, 3 11 Rom. 9, 13. Mal. 1, 2 sq. 12 Expos. ep. ad Rom. 60. cf. Aug. de praedest. sanctt. 1, 3

1 absoruebitur E^1H, absorbitur $B^1C^1D^1R$ uictoria BD^2E^2HOSa itaquae D, quippe B 2 ipsos $BEFGQRS$, *om.* a ut (t *s. l.*) CD 3 sanctis E^1 positus] potius GS^1 4 quae C^1DH, quae hic *cet.* v 5 hic (ic *in ras.*) C longum est ostendere E 6 ubi id D^1ERS^2 *mg.*, ubi *** id (hoc *ras.*) C, ubi hoc *cet.*, hoc ubi v ostendi D^1ER, osten**di (erī *ras.*) C, ostenderem BGS, ostenderim *cet.* v 7 item quod] itemque O, item Qv disputas H *elegerit (d *ras.*, i *ex* e) C, elegeret D^1, legerit E^1, egerit H nato (o *in ras. m. 2*) C, natus D^1, nato* S 8 cui] cum O maiore D^1 et—maiore *om.* H odem D^1 9 nato* C, natum D^1H reprobaberit V propter *expunxit* E^2 10 postea *om.* B probatum a *in mg.* profeticum H, proticum E^1 11 dilexi** C, dilexi* (t *ras.*) D odio *om.* B, hodi S abui Q 12 huc B^1, hanc B^2 praedixi S^1 ratiocinationem (natio *in ras.*) C ut dicerem (ic *s. l.*) C, D^2 *in ras.* ergo] enim BF eligit D^2M 13 operam CD^1, **** opera (ergo *ras.*) H in praescientia G^2R^2 *in ras.*, in praesentia Q^1a (*mg.*) in praescientia—elegit *om.* F^1 ipsi B^1 14 eleget C^1, eligit BD^2M praestiencia C^1, praescientiā E^1, praesentia Q^1a (*mg.*) crediturum D^1, crediturum*** (esse *ras.*) C, crediturum esse *cet.* v

ipsum elegerit, cui spiritum sanctum daret, ut bona operando etiam aeternam uitam consequeretur, nondum diligentius quaesiueram nec adhuc inueneram, qualis sit electio gratiae, de qua idem dicit apostolus: reliquiae per electionem gratiae factae sunt; quae utique non est gratia, si eam merita ulla praecedunt, ne iam quod datur non secundum gratiam, sed secundum debitum reddatur potius meritis quam donetur.
4 proinde quod continuo dixi: *dicit enim idem apostolus: idem deus, qui operatur omnia in omnibus; nusquam autem dictum est: deus credit omnia in omnibus,* ac deinde subiunxi: *quod ergo credimus, nostrum est, quod autem bene operamur, illius est, qui credentibus dat spiritum,* profecto dicere non deberem, si iam scirem etiam ipsam fidem inter dei munera reperiri, quae dantur in eodem spiritu. utrumque ergo nostrum est propter arbitrium uoluntatis et utrumque tamen datum est propter spiritum fidei et caritatis. neque enim

4 Rom. 11, 5 8 Expos. ep. ad Rom. 60 9 I Cor. 12, 6 14 I Cor. 12, 9 16 II Cor. 4, 13

1 elegeret C^1, eligeret BC^2, eligerit G^1, eligerat H^2, elegit *E* donaret *B* 2 aetiam *D* uitam aeternam *Nv* consequaeretur *D*, sequeretur *H*, consequetur R^1, consequantur B^1 quaesiueram diligentius *N* 3 de qua—gratiae *om. H* de grąę qua *Q* 4 reliquae E^1 eleccionem *D* 5 factae $C^1D^1E^1M^1R^1$ (*graece* λεῖμμα κατ᾽ ἐκλογὴν χάριτος γέγονε), saluae factae *cet. v* factae sunt *expunxit* H^2 ****eam *C* merita ulla* *C*, m. ullam D^1 6 praecedant G^1Hv ne (n *in ras.*) *C*, e *in ras.* D^2, nec M^1 non—donetur F^2 *in ras. et in mg.* gratiam—secundum *om.* S^1 7 debitum (m *m. 2 in ras.*) *C* quam meritis BF^2GNQS, quam sine m. D^2 meretis C^1, meretur (e *alt. ex* i) *H* quam *expunxit* D^2 donetur] gratiae *add.* E^2 *s. l.* 8 *pr.* idem *om.* HQ^1 apostolus *om.* Q^1 9 nusquam—omnibus G^2 *in ras.* Q^2 *in mg.* 10 d*eind*e (i *ras.*) *CD* subiuncxi MQ^1 11 bene CD^1ER, *om. H*, bonum *cet. v* 12 spiritum CD^1R, sp. sanctum *cet. v* dicere non deberem CD^1, non deberem D^2, non dicerem *cet. v* 13 scirem (m *del. m. 2*) *M*, sci***ferem (i *s. l.*) *D* muneram C^1D^1 14 repperiri C^1D^1EF *GHMRV* utrumquae *D* 15 tamen *om.* F^1 16 propter CD^1, per *cet. v*

sola caritas, sed, sicut scriptum est, caritas cum fide a
deo patre et domino nostro Iesu Christo.
(3) Et quod paulo post dixi: *nostrum est enim credere et uelle,* 5
illius autem dare credentibus et uolentibus facultatem bene
operandi per spiritum sanctum, per quem caritas diffun-
ditur in cordibus nostris, uerum est quidem, sed ea regula
et utrumque ipsius est, quia ipse praeparat uoluntatem, et
utrumque nostrum, quia non fit nisi uolentibus nobis. ac per 6
hoc, quod etiam postea dixi: *quia neque uelle possumus, nisi*
uocemur, et cum post uocationem uoluerimus, non sufficit uoluntas
nostra et cursus noster, nisi deus et uires currentibus praebeat
et perducat, quo uocat, ac deinde subiunxi: *manifestum est*
ergo non uolentis neque currentis, sed miserentis dei
esse, quod bene operamur, omnino uerissimum est. sed parum
de ipsa uocatione disserui, quae fit secundum propositum
dei; non enim omnium, qui uocantur, talis est, sed tantum
electorum. itaque quod paulo post dixi: *sicut enim in his,* 7
quos elegit deus, [non opera, sed] fides incoat meritum, ut
per munus dei bene operentur, sic in his, quos damnat, infi-
delitas et inpietas incoat poenae meritum, ut per ipsam poenam

1 Eph. 6, 23 3 Expos. ep. ad Rom. 61 5 Rom. 5, 5 7 Prou. 8, 35 sec. LXX 9 Expos. ep. ad Rom. 62 13 Rom. 9, 16 15 Rom. 9, 11 18 Marc. 13, 20. Act. 1, 2

3 dixi] dicere P^2 *s. l.* enim est *B* credere] et c. D^2Q 4 dare] tñ *H* 5 caritas] c. dei $BFGNQ^1$ 6 ea $C^1D^1E^1R$, & E^2, eadem *cet. v* regula *expunxit* E^2, recula C^1 7 uoluntantem *B*, uoluntate D^1 8 fit *ex* sit *E* 9 etiam quod *H* 11 ueres C^1D^1 curentibus E^1 praeueniat *E* 12 ducat *E* quo* (d *ras.*) *C*, quod *D* ac] *ac (h *ras.*) *CD*, et *O* subiunxi] quod s. E^2, subiunxit *S* 13 uolentes D^1 miserenti C^1, miserentis ẹṣṭ *V*, miserantis *BF*, miseren D^1 14 omnino] et o. *N* paruum B^1 15 sẹcundum *C*, *om.* R^1 prepositum *S* 16 enim] ee *H* tantum] tñ *H* 17 ihis *O*, iis *m* 18 eligit *MPQm* ds *ex* sed *corr.* C^2, *om.* *E* non opera sed *inclusi*, *om.* CD^1R fidei (i *alt. ex* s) E^2R incoat EOR^1S, inquoat C^1D^1, in quo** D^2, inchoat *cet. v* 19 manus EM^2P^1 iis *m* dampnat S^2 20 et inpiaetas *del.* D^2 incoat D^1E, inquoat C^1, inchoat *cet.* poene *M*, pene *C*, paene *D* merito C^1D^1 ****ipsam *B*

etiam male operentur, uerissime dixi, sed fidei meritum etiam ipsum esse donum dei nec putaui quaerendum esse nec dixi.

8 Et alio loco: *cuius enim miseretur,* inquam, *facit eum* (4)
bene operari, et quem obdurat, relinquit eum, ut male operetur. sed et illa misericordia praecedenti merito fidei tribuitur et ista obduratio praecedenti inpietati. quod quidem uerum est, sed adhuc quaerendum erat, utrum et meritum fidei de misericordia dei ueniat, id est utrum ista misericordia ideo tantummodo fiat in homine, quia fidelis est, an etiam facta fuerit, ut fidelis esset. legimus enim dicente apostolo: misericordiam consecutus, ut fidelis essem, non ait: quia fidelis eram. fideli ergo datur quidem, sed data est etiam, ut esset fidelis.
9 rectissime itaque alio loco in eodem libro dixi: *quoniam si non ex operibus, sed misericordia dei et uocamur, ut credamus, et credentibus praestatur, ut bene operemur, non est gentibus ista inuidenda misericordia,* quamuis minus ibi diligenter de illa, quae per dei propositum fit, uocatione tractauerim.
10 Hic liber sic incipit: *Sensus hi sunt in epistula Pauli ad Romanos.*

4 Expos. ep. ad Rom. 62. Rom. 9, 18 11 I Cor. 7, 25 14 Expos. ep. ad Rom. 64 15 Rom. 8, 28

1 uerissimae *D* 2 *alt.* nex *Q* 4 et *om. H* meretur H^1 fecit F^1 5 relinquid $C^1D^1H^1$ mala D^1HORa 6 *pr.* et *om.* ES^1, in Q^1 merito —praecedenti *om. R* 7 inpiaetati *D*, impietati* *V*, impietate *B* 8 quaendum C^1, quendam D^1 de *om. OPa* misericordiam *a* 9 dei *om. BE* praeueniat *OPa* 11 dicentem C^1H^1 12 consecutus C^1D^1, consecutus (consequutus *EH*) sum *cet. v* quia] qua C^1D^1 erant *G* 13 fideli] fidelis *N* ergo] enim *F* fidelis esset *F*, essem fidelis *O* 14 rectissimae *D* in eod(em) *C in ras.* libru*(m *ras.*) D^1, loco *G* si *om. E* 16 ut C^2D^2 *s. l.* operamur C^1 17 mi*sericordia (ericordia *m. 2 s. l.*) *C* minus D^2 *s. l.*, munus B^1 ibi minus *Oa* 18 per] opere *S* prepositum *S* tractauerim *om. H* 19 hi] hii EH^1NOR in—romanos D^2 *in ras.* epistola *CDHS* pauli ad romanus (us *in* os *corr. m. 2*) *CE*, pauli apli ad romanos *R*, ad romanos apostoli D^2, ad rom. pauli apostoli *cet. a*

XIIII.)

CAPVT XXIII.

EXPOSITIO EPISTVLAE AD GALATAS LIBER VNVS.

Post hunc librum exposui eiusdem apostoli epistulam ad 1
Galatas non carptim, id est aliqua praetermittens, sed continuanter et totam; hanc autem expositionem uno uolumine conprehendi.

In quo illud, quod dictum est: *priores ergo apostoli ueraces,* 2
qui non ab hominibus, sed a deo per hominem missi sunt, per Iesum Christum scilicet adhuc mortalem; uerax etiam nouissimus apostolus, qui per Iesum Christum totum iam deum post resurrectionem eius missus est, propter inmortalitatem dictum est: *totum iam deum,* quam post resurrectionem habere coepit, non propter diuinitatem semper inmortalem, a qua numquam recessit, in qua totus deus erat, et cum moriturus adhuc erat. hunc autem sensum sequentia manifestant. adiunxi enim dicens: *priores sunt ceteri apostoli per Christum adhuc ex parte hominem, id est mortalem; nouissimus est apostolus Paulus per Iesum Christum iam totum deum, id est omni ex parte inmortalem.* hoc enim dixi, quod ait apostolus: n o n a b h o m i n i b u s n e q u e p e r h o m i n e m, s e d p e r I e s u m C h r i-

7 Expos. ep. ad Gal. 2 19 Gal. 1, 1

1 XXIV *v, om. BEFPQR* 2 exposicio C^1, in expositionem *B* epis *C*, aepistulae D^1, epistola *H* galathas *BEFMNORS*^{2} unus *om. H* 3 epistola (a *in ras. m. 2*) *C*, aepistulam *D* 4 galathas *BFNORS* praemittens D^1 continuantur D^1E^1, continuatim *O* 5 et] .i. (= id est) *B* totum *a* expositionem—conprehendi H^2 *in mg.* 6 cō*prehendi *C*, conpraehendi *DM* 7 in quo *C in ras.* priores] et pr. *OP* ergo] autem *P* uaraces E^1 8 omnibus *E* ominem C^1 9 mortale D^1 etiam] et *P* 10 qui *om. R* totum—dictum est *exp.* D^2 post E^2 *s. l.* 11 eius—resurrectionem Q^2 *in mg.* 12 *post* deum *add.* D^2 *s. l.* propter immortalitatē 13 proter *S* diuitatem E^1 14 et] ut *R*, et tunc cum (tunc cum *s. l. m. 2*) *F* moriturus] commoriturus· F^1, tamen moriturus *a* adhuc] tunc *F* adhuc moriturus *P* 15 esset E^2 manifestat D^1 adiuncxi *V* 16 apostuli *V* Christum] iesum chr. *Nv* Christum—per *om. H* 17 paulus apostolus *a* 18 iesum CD^1, *om. cet.* ex omni *Bv* 19 dixi C^1D^1, dixi exponens *cet. v* 20 omnibus E^1

stum et deum patrem, quasi iam Iesus Christus non sit homo. sequitur enim: qui suscitauit illum a mortuis, ut hinc appareret, cur dixerit: neque per hominem. proinde propter inmortalitatem iam nunc non homo Christus deus, propter substantiam uero humanae naturae, in qua ascendit in caelum, etiam nunc mediator dei et hominum homo Christus Iesus, quoniam sic ueniet, quomodo eum uiderunt, qui uiderunt euntem in caelum.

3 Item quod dixi: *gratia dei est, qua nobis donantur peccata,* (2)
ut reconciliemur deo; pax autem, qua reconciliamur deo, sic accipiendum est, ut tamen sciamus etiam utrumque ad generalem dei gratiam pertinere, quomodo in populo dei aliud specialiter Israhel, aliud Iudas, et tamen utrumque generaliter Israhel.

4 item cum exponerem: *quid ergo? lex transgressionis gratia proposita est,* ita distinguendum putaui, ut interrogatio esset: *quid ergo?* ac deinde responsio: *lex transgressionis gratia proposita est.* quod quidem non abhorret a uero; sed melior mihi uidetur ista distinctio, ut interrogatio sit: quid ergo lex? et inferatur responsio: transgressionis

5 Act. 2, 34. Rom. 10, 6 6 I Tim. 2, 5 8 Act. 1, 11 9 Expos. ep. ad Gal. 3 14 Id. 24 Gal. 3, 19 18 Aug. ep. 82, 20

1 iesus *om.* *F* 2 a *om.* E^1 3 hic *N* apparerent H^1 quur EHP^1 proinde] pr. autem *Q* 4 inmortalitatem (in *et* tem *in ras.*) *C* tunc *F* dī *P* 5 humanae naturae *CD*, naturae h. *cet.* *v* in CD^1EOPR, cum *cet.* *v* ascindit *V* 6 caelo C^1D^1 nunc *om.* *HOPa* mediatur D^1 homo *om.* *BF* 7 Iesus] deus D^2Q uenit Q^1 8 qui uiderunt *om.* CD^1Ha euntem] eum euntem *M* celo C^1 9 qu∗a *S* 10 reconc∗iliemur (h *ras.*) *E* reconchiliamur E^1, reconciliemur BO^1S 11 tamen (t *add. m. 2*) *C*, a me ne D^1 ∗sciamus *C* etiam *om.* *Q*, *del.* D^2 12 dei populo *Q* specie aliter S^1, specilia R^1 13 iuda∗ (s *ras.*) *D* tamen (t *s. l. m. 2*) *C* 15 posita BE^2OPQ^2Va distingendum C^1 16 quid (id *in ras.*) *C* ac] hac *M* ac—responsio G^2 *in mg.* 17 posita BE^2HOPQ^2Va quidam M^1, qui∗dem (q *ras.*) *E* aborret $C^1D^1E^1PS$, abhorreret BM^1, abhoret *H* a uero non abhorret *G* 18 intergatio *E*

gratia proposita est. quod autem dixi: *ordinatissime itaque* 5
subiungit: quod si spiritu ducimini, non adhuc estis sub lege, ut intellegamus eos esse sub lege, quorum spiritus ita concupiscit aduersus carnem, ut non ea, quae uolunt, faciant, id est, non se teneant inuictos in caritate iustitiae, sed a concupiscente aduersus se carne uincantur, hoc ex illo sensu est, quo sentiebam id, quod dictum est: caro concupiscit aduersus spiritum, spiritus aduersus carnem; haec enim inuicem aduersantur, ut non ea, quae uultis, faciatis, ad eos pertinere, qui sub lege sunt, nondum sub gratia. adhuc enim non intellexeram haec uerba et illis, qui sub gratia sunt, non sub lege, propterea conuenire, quia et ipsi concupiscentias carnis, contra quas spiritu concupiscunt, quamuis eis non consentiant, nollent tamen illas habere, si possent. non ideo, non quaecumque uolunt faciunt, quia uolunt eis carere nec possunt. tunc enim eas non habebunt, quando nec corruptibilem carnem.

Hic liber sic incipit: *Causa, propter quam scribit apostolus* 6
ad Galatas, haec est.

1 Expos. ep. ad Gal. 47 2 Gal. 5, 18 7 Gal. 5, 17 10 Rom. 6, 14 sq. cf. Retract. I, 22, 2 13 I Io. 2, 16

1 posita $BE^{2}OPQVa$ dixi** (qđ *ras.*) *H* ordinatissimae $C^{1}D^{1}$ itaquae (quae *exp. m. 2*) *D* 2 subiunxit *BEFGNQSm* spiritu] sp. dei $BFGM^{2}N$ ducimini *C* adhuc non $D^{2}QS$, non (*om.* adhuc) *N* 3 eos *om. B* 4 nolunt *H* 5 iusticię C^{1} 6 aduersus CD^{1}, aduersum *cet. v* uincatur P^{1} sensa E^{1} 7 quo] quod $EM^{1}R$ senciebam C^{1} scriptum $D^{2}Q$ est**** *M* aduersum *G* 8 spiritus $C^{1}D^{1}$, sanctus *H*, et sp. *cet. v* 9 inuicem] sibi i. *Ov* 11 enim *bis G* non] nondum *a* illius H^{1} 13 concupiscentiis *B* concupescunt D^{1} 14 consenciant C^{1}, consentiunt $Q^{1}a$ nollē *H* illas *CDV*, ullus *G*, eas *Oa*, ullas *cet. m* 15 possint *V* *pr.* non $C^{1}D^{1}R$, et *cet. v* quecumquae****** (cumque *ras.*) *M* 16 carere (ere *in ras.*) *M* nec] et non *O* *eas (m *ras.*) *CD* eas enim H^{1} habunt M^{1} 17 corruptiuilem C^{1} 18 incipiunt M^{1} scripsit *HPR* apost *CD* 19 galathas $BFNORS^{2}$ ad—est *om. m*

CAPVT XXIIII. (XXV.)

EPISTVLAE AD ROMANOS INCOATA EXPOSITIO, LIBER VNVS.

1 Epistulae quoque ad Romanos sicut ad Galatas expositionem susceperam. sed huius operis, si perficeretur, plures libri erant futuri, quorum unum in sola disputatione ipsius salutationis absolui, ab initio scilicet usque ad illud, ubi ait: g r a t i a u o b i s e t p a x a d e o p a t r e n o s t r o e t d o m i n o I e s u C h r i s t o. factum est quippe, ut immoraremur, cum uellemus soluere incurrentem sermoni nostro difficillimam quaestionem de peccato in spiritum sanctum, quod n o n r e m i t t i t u r n e q u e i n h o c s a e c u l o n e q u e i n f u t u r o. sed deinde cessaui alia uolumina adiungere exponendo epistulam totam, ipsius autem operis magnitudine ac labore deterritus et in alia faciliora delapsus sum. ita factum est, ut librum, quem feceram primum, relinquerem solum, cuius esse titulum uolui: epistulae ad Romanos incoata expositio.

7 Rom. 1, 7 11 Aug. Serm. 71 Ep. ad Rom. inc. expos. 14 sqq. Matth. 12, 32

1 XXV *v.*, *om.* *BFPQR* 2 epistolae C^2, epistola *EP* romanus C^1D^1 incoata C^1, inchoatae *HOa*, incoat D^1, inchoata *cet.* exposicio C^1 liber (e *m. 2*) *C* 3 unus *om.* *V* 4 epistulae D^1EM, epistolae *cet.* quoque *om.* *O* romanus C^1 galathas $BFNORS^2$ expos*itionem (s *ras.*) *M*, exposicioni C^1, expositione D^1 5 susceperam] inchoaueram BEG^1NS^2 (*mg.*), incoaueram *F*, inquoaueram Q^2 perficerentur M^2, perciperetur E^2 plures *M in ras.* libri (ri *in ras.*) *M* 6 sula C^1V, lusa D^1 disputatio E^1 solutationis *G*, solutionis *FN* 7 inicio C^1 scilicit C^1V 8 *pr.* et] ex *D* nostro *C*, *om.* *MO* domino nostro *a* 9 quippe est *BDGNQS* immoraretur E^1 com C^1, con D^1 10 incurrentem *C*, incorrentem D^1, incidentem HMO^2QSv, incedentem $BGNO^1V$, incedenti *P* sermone *P* 11 spiritu sancto *S*, spu scm *D* remittitur D^1a, remitti*tur *C*, remittatur *cet.* *m* 12 alia uolumina cessaui *v* 13 epistulam *EM*, epistolam *cet.* autem *om.* C^2HM^1OPVv 14 magnitudine* (m *ras.*) *S* delapsus D^1RS^2, delapsus *C*, alibi defluxus delapsus *E*, deflexus *cet.* *v* 15 lebrum C^1 quam G^1, que *O* feceram C^1 relinquaerem *D* 16 romanus C^1 17 incoata $C^1D^1E^2$, inchoatae *SVa*, incoato E^1, inchoata *cet.* exposicio C^1

Vbi quod dixi, *gratiam esse in dimissione peccatorum, pacem* 2
uero in reconciliatione dei, ubicumque hoc dixi, non sic accipiendum est, ac si pax ipsa et reconciliatio non pertineat ad gratiam generalem, sed specialiter gratiae nomine remissionem significauerit peccatorum, sicut legem et specialiter dicimus, secundum quod dictum est: lex et prophetae, et generaliter, ut in ea sint et prophetae.

Hic liber sic incipit: *In epistula, quam apostolus Paulus* 3
scripsit ad Romanos.

XVI.)

CAPVT XXV.

DE DIVERSIS QVAESTIONIBVS OCTOGINTA TRIBVS LIBER VNVS.

Est etiam inter illa, quae scripsimus, quoddam prolixum 1
opus, qui tamen unus deputatur liber, cuius est titulus: de diuersis quaestionibus octoginta tribus. cum autem dispersae fuissent per cartulas multas, quoniam ab ipso primo tempore conuersionis meae, posteaquam in Africam uenimus, sicut

1 Ep. ad Rom. inc. expos. 23 6 Matth. 22, 40. Rom. 3, 21 7 Rom. 6, 14 sq. I Cor. 9, 21. Gal. 4, 5

1 quo *B* esse] eius *D*[2] dimisionē *H*, remissione *a* 2 reconciliationem *C*[1]*D*[1]*GHR*, reconchiliatione *E*[1] ubicumquae *D* 3 *reconciliatio (r *in ras. m. 2*) *C*, reconchiliatio *E*[1] pertinead *C*[1], perteneat *V*, pertineant *Q*[2]*R*, pertinent *Q*[1] 4 sed *C*[1]*DF*, sed quod *cet. v* nomine gratiae *v* 5 et legem et *N*, et legem *a* 6 quod dictum *om. O* et generaliter—prophetae *om. R* 7 et *om. V* 8 epistolam *C*[1]*R*; aepistulam *D*[1] quam *om. F* apostolus paulus *BCD*[1]*ER*, paulus *O*, paulus apostolus *cet. v* 9 scribit *EMOPV* romanus *C*[1]*D*[1] 10 XXVI *v*, *om. BFPQ* 11 de diuersis] deuersis *C*[1]*D*[1] questionibus *C* octuaginta *C*[1]*D*[1] 12 liber unus *om. F* 13 aetiam *D*, enim *H* prolix*um (i *ras.*) *D* 14 qui] qua *M*[1] tamen unus] tamenus *C*[1], tamen *D* est titulus *CDER*, titulus est *cet. a* 15 quaesti*onibus (i *ras.*) *D* octuaginta *C*[1]*D*[1], octoaginta *C*[2] octoginta tribus quaestionibus *B* 16 chartulas *GHM*, kartulas *EO* quoniam] quas *CD*[1]*R*; *an scribendum* quae? ab *om. E* tempore primo *B* 17 meae (*** *supra*) *C*, nostrae *HMOPVv* postea (quam) *C in ras.* affricam *BFGQR*, africa* *H*, africa *D* uenimus *om. H*

interrogabar a fratribus, quando me uacantem uidebant, nulla seruata ordinatione dictatae sunt, iussi eas iam episcopus colligi et unum ex eis librum fieri adhibitis numeris, ut quod quisque legere uoluerit facile inueniat.
2 Harum quaestionum prima est: *utrum anima a se ipsa sit;*
3. 4 secunda *de libero arbitrio;* tertia: *utrum deo auctore sit homo*
5 *deterior;* quarta: *quae sit causa, ut sit homo deterior;* quinta:
6. 7 *utrum animal inrationale beatum esse possit;* sexta *de malo;*
8. 9 septima: *quae proprie in animante anima dicatur;* octaua:
10 *utrum per se ipsam moueatur;* nona: *utrum corporis sensibus*
percipi ueritas possit. in qua illud, quod dixi: *omne, quod corporeus sensus adtingit, quod et sensibile dicitur, sine ulla intermissione temporis commutatur*, sine dubio uerum quidem non est in corporibus resurrectionis incorruptibilibus, sed nunc ea nullus nostri corporis sensus adtingit, nisi forte diuinitus
11 tale aliquid reueletur. decima est: *utrum corpus a deo sit;* unde-
12 cima: *quare Christus de femina natus sit.* duodecima loco,
13 ubi titulus est: *sententia cuiusdam sapientis,* non est mea,

11 De diu. quaest. 9

1 uacatem D^1 nulla] n. a me *OPm* 2 obseruata *a* eas (a *m. 2*) *E* iam *om. H* ep̄u*s *C*, episcopos S^1 3 collegi $C^1D^1E^1$ adhibetis E^1 4 quisquae *D* 5 est prima *v* 6 liuero E^1, libro *H*, lib̄ *B* tercia C^1, et tertia *E* deō *C*, e *add.* D^2 7 quarta—deterior Q^2 *s. l.* IIII (ta *m. 2*) *C* *pr.* sit] est *V* ut D^2 *s. l.* deterior *om. O* 8 inrationabile (in *in ras.* C^2) C^2V esse* *CD*, esset *P* posset *OV*, *om. P* 9 propriae C^1DGMP dicitur *MOP*, esse dicatur *a* 10 per seipsā *CD*, p. se ipsa anima *R*, anima per se *OP*, p. se anima *cet. v* moueantur *B*, uoueatur *Q* corporeis *OPv* 11 posset *V* *alt.* quo *C* 12 corporeos *O* et] est D^1 ulla *om. B* 13 temporis] t. alibi BFG^2 (*in mg.*) M^2 (*s. l.*) S^2 (*mg.*) commoueatur $CD^1EG^2RS^2$ (*mg.*), committatur H^1 uerum *C in ras.*, utrum Q^1 quidem *om. F* 14 incorruptibilis *E* nunc] cunctis *E* 15 ea. (s *m. 2*) *C* nullos C^1D nostri* *M* 16 reue*letur (1 *ras.*) *CD* est *om. v* deo sit] dusite *E* 17 quasi *B* femana M^1, femi E^1H sit natus *N*, n. est D^2 duodecimo M^1, XII D^2 locu C^1, locus C^2OPVa 18 *pr.* es C^1D^1

sed quia per me innotuit quibusdam fratribus, qui tunc casu ista diligentissime consulebant, et placuit eis, inter nostra eam scribere uoluerunt. est autem cuiusdam Fontei Carthaginiensis: de mente mundanda ad uidendum deum, quod paganus quidem scripsit, sed Christianus baptizatus est mortuus. tertia
decima est: *quo documento constet homines bestiis excellere;* 14
quarta decima: *non fuisse corpus domini nostri Iesu Christi* 15
phantasma; quinta decima *de intellectu;* sexta decima *de filio;* 16. 17
septima decima *de scientia dei;* octaua decima *de trinitate;* 18. 19
nona decima *de deo et creatura;* uicensima *de loco dei;* uicen- 20. 21
sima prima: *utrum deus mali auctor non sit.* ubi uidendum 22
est, ne male intellegatur, quod dixi: *mali auctor non est, quia omnium, quae sunt, auctor est, quia in quantum sunt, in tantum bona sunt,* et ne hinc putetur non ab illo esse poena malorum, quae utique malum est his, qui puniuntur. sed hoc ita dixi, quemadmodum dictum est: deus mortem non fecit, cum alibi scriptum sit: mors et uita a domino deo est. malorum ergo poena, quae a deo est, malum est quidem malis, sed in

11 De diu. quaest. 21 16 Sap. 1, 13 17 Eccli. 11, 14

1 casu] caso *C*, caso D^1, a me *cet. v* 2 consulebant ES^2, consol·bant C^1D^1, colligebant *cet. v* eis** *D* nostras *RVa* 3 meam *E* scriberet O^1 Fontei] forte Q^1 carthaginensis *D*, cartaginensis *BV*, karthaginiensis *E*, chartaginiensis *G*, chartaginensis *S* 4 quam *V* paghanus C^1D^1, paganos H^1 5 sed] et *H* Christianus] chr. effectus *V* baptizatus (p *et* us *in ras. m. 2*) *C* est C^2 *in ras.*, est et *OP* mortuus est *a* 6 est *om. a* constit (con *in ras.* *C*) C^1D^1 hominis $C^1D^1H^1$, omnia Q^1 bestiis *om. B*, bisteis C^1D^1 excere C^1D^1 7 non—phantasma S^2 *in mg.* fuisse* (se *in ras. C*) *CD* 8 fantasma *BFGHNOPQ* intellecto C^1D^1 filio] f. dei *Hv* 9 trinitate] trina unitate *ORa* 10 XX *CD*, uicesima *FGQ* XXI *CD*, uicesima pr. *FGMQ* 11 auctor mali *OPSv* autor D^1 12 *post alt.* est *per dittographiam repetuntur uerba* non sit—non est (*om.* ubi) *H* 13 quae] qdc D^1 *pr.* sunt] sit *G* 14 poena *C*, pocna *HPR*, poenam *cet. v* 15 iis *m* quę *B* poniuntur C^1D^1 16 quemammodum *M*, quemamodum C^1 cū* *D* 17 alibi (bi *in ras.*) *M* mos D^1 est *M in ras.* 18 deo] domino deo *a* malum *ex* multum *corr. E*

bonis dei operibus est, quoniam iustum est, ut mali puniantur,
23 et utique bonum est omne, quod iustum est. uicensima
24 secunda est: *deum non pati necessitatem.* uicensima tertia
est: *de patre et filio.* ubi dixi, *quod cum ipse genuerit, de qua sapiens dicitur, sapientiam;* sed melius istam quaestionem in
25 libro postea de trinitate tractaui. uicensima quarta est: *utrum et peccatum et recte factum in libero sit uoluntatis arbitrio.* quod ita esse omnino uerissimum est, sed ut ad recte
26 faciendum liberum sit, dei gratia liberatur. uicensima quinta
27. 28 *de cruce Christi;* uicensima sexta *de differentia peccatorum;*
29 uicensima septima *de prouidentia;* uicensima octaua: *quare*
30 *deus mundum facere uoluerit;* uicensima nona: *utrum aliquid*
31 *sit sursum aut deorsum uniuerso;* tricensima: *utrum omnia*
32 *in utilitatem hominis creata sint.* tricensima prima nec ipsa mea est, sed Ciceronis. uerum quia et haec per me innotuit fratribus, inter ista, quae colligebant, scripserunt eam uolentes

4 De diu. quaest. 23 med. 6 Aug. de trin. VI, 2, 3 15 Cic. de inuent. II, 53, 159 sqq.

1 dei bonis *H* operibus dei *B* iustum iustum *D* *alt.* est] est quidem *V* poniantur C^1, poniatur D^1 2 omne *om.* *B* uicesima BQS^2 *num. om.* *H* 3 est *om.* *PVv* necessitatem] sed necessitate *R* 4 est *om.* *HSVv*, *del.* D^2 dixi* *D* eum CD^1, eam *cet.* *v* de qua *CDR*, *om.* *E*, qui *H*, qua *cet.* *v* 5 sapientia $BFGN^2RS$ 6 tractaui CD^1EQ^2R, tractabimus P^1, tractauimus *cet.* *v* est *om.* *BPVv* 7 *pr.* et *om.* *a* li*bero *C*, libro H^1NS^1, liuore *E* arbitrio uoluntatis *B* 8 rectae *D* 9 liuerum *et* liueratur E^1 sid *C* gratia dei *a* 10 *pr.* de C^1DER, est de *cet.* Christi] domini *B* sexta] s. est *BFGNPQS* 11 septima est *S* XXIIII (v *add.* *m* 2) *C* 13 scit D^1 aud C^1 uniuerso *mss.*, in uniuerso *v* 14 utilitate CD^1EHR creata (ea *ex* ec *corr.*) *C*, crata D^1 tricesima *FGQS* (*semper*) *post* sint *add.* BD^2EFGNQ^1 (*post* tr. prima Q^2RS^1) *haec uerba:* eum (deū D^2) qui ut (ut *om.* *R*) uult (u** D^2) uiuit beatum (beatu* D^2) esse; S^2 *adiungit:* utrū qui uult uiuit beatum esse tricensima prima *om.* *E* 15 est *om.* *F* siceronis *Q* uerum tamen *a* 16 qua E^1 ista] ea D^2, illa *a* colligebat H^1 scribserunt (ib *in ras.*) *M* eam G^2 *s. l.*

nosse, quemadmodum uirtutes animi ab illo diuisae atque
definitae sint: tricensima secunda est: *utrum rem illam alius* 33
alio magis intellegat atque ita eiusdem rei per infinitum eat
intellegentia. tricensima tertia est *de metu;* tricensima quarta: 34
utrum non aliud amandum sit quam metu carere; tricensima 35
quinta: *quid amandum sit.* in qua illud, quod dixi: *id esse* 36
amandum, quod nihil est aliud habere quam nosse, non satis
adprobo. neque enim deum non habebant, de quibus dictum
est: nescitis, quia templum dei estis et spiritus dei
habitat in uobis? nec tamen eum nouerant uel non, sicut
noscendus est, nouerant. item quod dixi: *nemo igitur beatam*
uitam nouit et miser est, nouit dixi, quomodo noscenda est.
nam quis eam penitus nescit eorum dumtaxat, qui iam ratione
utuntur, quandoquidem beatos se esse uelle nouerunt? tricen- 37
sima sexta *de nutrienda caritate.* ubi dixi: *deus igitur et*
animus cum amantur, ita proprie dicitur, purgatissima et
consummata, si nihil aliud amatur. quod si uerum est, quo-
modo apostolus ait: nemo umquam carnem suam odio

6 De diu. quaest. 35, 1 9 I Cor. 3, 16 11 De diu. quaest. 35, 1 14 Cic. Tusc. V, 10, 28. cf. Retract. I, 13, 6 15 De diu. quaest. 36, 1 18 Eph. 5, 29

1 quemammodum C^1DM atque (t *ex* d $C^2D^2E^2$) *CDER*, ac *cet. v* 2 diffinitae *BFGN*, difinitae *DQ* sunt *R* XXXI* *E* est *om. QVv* illam CD^1S, ullam *cet.* 3 rei *del.* D^2 eat (e *ex* a *corr.*) *G*, *in ras.* D^2, et C^1 4 XXXII* *E* est *om. HMNOPQV* XXXIII* *E* quarta| q. est *F* 5 quam—amandum sit *om. H* careret CD^1 XXXIIII* *E* 6 amatum P^1 7 nusse C^1 8 de *om. HMOPVm* 9 estis] est C^1D^1. estis uos *RSv* *alt.* dei] *om. F*, scs *B* 10 abitat P^1 nouerat S^1 non *om. Q*, *del.* D^2 11 noscendus (o *ex* a) *S* nuberant C^1, nuberat D^1 quo *P* beatam igitur *GNQS* 12 et] eo *H* *alt.* noui *NR* nuscenda C^1D^1 13 paenitus *DM* 14 utuntur] ut unus H^1, utitur H^2 beatos *om.* F^1, beatus D^1 se *om.* $B^1C^1D^1F^1$ 15 sexta est BD^2FMNQS dixit *E* 16 animas S^1 cum amantur *R*, cumantur C^1D^1, coamantur C^2, cum amatur *OP*, quo amantur H^1, quo amatur *cet. v* ita C^1D^1R, caritas *cet. v; fort.* ita p. dilectio propriae C^1DM 17 consumata D^1S quomodo C^1D^1ER, quomodo ergo *cet. v* 18 ait apostolus *B* hodio S^1

habuit, et ex hoc admonet, ut diligantur uxores? sed ideo
dictum est: *proprie dilectio dicitur*, quoniam caro diligitur
quidem, nec tamen proprie, sed propter animam, cui sufficit
ad usum. nam etsi propter se ipsam uidetur diligi, cum eam
nolumus esse deformem, ad aliud referendum est decus eius,
38 ad illud scilicet, a quo decora sunt omnia. tricensima septima
39 *de semper nato;* tricensima octaua *de conformatione animae;*
40 tricensima nona *de alimentis;* quadragensima: *cum animarum*
41 *natura una sit, unde hominum diuersae uoluntates;* quadra-
gensima prima: *cum omnia deus fecerit, quare non aequaliter*
42 *fecit;* quadragensima secunda: *quemadmodum dei sapientia,*
dominus Iesus Christus, et in utero matris fuerit et in caelis;
43 quadragensima tertia: *quare filius dei in homine apparuit et*
44 *spiritus sanctus in columba;* quadragensima quarta: *quare tanto*
post uenerit dominus Iesus Christus. ubi, cum generis humani
tamquam unius hominis aetates commemorarem, dixi: *nec*
oportuit uenire diuinitus magistrum, cuius imitatione in mores

1 Eph. 5, 25. Colos. 3, 19 11 I Cor. 1, 24 14 Matth. 3, 16

1 habet *BFGHMNSV* ex] et *P* hŏc *C*, hac $BFGHMNS^1$ ammonit C^1D^1 sed] et *B* 2 propriae *DM* dicitur dilectio D^2NQ dilectio—proprie *om. HR* quoniam] qñ· *D*, quando Q^1 3 propriae C^1M *****sufficit CD^1, subiacet D^2HMPQc, subiacit *V*, subiecit $BFGNS^1$, subicitur et *O*, alibi subiā et sufficit *E* 4 etsi] etiamsi *S*, et ipsi *C*, et**si *D* se *om. P* ipsum Q^1 cum] cui *E*, eum *H* 5 uolumus Q^1 esse· *C* defornen *NO* alid C^1D^1 refferendum C^1D^1 6 ad] id est ad *V* illud] aliud BCD^1HP, eius *O* scilicet *om. V* 7 *pr.* de CD^1EPRV, est de *cet. v* confurmatione D^1, confirmatione FH^1 8 nona] n. est *O* ali*mentis (o *ras.*) *D* quadragesima *FGNPQS*, *semper* 9 sit una *B* uolontates C^1, uoluntatis D^1 10 quare (re *in ras.*) *C* 11 fecerit $BD^2FGNOPQSVv$ quemammodum C^1DM 12 fuerat C^1 13 apparu**it *C*, apparuerit *OVa* 15 post] potest Q^1 uenerit CD^1, uenit *cet. v* *post* Christus *add. R:* et non in principio peccati hominis generit C^1D^1 homani C^1 16 aetates *om. E*, aetatem V^1 commemorare *F*, commemorauerim D^2 17 oportuit] o. aetates *EFGN*, o. aetate *S*, o. aetatis *B*, o. ei *Q* immitatione C^1D, imititionem G^1 im mores *CDO*, in memores G^1

optimos formaretur, nisi tempore iuuentutis, et adiunxi ad hoc ualere, quod apostolus dicit: *sub lege tamquam sub paedagogo paruulos custodiens.* sed potest mouere, cur alibi dixerimus Christum in generis humani sexta aetate tamquam in senectute uenisse. hoc ergo, quod de iuuentute dictum est, ad uigorem feruoremque fidei refertur, quae per dilectionem operatur, illud autem de senectute ad temporum numerum. potest enim intellegi utrumque in uniuersitate hominum, quod potest in aetatibus singulorum, sicut in corpore non potest simul et iuuentus esse et senectus, in animo autem potest,
illa propter alacritatem, ista propter grauitatem. quadragensima 46
quinta est *aduersus mathematicos.* quadragensima sexta est 47
de ideis. quadragensima septima: *utrum aliquando cogitationes* 48
nostras uidere possumus. ubi quod dixi: *angelica corpora, qualia nos speramus habituros, lucidissima atque aetheria esse credendum est,* si hoc sine membris, quae nunc habemus, et sine substantia quamuis incorruptibilis, tamen carnis accipiatur, erratur. multo autem melius in opere de ciuitate dei quaestio

2 Gal. 3, 24 sq. 4 Aug. de Gen. c. Manich. I, 23, 40 6 Gal. 5, 6 14 De diu. quaest. 47 18 Aug. de ciu. dei XXII, 29 s. f

1 tempore] in t. D^2NQ iuuentutis] senectutis G^1M^2 *s. l.* NQ^1S^1 2 pedagogo *mss.* 3 paruolus C^1 custodiens *CR*, costodiens *D*, custodito *E*, custoditos *cet. v* potest] post *H* quur *EH* alibi (i *alt. in ras. m. 2*) *C* 4 dixeremus C^1 generis E^2 *in ras.* homani C^1 sext*a (r *ras.*) *E* 5 iubentute C^1 6 uigorem (ui *in ras. m. 2*) *C*, iugorem D^1, uicorem *V* ferboremque C^1, ferboremquae D^1 reuertur H^1 dictionem *R* 7 de] quod de *R* ad *om.* $BFGNS^1$ numerorumque *B* 8 uniuersitate D^1, al. diuersitate *a mg.* omnium *E* quod C^1D^1, quod non *cet. v* 9 in aetatibus—potest *om. E* singulorum singulorum *F* corpore nonpore *B* 10 esse simul et iuuentus *v* 11 illa *om. R* 12 quinta—quadragesima Q^2 *in mg.* *pr.* est *om. PVv* mathemathicos *D* est *om. HMOPVv* 13 *ideis *C*, idais *R*, iudeis D^2V, iudaeis *BEGHMNPQ* 14 possumus (*pr.* s *m. 2*) *C*, possimus *cet. v* quod (quo *in ras.*) *C*, q; *H* 15 abiturus C^1 lucidissimos *N* adquae C^1D^1 aetherea $BQRS^2v$ esse *om.* D^1 16 sine *om. F* nunc] et n. *P* 17 incorruptibili C^1D^1P tamen carnis *M in ras.* 18 erratur *om.* C^1DR

49 ista tractata est de uidendis cogitationibus nostris. quadra-
50 gensima octaua *de credibilibus;* quadragensima nona: *quare*
51 *filii Israhel sacrificabant uisibiliter pecorum uictimas;* quinqua-
52 gensima *de aequalitate filii;* quinquagensima prima *de homine*
facto ad imaginem et similitudinem dei. ubi quid est,
quod dixi: *homo scilicet uita non recte appellatur,* cum dicatur
homo etiam cadauer hominis? ergo saltem dicere debui: non
proprie dicitur, ubi dixi: *non recte dicitur.* item dixi: *neque*
inscite distinguitur, quod aliud sit imago et similitudo dei,
aliud ad imaginem et similitudinem dei, sicut ad imaginem
factum accepimus. quod non ita est intellegendum, quasi homo
non dicatur imago dei, cum dicat apostolus: uir quidem
non debet uelare caput, cum sit imago et gloria dei;
sed dicitur etiam ad imaginem dei, quod unigenitus non
53 dicitur, qui tantummodo imago est, non ad imaginem. quinqua-
gensima secunda est *de eo, quod dictum est: paenitet me*

5 Gen. 1, 26. 5, 3   6 De diu. quaest. 51, 3   8 De diu. quaest. 51, 4. de trin. VII, 6, 12   12 I Cor. 11, 7   16 Gen. 6, 6 sq.

1 tracta *E*   nostris *om. E*   2 octaua] septima Q^1 de *CDRV.* est de *cet. v*   credebilibus D^1 3 filiis *H*   israhel *CDMP,* israel *uel* isrł *cet.*   peccorum BH^2R, peccatorum EH^1Q^1 uictimis *HMOP*   quinquagesima **** (nona *ras.*) *Q*   4 qualitate C^1D^1F fili *M* LI C^2D^2 *s. l.*   5 similitudine D^1 ubi quid est quod $C^1D^1GHP^1RS$, ubi quidem quod $BC^2D^2EFQ^2$, ubi quidam quod Q^1, ubi quod *Va,* et ibi quidem quod *O,* ubi (*om. rell.*) *M*   6 sciiicet *D R,* scilicet (*** *s. l.*) *C,* sine *cet. v*   apellatur *C*   dicitur *E*   7 cataber C^1D^1 ego *BF*   saltim $B^1C^1D^1GHPV$ uolui *BFGNS*   8 propriae *D*   recte ṭẹ *H*   ****dixi (quod *ras.*) *M,* quod dixi *ORa*   9 distinguitor *E,* disguitur C^1D^1 *pr.* aliud—dei *om.* FHQ^1 et similitudo *om. M*   dei] d. qui etiam filius dicitur *a*   10 dei *om. N, del.* D^2 *alt.* ad imaginem C^1D^1R (*cf. Aug. Quaestt. in Heptat. I, 22, ubi codd.* CPS^1N hominem *omittunt*), hominum G^1, hominem *cet. v; cf. Aug. Conf. III, 7, 12. XIII, 22, 32*   11 accepimus C^1EG^2HNQRS, accipimus *cet. m*   intelligendum est *Pv.* intellegendum (*om.* est) *S*   13 debet *ex* det C^2D^2 capud H^1 **imago (in *ras.*) *S*   14 aetiam *D*   dei *om. N*   15 qui] quia *V*   imagine D^1 16 *alt.* est *om. Vv*   penitet *CDGHMV*

hominem fecisse; quinquagensima tertia *de auro et argento,* 54
quod ab Aegyptiis Israhelitae acceperunt; quinquagensima quarta 55
de eo, quod scriptum est: mihi adhaerere deo bonum est.
ubi quod dixi: *quod autem est omni anima melius, id deum*
dicimus, magis dici debuit: *omni* creato spiritu *melius.* quinqua- 56
gensima quinta *de eo, quod scriptum est: sexaginta sunt*
reginae et octoginta concubinae et adulescentulae, qua-
rum non est numerus; quinquagensima sexta *de annis* 57
quadraginta sex aedificati templi; quinquagensima septima *de* 58
centum quinquaginta tribus piscibus; quinquagensima octaua 59
de Iohanne baptista; quinquagensima nona *de decem uirginibus;* 60
sexagensima: *de die autem et hora nemo scit, neque* 61
angeli caelorum neque filius hominis, nisi pater solus;
sexagensima prima *de eo, quod scriptum est in euangelio,* 62
turbas dominum in monte pauisse de panibus quinque. ubi
quod dixi: *duos pisces duas illas significare personas, regiam scilicet et sacerdotalem, ad quas etiam sacrosancta illa unctio pertinebat,* dicendum potius fuit: maxime *pertinebat,* quoniam

2 Ex. 3, 22. 12, 35 3 Ps. 72, 28 4 De diu. quaest. 54, med. 6 Cant. 6, 7 9 Io. 2, 20 10 Io. 21, 11 11 Matth. 25, 1 12 Matth. 24, 36 15 Matth. 14, 15—21 16 De diu. quaest. 61, 2

1 fecisse hominem *v* tertia] t. est *OR* 2 israelitae ab aegyptiis *v* egyptiis *CD*, egiptiis *G* acciperunt C^1H^1 quarta] q. est *O* 3 mihi CD^1, mihi autem *cet. v* adherere *GHMSV* est *om.* Q^1 4 ubi] u. hoc *N* est *expunxit* D^2 omnis E^2 id] in *GO* 5 magis *om. N* debui *N*, debut D^1 spirito C^1D^1 6 de *CDERV*, est de *cet.* LX* (X *ras.*) *R* reginae sunt *O* 7 et octuginta C^1, et octuaginta D^1, et octoginta *FHR*, octoginta *cet. v* concupinae *V* et *om.* D^1 aduliscentulae $C^1D^1H^1$, adolescentulàe *BEFPQRS*, adolescentularum (*om.* quarum) *Na* quorum D^1 8 non e. numerus *om.* D^1 9 sex (se *in ras.*) *C*, sex*** *H*, et sex *OP* aedificata Q^1 10 centum quinquagint(a) *om. H* 11 decim C^1M 12 autem] a. illa BD^2FGNOQ, a. illo *a* ora *P* hora nemo] homineo E^1 sit D^1 13 solus pater *a* 15 turbas—monte *M in ras.* montē D^1, heremo EQ^2S^2 (*mg.*) quinque panibus *v* ubiq. (*om.* quod) *H* 16 personas—124, 1 item M^2 *in ras. 3 linearum* 17 scilicit C^1 sacrosancto C^1 unctio illa *a* 18 *bis* pertimebat Q^1 dicendo C^1D^1 maximae C^1D^1 pertinebant $BFGS^1$

unctos aliquando legimus et prophetas. item dixi: *Lucas, qui tamquam ascendentem post abolitionem peccatorum sacerdotem Christum insinuauit, per Nathan ascendit ad Dauid, quia Nathan propheta missus erat, cuius correptione Dauid ipsius peccati abolitionem paenitendo inpetrauit.* non sic accipiendum est, tamquam ipse fuerit Nathan propheta, qui filius Dauid, quia nec hic dictum est, quia ipse propheta missus erat, sed dictum: *quia Nathan propheta missus erat,* ut mysterium non
63 in eodem homine, sed in eodem nomine intellegatur. sexagensima secunda est ad id, *quod scriptum est in euangelio, quod baptizabat Iesus plures quam Iohannes, quamuis ipse non baptizaret, sed discipuli eius.* ubi quod dixi: *latro ille, cui dictum est: amen dico tibi, hodie mecum eris in paradiso, qui nec ipsum baptismum acceperat,* hoc quidem et alios ante nos rectores sanctae ecclesiae posuisse in suis litteris inuenimus, sed quibus documentis possit ostendi,

1 III Regn. 19, 16. Es. 61, 1. De diu. quaest. 61, 2 3 Luc. 3, 31. cf. Retract. II, 42, 2 4 II Regn. 12, 1 sqq. 11 Io. 4, 1 sq. 12 De diu. quaest. 62 13 Luc. 23, 43 15 Cyprian. ep. LXXIII, 22 (II, 796, 5 ed. Hart.). Ambros. de paenit. c. 11. Hilar. tract. in Ps. 66, 26. cf. Hilar. de trin. X, 34. tract. in Ps. 1, 9

1 unctus H^1 legimus *om.* *B* dixi C^1D, quod dix̄ *H*, quod dixi *cet.* *v* locas C^1D^1 2 *et* 5 abolicionem C^1 3 natan E^1 4 natham *M* *et* 8 profeta *H*, prophetam Q^1 cuius—8 missus erat *om.* *O* correctionem *R* dauid—abolitionem *om.* *R* ipse D^2Q 5 penitendo *DMV* penetrauit *E* 6 natham *M* 7 *pr.* quia] qui C^1, quod D^2 *alt.* quia] qui *F* ipse] nec ipse *M* sed—erat *om.* *R* 8 dictum] dictum est BC^2G^1Sv quia] qui *H* nathan *om.* *E*, natham *M*, natan *Q*. ipse *G* erat] est BM^2 *s. l.* misterium $CDEH^1PQV$, ministerium $BFGNS^1$ 9 homine* (m *ras.*) *CD* sed—nomine *om.* F^1 10 *pr.* est *om.* *v* ad id] addit O^1, de eo *v* 11 baptizat *R* hiesus *M* iohannis C^1E 12 non (n *alt. m. 2*) *C*, no D^1 baptizat *R* latro *om.* *O* 13 est] e. a dn̄o *a* 14 paradyso *BFGORS* baptisma *R* acciperat M^1 15 aecclesiae *D* possuisse *CD* 16 documentis CD^1, docomentis satis E^1, documentis satis *cet.* *v* posit C^1, posset *V* ostendi* (t *ras.*) *CD*

quod non fuerit ille latro baptizatus, ignoro. de qua re in
posterioribus quibusdam opusculis nostris diligentius dispu-
tatum est, maxime in eo, quod ad Vincentium Victorem de
animae origine scripsimus. sexagensima tertia est *de uerbo;* 64
sexagensima quarta *de muliere Samaritana;* sexagensima 65. 66
quinta *de resurrectione Lazari;* sexagensima sexta *de eo, quod* 67
scriptum est: an ignoratis, fratres — scientibus enim legem loquor — quia lex dominatur homini, in quantum tempus uiuit? usque ad eum locum, in quo scriptum est *uiuificabit et mortalia corpora uestra per inhabitantem spiritum eius in uobis.* ubi illud, quod ait apostolus: *scimus autem, quia lex spiritalis est; ego autem carnalis sum,* exponere uolens dixi: *id est carni consentio nondum a spiritali gratia liberatus;* quod non sic accipiendum est, quasi spiritalis homo iam sub gratia constitutus etiam de ipso non possit hoc dicere et cetera usque ad eum locum, ubi dictum est: miser ego homo, quis me liberabit de corpore mortis huius? quod postea didici, sicut sum iam ante confessus. rursus exponens, quod ait apostolus: *corpus*

3 Aug. de orig. anim. III, 9, 12 5 Io. 4, 9 6 Io. 11, 44 7 Rom. 7, 1 10 Rom. 8, 11 12 Rom. 7, 14 13 De diu. quaest. 66, 5 15 Rom. 6, 14 17 Rom. 7, 24 19 Retract. I, 22, 2 De diu. quaest. 66, 6. Rom. 8, 10

1 quo C^1D^1 baptizatus ille latro *v* 2 opuscolis D^1 nostris* *C* 3 maximeque D^2Q uicentium M^1 4 scripsi *OPV* tertia G^2 *in ras.* est *om. Vv* *quaestionem* LXIIII *post* LXV *exhibet* Q^1 6 resurreccione *D* de eo—est *om. H* 7 ignuratis C^1 8 legem *om.* OP^1 loquar *F* quā *H* dominator $C^1D^1E^1$ in *om. Q, er.* D^2 9 eam E^1 10 uiuificauit $C^1D^1FGHQ^1R$ uestra *om. F,* n̄ra *O* 11 nobis *EGHMNO* 13 dixi uolens *M pr.* dixi *om. B* 14 a CD^1, *om. cet. v* 15 iam *om. H* sub] super *M* 16 ipso *CDR*, se ipso *cet. v* posset C^1V hoc C^1D^1, *om. B*, haec *cet. post* dicere *add. a:* uenumdatus sum sub peccato: quod enim operor non intelligo: non enim quod uolo bonum hoc ago, sed quod odio malum, illud facio cetera] c. quae sequuntur *a.* 17 homo *om. B* me] q; Q^1 liberauit $C^1D^1EHMS^1$ 18 dedici *V* sum iam $CDER^2$, summā R^1, iam sum *cet. v* 19 ante confessus *om. H* confessus (con *ex* qui *corr.*) *E* rursum *B*

quidem mortuum est propter peccatum, mortuum, inquam, *corpus dicit, quamdiu tale est, ut indigentia rerum temporalium molestet animum.* sed isto melius mihi postea uisum est ideo mortuum corpus dictum, quod habeat iam moriendi necessitatem,
68 quam non habuit ante peccatum. sexagensima septima est *de eo, quod scriptum est: existimo enim, quod indignae sint passiones huius temporis ad futuram gloriam, quae reuelabitur in nobis,* usque ad id, quod dictum est: *spe enim salui facti sumus.* ubi cum exponerem, quod scriptum est: *et ipsa creatura liberabitur a seruitute interitus,* dixi: *et ipsa creatura, id est ipse homo, cum iam signaculo imaginis propter peccatum amisso remansit tantummodo creatura.* quod non ita est accipiendum, quasi totum amiserit homo, quod habebat imaginis dei. nam si omnino non amisisset, non esset, propter quod diceretur: reformamini in nouitate mentis uestrae. et: in eandem imaginem transformamur; sed rursus, si totum amisisset, nihil maneret, unde diceretur:

4 Aug. de pecc. merit. I, 7, 7. cf. de trin. IIII, 3. enarr. Ps LXXXV, 17 6 Rom. 8, 18 8 Rom. 8, 24 10 Rom. 8, 21 11 De diu. quaest. 67, 4 15 Rom. 12, 2 16 II Cor. 3, 18

1 peccatum (pecca *in ras. 2*) *H* 2 quamdiuitale *E* temporalium rerum *B* 3 animum C^1, animam *cet. v* isto] istud (ud *m. 2 in ras.*) *C*, ita Q^2 *s. l.*, multo *Ov* mihi melius B^1 postea] p. modo *N* ideo] et i. *a* ideo—6 scriptum est Q^2 *in mg.* 4 corpus mortuum Q^2 quod] quod* *H*, qui non *M*, quia Q^2 habebat *O* 5 abuit *E* ante peccatum *om. E* est *om. v* 6 scriptum est *om. O* exhistimo *V* sunt *R* 7 passionis C^1D^1 futuram (u *alt. s. u.*) *C* 8 reuellabitur D^1 id] illud *a* est *om. H* 10 liberabitur—creatura *om. B* liuerabitur E^1 interius Q^1 11 id est—iam sig(naculo) G^2 *in ras.* ipse] et i. D^2ENQ cum] quod *OPV* iam signa(culo) *C in ras.* 12 admissum *V* remanserit *OP* tantumodo C^1D^1 13 accipiendum (*om.* est) *SV*, accipiendum est *v* 14 habeat *B*, habet D^2 *pr.* non *er. S, om. HV* amisiset C^1 15 propter *om. B* quod *om.* N^1Q^1 diceretur (eretur *in ras. 2*) *C* reformamur Q^1 nouitatem D^1 16 eadem imagine D^2H transfurmamur D^1 17 rursum *v* manerit C^1, remaneret D^2Q

quamquam in imagine ambulat homo, tamen uane conturbatur. item quod dixi *spiritaliter summos angelos uiuere, infimos uero animaliter*, audacius dictum est de infimis, quam ut possit uel scripturis sanctis uel ipsis rebus ostendi,
quia, etsi forsitan potest, difficillime potest. sexagensima 69
octaua est *de eo, quod scriptum est: o homo, tu quis es, qui respondeas deo?* ubi dixi: *quia etiamsi leuioribus quisque peccatis aut certe quamuis grauioribus et multis, tamen multo gemitu et dolore paenitendi misericordia dei dignus fuerit, non ipsius erit — qui si relinqueretur, interiret — sed miserentis dei, qui eius precibus dolorique subuenit. parum est enim uelle, nisi deus misereatur; sed deus non miseretur, qui ad pacem uocat, nisi uoluntas praecesserit ad pacem.* hoc dictum est post paenitentiam. nam est misericordia dei etiam ipsam praeueniens uoluntatem, quae si non esset, non praepararetur uoluntas a domino. ad eam misericordiam pertinet et ipsa uocatio, quae etiam fidem praeuenit. de qua paulo post cum agerem, dixi: *haec autem uocatio, quae siue in singulis homi-*

1 Ps. 38, 7 2 De diu. quaest. 67, 5 6 Rom. 9, 20 7 De diu. quaest. 68, 5 15 Prou. 8, 35 sec. LXX 17 Retract. I, 22, 4 sq. 18 De diu. quaest. 68, 6

1 in *om. BE* imaginem C^1D^1OP, imagine dei *V* perambulat $BEFGNS^2$, perambulabat Q^1, perambulet Q^2, ambulet *v* 2 conturbabitur H^1 summus angelus D^1 3 infirmos BD^1M^1 4 uel] uel de C^2R, de *OPV* rebus] libris D^2 5 difficillimae *D*, (lim *in ras.*) *C* 6 *pr.* est *om. Vv* tu *om. V* qui Q^1 est *G*. 7 deo *om. a* ubi quod OS^1 quia] qui MQ^2 *s. l.* aetiamsi *D* 9 multo *CDEQ*, in multo *R*, magno *cet. v* poenitendi *M*, paenitentiae *H* dignis *E* 10 erit CD^1R, es *E*, est *cet. v* qui si] quia si *N*, qui se G^1, quis *E* non interiret *M* 11 prȩcibus C^1M dolorique *CDHOP*, doloreque *R*, doloribusque *cet. v* 12 *post* misereatur *inseruit E:* sed ds̄ non misereatur; *del. m. 1* sed—miseretur *om.* CD^1 13 uolontas C^1V praecesserat E^1 hoc CD^1, hic *cet.* est *om. V* 14 poenitentiam *M*, penitentiam *C* ipsa *R* 15 praeparetur H^1, praepara*** *B* 16 et *om.* BD^2EFGNQ ipse H^1 18 agere D^1 dixi* (t *ras.*) *C* hac C^1D^1 qui *F*

nibus siue in populis atque in ipso genere humano per temporum oportunitates operatur, altae et profundae ordinationis erit. quo pertinet etiam illud: in utero sanctificaui te, et: cum esses in renibus patris tui, uidi te, et: Iacob dilexi, Esau autem odio habui, et cetera, quamuis testimonium illud: *cum esses in renibus patris tui, uidi te,* unde mihi, tamquam scriptum sit, occurrerit nescio.
70 sexagensima nona *de eo, quod scriptum est: tunc et ipse filius subiectus erit ei, qui illi subiecit omnia;*
71 septuagensima *de eo, quod apostolus dicit: absorta est mors in uictoriam. ubi est, mors, contentio tua? ubi est, mors, aculeus tuus? aculeus autem mortis*
72 *peccatum, uirtus uero peccati lex;* septuagensima prima *de eo, quod scriptum est: inuicem onera uestra portate,*
73 *et sic inplebitis legem Christi;* septuagensima secunda
74 *de temporibus aeternis;* septuagensima tertia *de eo, quod*
75 *scriptum est: et habitu inuentus ut homo;* septuagensima quarta *de eo, quod scriptum est in epistula Pauli ad Colosenses:*

3 Hierem. 1, 5 4 Malach. 1; 2. Rom. 9, 13 8 I Cor. 15, 28 10 I Cor. 15, 54 sqq. 14 Gal. 6, 2 17 Philipp. 2, 7

1 popolis *V* atque (tq *in ras. m. 2*) *C* humano∗ (o *in ras.*) *C*, homono R^1, humanum D^1 2 opportunitates *NOPS*, oportunitatis C^1R alta *H* *post* profundae *add.* Q^2 *in mg.*: domini operationis est et, E^1 *adiungit:* alibi (cui) operationis est, S^2 *in mg. al.* operationis 3 erit CD^1ER, *om.* Q^2, est *cet. v* quo] qđ *H* pertinit C^1V illut C^1, ad illud H^2 4 patres *H* uide te $D^2E^1H^1$ et iacob—uidi te *om. H* et iacob—cetera *exp.* D^2 5 abui C^1 7 uide te E^1 occurret C^1, occurre D^1, occurreret C^2 8 de BC^1D^1EFRV, est de *cet. v* de eo] deo *G* 9 ei erit *a* illis C^1D^1, ille E^1 10 absorpta FG^2v est *om. E*, ē (- *m. 2*) *C* 11 uictoria $BD^2E^2FGNOQRSa$ *alt.* mors *om. O* contencio C^1 12 mortis—uero *om. OP* 13 peccatum] p. est C^2D^2Fa uero *ER*, uiro CD^1, autem *cet. v* septuage∗sima *M* prima G^2 *in ras.* 14 de eo—est *om. H* honera C^1OV portat H^1 15 inplebitis D^1MR, inpleuetis C^1, adimplebitis *cet. v* 16 aternis C^1 17 est] ē (- *m. 2*) *C* 18 epistula *MV*, aepistula *D*, epistola *cet.* colcsenses (ose *m. 2*) *G*, colossenses *S*

in quo habemus redemptionem in remissionem pecca-
torum, qui est imago dei inuisibilis; septuagensima 76
quinta *de hereditate dei;* septuagensima sexta *de eo, quod* 77
Iacobus apostolus dicit: uis autem scire, o homo inanis,
quia fides sine operibus otiosa est? septuagensima 78
septima *de timore, utrum peccatum sit;* septuagensima octaua 79
de pulchritudine simulacrorum; septuagensima nona: *quare* 80
magi Pharaonis fecerunt miracula sicut Moyses, famulus dei;
octogensima *aduersus Apollinaristas;* octogensima prima *de* 81. 82
quadragensima et quinquagensima; octogensima secunda *de eo,* 83
quod scriptum est: quem enim diligit dominus, corripit,
flagellat autem omnem filium, quem recipit; octo- 84
gensima tertia *de coniugio.* 85

Hoc opus sic incipit: *Vtrum anima a se ipsa sit.*

XXVII.)

CAPVT XXVI.

DE MENDACIO LIBER VNVS.

Item de mendacio scripsi librum, qui etsi cum aliquo labore 1
intellegitur, habet tamen non inutilem ingenii et mentis

1 Colos. 1, 14 sq. 4 Iac. 2, 20 8 Ex. 7, 11. 22. 8, 7 11 Hebr. 12, 6

1 redemtionem *M* in remissionem CD^1, in remissione *R*, remissionemq; *B*, remisionem *H*, remissionem *cet.*, et remissionem *v* 2 inuisibiles D^1 septuage*sima *M* 3 ^{re}hereditate *P* 4 apostolus iacobus *v* uis.* *C* 5 ociusa C^1 septuage*sima *M* 6 timore] t. inimicorum Q^1 pęccatorum C^1 octaba M^1 7 pulchritudine (tu *in ras.*) *C*, pulcritudine *OQ*, multitudine *H* simulachrorum BFG^2NQ septuage*sima *M* quare] de quare C^1D^1 8 magi* *D* pharahonis G^1, faraonis *EHV* miracula BC^1D^1EGNRS, miracula quaedam *Fm*, quaedam miracula *cet.* moyses** (et *ras.*) *CD* famolus *V* 9 aduersum *V* apolinaristas *R*, opollinaristas *H* octoge*sima *M* 10 quadrage*sima *C*, quadragessima *E* quinquegessima *E*, quinquagisima *D* 11 dominus *CDMR*, deus *cet.* 12 recepit C^1 octo*gesima *M* 13 de coniugio *om. R* *post* coniugio *add. v:* in eo quod dominus ait: si quis (*om. a*) dimiserit uxorem suam excepta causa fornicationis si*c (n *ras.*) *Q* 14 a C^1 *s. l.* 15 XXV *H*, *om. BFPQ*, XXVII *v* 16 *tit. om. GNS* mendatio *MP*, mendicio C^1D^1 liber unus *om. F* primus *MO* 17 item de mendacio *om. F* mendatio *BGMP*, medacio E^1 librum *om.* C^1D^1R qui *om. H* etsi] et OQ^1 cum] in *O* 18 ingenui *H*

administrationem magisque moribus ad ueriloquium diligendum proficit. hunc quoque auferre statueram de opusculis meis, quia et obscurus et anfractuosus et omnino molestus mihi uidebatur, propter quod eum nec edideram. deinde, cum postea scripsissem alterum, cuius titulus est: contra mendacium, multo magis istum non esse decreueram et iusseram, sed non est factum. itaque in ista retractatione opusculorum meorum cum eum incolumem repperissem, etiam ipsum retractatum manere praecepi, maxime quia in eo nonnulla sunt necessaria, quae in illo altero non sunt. propterea uero illius inscriptio est: contra mendacium, istius autem: de mendacio. quoniam per illum totum oppugnatio est aperta mendacii, istius autem magna pars in inquisitionis disputatione uersatur; ad eundem tamen finem uterque dirigitur.

2 Hic liber sic incipit: *Magna quaestio est de mendacio.*

5 Retract. II, 86

1 administrationem CD^1R, exercitationem *cet.* *v* magisquae *D* uiriloquium *V*, ueraloquium E^1 2 de *om.* *N* oposcolis P^1 3 *pr.* et *om.* *F*, *er.* D^2 obscuris E^1P^1 anfructuosus D^1, infructuosus *R* melestus C^1, melestos D^1 4 propter *om.* *H* eam B^1 nec] non *F* posteā *H* 5 titulus *om.* *H*, titulū C^1 contra] con *H* mendatium *BEGMPQ* magis *om.* *H* istum] ipsum BS^1, istum ipsum *G* 6 decreueram (eu *in ras.*) *M*, decreberam E^1 et] sed et *BGNS* et iusseram *om.* *FH* sed] et *B* est *om.* *OP* in ista *om.* *H* 7 retractione B^1E^1 eum *om.* *OP*, eo C^1D^1 incolomem BC^1D^1FGS 8 reperissem *BPRS*, repppererem *H* retractum *E* manere] mare *H* praecipi *V* maximae *D* 9 in eo nonnulla *CDER*, nonnulli nec *H*, nonnulla in eo *cet.* altero S^2 *s. l.*, alibi alio altero *E* 10 inscriptio (o *ex* us *corr.*) *C*, scriptio *OP* mendatium $BC^1D^1EGM^1PQ$ 11 istius *om.* *H* quia *B* per illum totum *om.* *H* 12 aperte M^1 aperta—istius *om.* *H* mendacio *E* in *om.* $BC^1D^1E^1FGHNR$ inquisitionis *om.* *H* 13 ad eundem *om.* *H* uterquae *D*, uteque E^1 diri *H* 14 hic *om.* *H*, i *in ras.* *C* quescio C^1, quaes *H* est *om.* E^2FH de *om.* *H* mendatio $B^1C^1DEFGM^1PQ$ EXPLICIT LB PRIMUS INGRE (INCRE *D*) COGNITIONŪ INCP (*add.* C^2) LIBER SECUNDUS DO GRATIAS (ING *del.* C^2) *CD*, EXPLICIT LIBER PRIMUS INCIPIT LIBER (*om.* *FR*) SECUNDUS *BFGMNRSV*, EXPLICIT LIBER PRIMUS RETRACTATIONUM INCIPIT AURELII AUGUSTINI EPI CATHOLICI RETRACTATIONUM LIBER SECUNDUS *H*, EXPLICIT LIBER PRIMUS RETRACTATIONUM INCIPIT LIBER SECUNDUS *OP*, EXPLICIT LIB I *Q*, ω INCIPIT LIBER SCDS *E*

LIBER SECVNDVS.

(I.) ## CAPVT XXVII.

AD SIMPLICIANVM LIBRI DVO.

Librorum, quos episcopus elaboraui, primi duo sunt ad 1
Simplicianum, ecclesiae Mediolanensis antestitem, qui beatissimo successit Ambrosio, de diuersis quaestionibus, quarum duas ex epistula Pauli apostoli ad Romanos in primum librum contuli.

Harum prior est *de eo, quod scriptum est: quid ergo* 2
dicemus? lex peccatum est? absit, usque ad illud, ubi ait: *quis me liberabit de corpore mortis huius? gratia dei per Iesum Christum, dominum nostrum.* in qua illa apostoli uerba: *lex spiritalis est, ego autem carnalis sum* et cetera, quibus caro contra spiritum confligere ostenditur, eo modo exposui, tamquam homo describitur adhuc sub lege, nondum sub gratia constitutus; longe enim postea etiam spiritalis hominis — et hoc probabilius — esse

4 *Librorum*—p. 132, 14 *nihil sit*] Aug. de praedest. sanct. 4, 8 5 Aug. Confess. VIII, 1, 2 9 Rom. 7, 7 11 Rom. 7, 24 sq. 13 ad Simplic. I, 1, 9 Rom. 7, 14 16 Rom. 6, 14. 17 Retract. I, 22, 2

2 XXVII *om. BFHNPQ*, I *v* 3 Simplicianum] s. epm *H* libri duo *om. E*, liber ·I· *O* 4 elaboraui *om.* G^1 5 ecclesiae (ec *in ras. m. 2*) *C*, aecclesiae *D* mediolanesis C^1, mediolanisis D^1, mediolensis *P* antestitem *CEM*, antistitem *cet. v* 6 ambrosium D^1 7 aepistula *M*, epistola *C* romanus $C^1D^1E^1$ primo *R*, priore *V* libro *RV* 9 arum C^1 *pr.* est *om. BF* quod *E* 10 dicimus CD^1 usquae *D* 11 liberabit (bit *in ras.*) D^2, liberauit EM^1PS^1, liuerauit C^1, huius *om. N* 12 gratia] nisi gr. E^2 *s. l.* dnm nrm ihm xpm *O* 15 exposui* (t *ras.*) *E* describitur C^1D^1 (*cf. p. 83, 11*), describatur *cet. v* 16 *alt.* sub E^2 *s. l.* grati E^1 17 etiam postea *H* probabilius (babilius *in ras.*) *M*

3 posse illa uerba cognoui. posterior in hoc libro quaestio est ab eo loco, ubi ait: *non solum autem, sed et Rebecca ex uno concubitu habens Isaac patris nostri*, usque ad illud, ubi ait: *nisi dominus Sabaoth reliquisset nobis semen, sicut Sodoma facti essemus et sicut Gomorra similes fuissemus.* in cuius quaestionis solutione laboratum est quidem pro libero arbitrio uoluntatis humanae, sed uicit dei gratia, nec nisi ad illud potuit perueniri, ut liquidissima ueritate dixisse intellegatur apostolus: *quis enim te discernit? quid autem habes, quod non accepisti? si autem accepisti, quid gloriaris, quasi non acceperis?* quod uolens etiam martyr Cyprianus ostendere hoc totum ipso titulo definiuit dicens: in nullo gloriandum, quando nostrum nihil sit.

4 In secundo libro tractantur ceterae quaestiones et pro (2)
nostra quantulacumque facultate soluuntur, quae sunt omnes de scriptura, quae Regnorum appellatur. harum prima est *de eo, quod scriptum est: et insiliuit spiritus domini in*

2 Rom. 9, 10 4 Rom. 9, 29 6 Aug. de ciu. dei XVI, 35 10 I Cor. 4, 7 13 Cyprian. test. III, 4 (I, 116 sq. ed. Hart.) 18 I Regn. 10, 10

2 autem] a. illa *a* et Q^2 *s. l.* rebecca (a *in ras.*) *C*, repecca E^1 3 ex uno *om.* *H* concubito $C^1D^1M^1$, concubitū *H* abens C^1 isa*ac (h *ras.*) *C*, ysaac *BFQR* patres nostri D^1, patrem nostrum E^2, patri nostro *N* 4 illu^d (^{d} *m. 2*) *C* ubi *M in ras.* nisi *om.* E^1 dominus *om.* *E* sabbaoth *E* 5 *pr.* sicut] quasi *B* facti *om.* *H*, facto E^1 esse*mus (m *ras.*) *C* 6 gomurra D^1E^1 similis D^1P fuisemus *E*, essemus *R* solutionem (t *ex* c) *CD* solutione quaestionis *N* 7 libero pro H^1 8 uincit *M* nisi nec Q^1, sini nec O^1 ad illud *M in ras.* potui *BFNQ* peruenire $BCD^2FGNOQRSa$ 9 ut *om.* *H* liquidissimi E^1 10 quod (d *in ras. m. 2*) *C* 11 si— accepisti *om.* *EQ* autem et *BFGHMR* 12 acciperis *HV* martir *BQ* ciprianus *BNQ* 13 ipse *H* difiniuit D^2Q 14 gloriando D^1 quando *om.* C^1D^1 est *OPV* 15 ceterae—soluuntur F^2 *in mg. et s. l.* quaestionis C^1D^1 16 quantumlacumquae D^1 solbuntur E^1 omnis *V* 17 apellatur *BE* primą *C* 18 insiliuit (in *in ras. m. 2*) *C*, insiluit *BMRV*, insiliit *m*

Saul, cum alibi dicatur: et spiritus domini malus in 5
Saul. quam cum exponerem, dixi: *quamuis sit in cuiusque*
potestate, quid uelit, non est tamen in cuiusquam potestate, quid
possit. quod ideo dictum est, quia non dicimus esse in
potestate nostra, nisi quod, cum uolumus, fit; ubi prius et
maxime est ipsum uelle. sine ullo quippe interuallo temporis
praesto est uoluntas ipsa, cum uolumus; sed hanc quoque ad
bene uiuendum desuper accipimus potestatem, cum prae-
paratur uoluntas a domino. secunda quaestio est: *quo-* 6
modo dictum sit: paenitet me, quod constituerim regem
Saul: tertia: *utrum spiritus inmundus, qui erat in pythonissa,* 7
potuerit agere, ut Samuhel a Saule uideretur et loqueretur
cum eo; quarta *de eo, quod scriptum est: intrauit rex* 8
Dauid et sedit ante dominum; quinta *de eo, quod dixit* 9
Helias: o domine, testis huius uiduae, cum qua ego
inhabito apud ipsam, tu male fecisti occidere filium
eius.

Hoc opus sic incipit: *Gratissimam sane atque suauissimam.* 10

1 I Regn. 16, 14 2 ad Simpl. II, 1, 4 7 Aug. Confess. VIII, 8, 20 (p. 187, 16 ed. mai.) 8 Prou. 8, 35 sec. LXX 10 I Regn. 15, 11 11 I Regn. 28, 7—20 13 II Regn. 7, 18 15 III Regn. 17, 20

1 cum—saul *om. Q* et *om. B* 2 cum quam Q^1 exponirem (ir *in ras.*) *M* cuiusque—tamen in *om. E* cuiusque] cuius C^1D^1, cuiusquam C^2HS^2 *mg.* 3 *pr.* quid—potestate *om. H* uellit D^1 4 posset *V* esse (*alt.* e *in ras. m. 2*) *C* in *om.* D^1 5 quod cum F^2 *s. l.* fit—7 uolumus *om. H* 6 maximae D^1 est] et *O*, e. in spu BFM^2 (*s. l.*) interuallo] i. est E^2 7 est *om. E* ipsa uoluntas *B* haec (a *s. l.*) *V* quoquae *D* ad] ac *H* 8 accipimus desuper *BFGNQS* accepimus C^1D^1 potestate D^1 10 penitet *CMV* 11 tercia *C*1 phytonissa *GPQRS*, phitonissa *BCDEFN*, pytonissa *HOV* 12 samuel *BFGOQRSV* saul *V* uideretur (e *pr. in ras.*) *M*, (ret *in ras.*) *H* et loqueretur *C in ras.*, et loquaeretur *D* 13 cum eo *om. B* est C^1 *s. l.*, sit F^1 14 dñm (ñm *in ras. m. 2*) *G* dominum quinta *in ras.* D^2 15 helia** *C*, helyas *FO*, helia* (m *ras.*) *D* testis *G s. l.* 16 maleiþ *C* 18 hoc opus—suauissimam *om. N* opus sic G^2 *in ras.* gratissima *H* sane $CDRS^2$ (*mg.*), plan~ *M*, plane *cet. v* atque (t *ex* q) *M*, adquae *D* suauissima *R*

CAPVT XXVIII. (II.)

CONTRA EPISTVLAM MANICHEI, QVAM VOCANT FVNDAMENTI, LIBER VNVS.

1 Liber contra epistulam Manichei, quam uocant fundamenti, principia eius sola redarguit, sed in ceteris illius partibus adnotationes, ubi uidebatur, adfixae sunt, quibus tota subuertitur et quibus admonerer, si quando contra totam scribere uacuisset.

2 Hic liber sic incipit: *Vnum uerum deum omnipotentem.*

CAPVT XXVIIII. (III.)

DE AGONE LIBER VNVS.

1 Liber de agone Christiano fratribus in eloquio latino ineruditis humili sermone conscriptus est fidei regulam continens et praecepta uiuendi.

2 In quo illud, quod positum est: *nec eos audiamus, qui carnis resurrectionem futuram negant et commemorant, quod*

15 De ag. Chr. 32, 34

1 XXVIII (II *add. m. 2*) *C*, XXVII D^1, XX*VIII *G*, *om. BFPQ*, II *v* 2 epistulam *DM*, epistolam *cet.* Manichei *om. v* quē *CD* uocant (t *m. 2*) *C*, dicunt *F* 3 fundamentum *E* 4 liber—fundamenti *om. R* contra (con *in ras.*) *C* 5 rearguit C^1D^1 *post* redarguit *add.* $BD^2EFG^2M^2NQ^2$: sed in ultimis illius partibus anfractus (confractus *E*) omnes ubi uidebantur (uidentur M^2) explosi sunt (sint *E*) illis P^1 partibus *om. F* 6 annotationes *BFMNOQS*, adnotationis C^1 uidebantur *V* adnixe D^1, *an scribendum* adnexae? toto *E* 7 ammunerer C^1D^1, ammonerer *GN*, amonerer *BF*, commonerer *MOPSV*, commouerer *Ha*, commemorarer *a in mg.* 8 uacuisset C^1D^1 (*cf. de ciu. dei VI, 2 (I, 273, 1 ed. Hoffm.) Tertull. de pudic. 8 (p. 235, 22 Reifersch.*), uacauisset *FNOPv*, uacasset D^2S, uacuum esset C^2, placuisset *M* 9 uero *E* 10 XXVII C^1, *om. BFPQ*, III *v* 11 agone CD^1E (*sic etiam in capitulis*), agone (agono F^1) christiano *cet. v* unis C^1 12 acone M^1, agoni* (e *ras.*) D^1 christiano—eloquio *om.* P^1 inerudis C^1, eruditis D^2 *in ras.* 13 regolam D^1 contines C^1D^1, continet HM^1V, continit *V* continens regulam *B* 15 audiamus eos *F* 16 resurreccionem *D* futuram *om. B*

ait Paulus apostolus: caro et sanguis regnum dei non possidebunt; non intellegentes, quod ipse dicit apostolus: oportet corruptibile hoc induere incorruptionem et mortale hoc induere inmortalitatem; cum enim hoc factum fuerit, iam non erit caro et sanguis, sed caeleste corpus, non sic accipiendum est, quasi carnis non sit futura substantia, sed carnis et sanguinis nomine ipsam corruptionem carnis et sanguinis intellegendus est apostolus nuncupasse, quae utique in regno illo non erit, ubi caro incorruptibilis erit, quamuis et aliter possit intellegi, ut carnem et sanguinem opera carnis et sanguinis dixisse accipiamus apostolum, et eos dei regnum non possessuros, qui perseueranter ista dilexerint.

Hic liber sic incipit: *Corona uictoriae.* 3

(IIII.) CAPVT XXX.

DE DOCTRINA CHRISTIANA LIBRI QVATTVOR.

Libros de doctrina Christiana cum inperfectos conperissem, 1
perficere malui quam eis sic relictis ad alia retractanda transire. conpleui ergo tertium, qui scriptus fuerat usque ad eum locum, ubi commemoratum est ex euangelio testimonium de

1 I Cor. 15, 50 3 I Cor. 15, 53 7 Retract. I, 16, 2. Aug. de ciu. dei XXII, 5. 21 19 De doctr. Chr. III, 25, 36

1 ait] atque E^1 paulus apostolus CD^1R, apostolus paulus *cet. v* non possidebunt regnum dei *B* 2 possedebunt C^1D^1MV dixit D^2 3 oportit C^1 corruptebile *V* hoc *om.* B^1 hoc induere—mortale *per dittogr. repet. H* incorruptionem—induere *om. P* 4 inmortalitate *H* enim] autem *E* 5 hoc enim (*om.* factum fuerit) *B* fuerit D^2 *in ras.* sed—corpus *per dittogr. repet. H* 7 sanguis $B^1C^1D^1$ 8 intellegendum *B* noncupasse C^1 9 incorruptebilis *V* 10 posset *V* ut] in *N* 11 *opera *M* accipiam D^2Q^1 apostol**um (or *ras.*) *D* 12 regnum dei C^2N^2Qv non *om. F*, no *D* possessurus C^1D^1 ista *om. B* dilexerunt BD^2EMQ 13 uitoriae *E* 14 *num. om. BFPQ*, IV *v* 15 IIII C^2 *in ras.*, III *H* 17 mallui *M* retractanda *om. N* transire *om.* C^1D^1, transirem *ER* 18 tercium C^1, tertiam *H* scriptus fuerat (s f *in ras.*) *M* 19 cummemoratum C^1D^1, commeratum E^1, dixi commemoratum E^2

muliere, quae *fermentum abscondit in tribus mensuris farinae, donec totum fermentaretur.* addidi etiam nouissimum librum et quattuor libris opus illud inpleui, quorum primi tres adiuuant, ut scripturae intellegantur, quartus autem, quomodo quae intellegimus proferenda sint.
2 In secundo sane libro de auctore libri, quem plures uocant (2)
Sapientiam Salomonis, quod etiam ipsum sicut Ecclesiasticum
Iesus Sirach scripserit, non ita constare, ut a me dictum est,
postea didici et omnino probabilius conperi non esse hunc
3 eius auctorem. ubi autem dixi: *his quadraginta quattuor libris*
testamenti ueteris terminatur auctoritas, ex consuetudine, qua
iam loquitur ecclesia, uetus testamentum appellaui; apostolus
autem non uidetur appellare testamentum uetus, nisi quod
4 datum est in monte Sina. et in eo, quod dixi: *de temporum*
historia sanctum Ambrosium soluisse quaestionem, tamquam
coaetanei fuerint Plato et Hieremias, me fefellit memoria.

1 Luc. 13, 21 6 De doctr. Chr. II, 8, 13 10 Ibid. 14 Gal. 4, 24 De doctr. Chr. II, 28, 43

1 abscondit *C in ras.*, abscundit *V* firmentum D^1 mesuris *M* 2 fermentaretur totum *v* addidi (didi *in ras.*) *M* 3 in quattuor *EOa* libris quattuor P^2 libris (is *in ras.*) *M* compleui *a* 4 adiubant C^1, adiuuent *H* intellegatur *G* 5 quae *om.* H^1P, **** quae (quae *ras.*) *M* intellegemus *Q* p**ferenda *G*, proferanda *E* sunt *B* 6 secundo] s. autem Q^1 sane *om.* H^1 **tore (au *ras.*) *D* 7 sapientia *E* solomonis *G*, salamonis *E*, salemonis *B* aecclesiasticum *D*, ecclesiasticam Q^1 8 hiesus *E*, ihesus *N* sirrach C^1D^1, sirac *HV*, syrac *PR*, sirahc *G*, syrach *F*, filius sirach *BOQa* scripserit (e *in ras.*) *M* ut] sicut *v* dictum dictum *Q* 9 dedici *V* probilius C^1G^1 10 eius] eius libri $BD^2EFGNSVv$, eius (huius) libri *Q* auctore D^1 uiginti quattuor (XXIIII) $BFHNS^2$, quattuor (*om.* quadrag.) *E* 11 testamenta E^1 ueteris] u. testamenti *B* consuitudinem D^1 qua iam] quadam C^1D^1, quam iam H^1Q^1, qua *E* 12 loquitur *om.* *R* aecclesia *D* apellaui *E* apostolos D^1, a plurimis D^2 *s. l.* 13 appellari D^2 uetus testamentum *v* 14 sina** *M*, sina* (y *ras.*) *D*, syna *FOR* de de *B* 15 hystoria *FORV*, istoria *E* sanctum] secundum. *Fa* quaestionum D^1 16 coatanei C^1D^1, coethanei *Q* hyeremias *V*, iheremias *NO* fefelit C^1

nam quid ille de hac re episcopus dixerit, in libro eius legitur, quem de sacramentis siue de philosophia scripsit.

Hoc opus sic incipit: *Sunt praecepta quaedam.* 5

(V.)

CAPVT XXXI.

CONTRA PARTEM DONATI LIBRI DVO.

Sunt duo libri mei, quorum titulus est: contra partem Donati. 1

Quorum in libro primo dixi *non mihi placere ullius saecularis potestatis inpetu scismaticos ad communionem uehementer artari.* et uere mihi tunc non placebat, quoniam nondum expertus eram, uel quantum mali eorum auderet inpunitas uel quantum eis in melius mutandis conferre posset diligentia disciplinae. 2

Hoc opus sic incipit: *Quoniam Donatistae nobis.* 3

(VI.)

CAPVT XXXII.

CONFESSIONVM LIBRI TREDECIM.

Confessionum mearum libri tredecim et de malis et de bonis meis deum laudant iustum et bonum atque in eum excitant humanum intellectum et affectum; interim, quod ad 1

1 Aug. de ciu. dei VIII, 11. cf. Ambros. in Ps. CXVIII. exp. 18, 4. de Noe et arca 8, 24 2 Ambros. de sacram. regen. s. de philos (cf. Ballerini IIII, 905 sq. Ihm Neue Jahrb. suppl. XVII, 76). Aug. c. Iul. II, 5, 14. 7, 20 5 non extant 8 Aug. ep. 93, 5, 17

1 dixit *G*, senserit *a* eius libro *GNQ* 2 philosofia *V*, filosofia *H*, philophia *Q* 4 XXXI *om. BFPQV*, V *v* 6 mei *om.* BD^2FGNQS 8 in quorum primo libro *v* mihi non *OPVa* placeret $C^1D^1G^1SV$ illius *P* 9 inpetus *BEFGHMNPV* scismaticos BD^1FGNOS, chismaticos *M*, schysmaticos *V*, cismaticos *EH*, schismaticos *cet.* uehementer $C^1D^1Q^2R$, uiolenter *cet. v* 10 et] quod *a* tunc mihi *v* non D^2 *in ras.* quia *a* 11 quantum] q. eis *E* auderit D^1, audiret *H* impunitatis Q^1, impuritas *BFGN* 12 confferre *D* possit BD^2FGH^1MNQSV diligentiae *H*, et diligentia *R*, diligentius O^1 13 disciplina *H* 14 donatise D^1 15 *num. om. BFHPQR*, VI *v* 17 bonis et de malis *H* 18 laudans C^1D adquae *D*, ad quē *E*

me adtinet, hoc in me egerunt, cum scriberentur, et agunt, cum leguntur. quid de illis alii sentiant, ipsi uiderint; multis tamen fratribus eos multum placuisse et placere scio. a primo usque ad decimum de me scripti sunt, in tribus ceteris de scripturis sanctis ab eo, quod scriptum est: *in principio fecit deus caelum et terram*, usque ad sabbati requiem.
2 In quarto libro, cum de amici morte animi mei miseriam (2)
confiterer dicens, quod anima nostra una quodam modo facta
fuerat ex duabus: *et ideo*, inquam, *forte mori metuebam, ne*
totus ille moreretur, quem multum amaueram; quae mihi quasi
declamatio leuis quam grauis confessio uidetur, quamuis
utcumque temperata sit haec ineptia in eo, quod additum
3 est: *forte*. et in libro tertio decimo quod dixi: *firmamentum*
factum *inter spiritales aquas superiores et corporales inferiores*,
non satis considerate dictum est; res autem in abdito est ualde.
4 Hoc opus sic incipit: *Magnus es, domine.*

CAPVT XXXIII. (VII.)

CONTRA FAVSTVM MANICHEVM LIBRI TRIGINTA TRES.

1 Contra Faustum Manicheum blasphemantem legem et prophetas et eorum dominum et incarnationem Christi, scri-

5 Gen. 1, 1 6 Gen. 2, 2 9 Confess. IIII, 6, 11 (p. 73, 4) 13 Confess. XIII, 32, 47 (p. 384, 1)

1 hoc] et hoc *E* 2 qui *C*¹ 3 eos *om. N* 4 decimum] V^{um} *B* de me *om. O* 5 sanctis *om. N*, sanctas *E*¹ ē*** *D* 6 et terram *om. H*¹ 8 nostra] mea *a* una *om. S* facta fuerant *C*¹*D*¹, f. fuerit *H*, fuerit facta *B* 9 forte inquam *D*² ne et totus *D*² 10 moriretur *GS* quae] quęin *C* 11 quam—quamuis *om. H* uideretur *EGOP* quamuis utcumque] quantumcumque *S*² *mg.* 12 temperata (ta *ex* tū *corr.*) *M* auditum *P* 13 et] et illud *BEFGNQa* tertia demo *D*¹ quod] illud quod *D*² *s. l.* 14 spitalis *C*¹ aquas *om. C*¹*D*¹*R*, *al.* auras *S*² *mg.* superiores *G*² *in ras.* 15 res —ualde *om. O* es* (t *ras.*) *E* 17 *num. om. BFPQR*, VII *v* 18 manichaeum *M* libelli *BEGR* 19 blasfemantem *H* 20 dnm̄ *C*¹, dn̄i *G* deum *cet. v* incarnae *C*¹, in carne *D*¹, in carnem *HR*

pturas autem noui testamenti, quibus conuincitur, falsatas esse dicentem, scripsi grande opus uerbis eius propositis reddens responsiones meas. triginta et tres disputationes sunt, quos etiam libros cur non dixerim? nam etsi sunt in eis aliqui breues, tamen libri sunt. unus uero eorum, ubi a nobis aduersus eius criminationes patriarcharum uita defenditur, tantae prolixitatis est, quantae nullus fere librorum meorum.

(2) In libro ergo tertio cum soluerem quaestionem, quomodo 2
potuerit duos patres habere Ioseph, dixi quidem, *quod ex alio natus, ab alio fuerit adoptatus,* sed genus quoque adoptionis dicere debui; sic enim sonat, quod dixi, tamquam eum uiuus adoptauerit alius pater. lex autem filios etiam mortuis adoptabat iubens, ut fratris sine filiis mortui d u c e r e t f r a t e r u x o r e m et f r a t r i defuncto s e m e n ex eadem s u s c i t a r e t. quae profecto de duobus unius hominis patribus expeditior ibi redditur ratio. uterini autem fratres fuerunt, in quibus hoc contigit, ut unius defuncti, qui uocabatur Heli, duceret alter uxorem, id est Iacob, a quo Matheus narrat genitum esse

5 c. Faust. XXII 9 Matth. 1, 16. Luc. 3, 23. Aug. Serm. 51, 17, 27. c. Faust. III, 3 (p. 263, 27 ed. Zycha) 13 Deut. 25, 5 sq. Matth. 22, 24. Marc. 12, 19. Luc. 20, 28 Aug. Quaest. in Heptat. V, 46 (p. 404, 7 sqq.) 18 Matth. 1, 16

1 falsitas *F^1*, falsas *BM^2* 2 opus *om. H* uerbi *C^1D^1* propositū *H* 3 responsionis *C^1* trigenta *C^1* tres] res*** *D^1*, tres et in *P^1*, tres etenim *P^2* disputationis *C^1* quas *GM^1RSV* 4 *post* libros *add. P^2 s. l.* nescio quur *C^1DEHP* etsi] et dī *R* 5 breues *CD^1R*, perbreues *cet. v* uero *om. B* 6 aduersum *V* criminationationes *C^1D^1* deffenditur *C^1* 7 ferae *C^1D^1* meorum *om. R*, eorum *E* 9 dixi* *M* 10 adobtatus *C^1*, aboptatus *H* adobtionis *H*, adoptiones *P^1* 11. dicere (i *in ras.*) *M* debuit *E^1* dixi quod sonat *B* uiuis *Q^1* 12 pater alius *S* filius *C^1D^1*, filos *H* aetiam *D* mortui *BFGNS*, alibi mortuis m̥o̥r̥t̥u̥i̥ *E* adobtabat *D^1* 13 fratres *D* ducerit *V*, diceret *Q^1* frater] et fr. *P*, frater eius *M*, fratrem *N* 14 semen *C^2 in ras.*, senex *D^1* 15 perfecto *E^1* hominibus *H* patribus (ri *in ras.*) *M* expeditior**ibi (r ibi *m. 2 in ras.*) *C*, ibi *ex* al**s *corr. M*, expeditiorib; *H*, expeditior ubi *FG* 16 utrum *E^1a* fuerint *E* 17 contegit *C^1D^1* aliter *Q^1* 18 mattheus *MNP* gonitum *G^1*

Ioseph; sed uterino fratri suo eum genuit, cuius filium Lucas dicit fuisse Ioseph, non utique genitum, sed ex lege adoptiuum. hoc in eorum litteris inuentum est, qui recenti memoria post ascensionem domini de hac re scripserunt. nam etiam nomen eiusdem mulieris, quae peperit Iacob, patrem Ioseph, de priore marito Mathan, qui fuit pater Iacob, auus Ioseph, secundum Matheum, et de marito posteriore Melchi peperit Heli, cuius erat adoptiuus Ioseph, non tacuit Africanus. quod quidem, cum Fausto responderem, nondum legeram, sed tamen per adoptionem potuisse contingere, ut unus homo duos haberet patres, dubitare non poteram.

3 In duodecimo et in tertio decimo de filio Noe secundo, (3)
qui est appellatus Cham, ita disputatum est, tamquam non
in filio suo Canaan, sicut scriptura demonstrat, sed in se ipso
4 fuerit a patre maledictus. in quarto decimo de sole et luna
talia dicta sunt, tamquam sentiant et ideo tolerent uanos adoratores suos, quamuis uerba ibi accipi possint ab animali ad inanimale translata modo locutionis, qui uocatur graece

2 Luc. 3, 23 8 S. Iul. Afric. ep. ad Arist. 3, 9—14 (Patrol. gr. X p. 52 sq. M) cf. Aug. Quaest. in Heptat. V, 46 12 c. Faust. XII, 23. XIII, 10 14 Gen. 9, 25 15 c. Faust. XIIII, 12

1 genuit (uit *m. 2 in ras.*) *CM* 2 sed ex—inuentum est *add. C² in mg.* ex *om. Q* 3 adobtiuum *Q* libris *S²* inuentus *H*, inuentuntum *Q* reenti *H* 4 acensionum *D¹* dñ *E* 5 nomen] nobis *C¹*, nrm *H* mulieres *Q¹* iacob* *C* 6 priori *C¹D¹* merito *D¹* mathan *D²*, natam *H*, nathan *cet. a* 7 et de marito *bis scripta exh. V* posteriori *O* 8 perit *C¹D¹* adoptiuus erat *B* african' (n' *m. 2*) *D*, affricanus *BFOR* 9 legerem *C¹* 10 unus (u *pr. m. 2*) *C*, et unus *E* 11 haberet (t *m. 2 s. l.*) *CD* 12 duodecimo] XLI *V* *alt.* in *om. BPRv* tertio decimo] XLII *V* secundum *C¹* 13 qui est] quest *C¹*, que est *D¹* appellatos *C¹D¹*, appellatur *H* ita (i *m. 2 in ras.*) *C* 14 canaan *CD¹*, chanaan *cet. v* se *om. B* 15 a *om. C¹D¹* quarto decimo] eodem tertio decimo *mss.*, *errore fort. ipsius Aug.* sole (e *add. m. 2*) *C* 16 talia] alia *B*, & alia *H* tolerent (o *m. 2 in ras.*) *C*, tollerent *D¹EM¹S²* 17 ibi *om. F¹* accipi ibi *B* accepi *C¹D¹* possent *C¹D¹*, possunt *H* 18 inanimale] animale *C¹OQ¹* locuti**nis *D*, loquutionis *EH*, locutiones *C¹*

metafora, sicut de mari scriptum est, quod fremat in utero
matris suae uolens progredi, cum utique non habeat
uoluntatem. in undetricensimo: *absit*, inquam, *ut sit in membris* 5
sanctorum etiam genitalibus aliqua turpitudo. dicuntur quidem
inhonesta, quia non habent eam speciem decoris quam membra,
quae in promptu locata sunt, sed probabilior in aliis postea
scriptis nostris reddita ratio est, cur ea dixerit etiam apostolus
inhonesta, propter legem scilicet in membris repu-
gnantem legi mentis, quae de peccato accidit, non de
prima nostrae institutione naturae.
Hoc opus sic incipit: *Faustus quidam fuit.* 6

(VIII.) CAPVT XXXIIII.

CONTRA FELICEM MANICHEVM LIBRI DVO.

Contra Manicheum quendam nomine Felicem praesente po- 1
pulo in ecclesia biduo disputaui. Hipponem quippe uenerat
eundem seminaturus errorem; unus enim erat ex doctoribus
eorum, quamuis ineruditus liberalibus litteris, sed tamen uer-

1 Iob 38, 8 sec. LXX 3 c. Faust. XXVIIII, 4 (p. 746, 14) 6 Aug. de ciu. dei XXII, 19 sqq. 8 I Cor. 12, 23 Rom. 7, 23 17 cf. Aug. Confess. V, 6, 11 (p. 97, 17)

1 metafora *CDHRV*, etaforas *E*¹, metaphora *cet.* sit *D*¹*R* quo *V* 2 cum] eum *E*¹ 3 uoluntate *D*¹ undetricensimo] undeuicensimo *C*¹*D*¹*HM*¹, XXL *V*, undeuigesimo *C*², undeuicesimo *cet.* ut sit—5 quam *om. OP* membris] m. meis *C*¹ 4 scorom *H* 5 inhonesta] in homine (-em *R*) ista *BEFGNRS* eam] eam etiam *Q*¹, etiam eam *N* speciaem *D* 6 im *Q* prompto *C*¹, prumpto *D*¹, promtu *M*, prompta *S*¹, proptu *E* locuta *G*, uocata *H* aliis (a *s. l. add.*) *C*, his *D*¹*R* postea *C* (*in ras.*) *D*¹, *om. BD*²*FGNQS* 7 scripturis *BFM*²*a* reddita* (ē *ras.*) *M* quur *C*¹*DEH* ea] & a *H* 8 propter] pro *H* lege *H* repugnantem in membris *BFGNQ*, repugnantem legi mentis *O* repugnante *H* 9 qui *C*¹ accedit *C*¹*D*¹*V* 10 prima* (e *ras.*) *M* nostra *BCFGNS* institutionae *D* 12 *num. om. BFPQ*, VIII *v* 14 nomine *G*² *s. l.*, nomī *C* fecilem *E*¹ praesent*e (a *ras.*) *C* 15 aecclesia *C*¹*D* ipponem *GHMNQSV*, hypponem *R*, yponem *BE*, ippone *OP* quippe* (m *ras.*, ippe *m. 2 in ras.*) *M* 16 eūdem *Q* sompniaturus *O* * | unus (u *pr. m. 2*) *M* 17 inheruditus *D*¹

sutior Fortunato. gesta sunt ecclesiastica, sed inter meos libros conputantur. duo ergo libri sunt, in quorum secundo disputatum est de libero arbitrio uoluntatis siue ad male operandum siue ad bonum. sed de gratia, qua uere liberi fiunt, de quibus scriptum est: si uos filius liberauerit, tunc uere liberi eritis, diligentius disputare, quoniam talis erat, cum quo agebamus, nulla sumus necessitate conpulsi.

2 Hoc opus sic incipit: *HONORIO AVGVSTO SEXTVM CONS. SEPTIMO IDVS DECEMBRIS.*

CAPVT XXXV. (VIIII.)

DE NATVRA BONI LIBER VNVS.

1 Liber de natura boni aduersus Manicheos est. ubi ostenditur naturam incommutabilem deum esse ac summum bonum, atque ab illo esse ceteras naturas siue spiritales siue corporales atque omnes, in quantum naturae sunt, bonas esse, et quid uel unde sit malum et quanta mala Manichei ponant in natura boni et quanta bona in natura mali, quas naturas finxit error ipsorum.

5 Io. 8, 36

1 furtunato *D*, fortinatu *H* aecclesiastica C^1D libros (os *in ras.*) *C* 2 computabantur *B*, deputantur *Oa mg.* 3 libro Q^1, liber *H* uoluntatis arbitrio *v* malum $D^2HMOPQRVv$ 4 qua (a *e corr.*) *C* libere *R* fiant] fuerint *B*, sunt Q^2a de—liberi *add.* Q^2 *in mg.* 5 filios C^1D^1 filius uos Q^2 libera D^1, liberaberit R^2 uero C^1 6 erat G^2 *in ras.*, erit R^1 7 ageuamus D^1, habebamus M^1 8 honori D^1, honorario *B* aug $BCHNPQ^1S$, ag *G*, au *E* sextum *om.* *EHM*, sexto *C*, series *F*, III *O* cons.] cons *D*, consuli *F*, conss (*om. seqq.*) *E*, const *C*, constan *S* septimo***** *C*, *om.* *O* 9 idus (v *m. 2*) *C* decembris (v *m. 2*) *C* id. decembr. D^2 *s. l.* 10 *num. om.* *BFPQ*, IX *v* 11 liber *C in ras.* 12 aduersum *O* manichaeos *M*, manicheus D^1 ostenditur ubi Q^1 13 natura *EO* 14 adque C^1 ceteras] creatas D^2Q^1 15 quatum C^1, quanto F^1 16 mala] mali *E* manichaei *HM* ponat C^1, punant *V* 17 bona C^2 *in ras.* naturas (s *m. 2 in ras.*) *G* error* (i *ras.*) *C* 18 eorum *BFGNQS*

Hic liber sic incipit: *Summum bonum, quo superius non* 2
est, deus est.

(X.)

CAPVT XXXVI.

CONTRA SECVNDINVM MANICHEVM LIBER VNVS.

Secundinus quidam, non ex eis, quos Manichei electos, sed 1
ex eis, quos auditores uocant, quem ne facie quidem noueram, scripsit ad me uelut amicus honorifice obiurgans, quod oppugnarem litteris illam heresem, et admonens, ne facerem, atque ad eam sectandam potius exhortans cum eius defensione et fidei reprehensione catholicae. huic respondi; sed quia in eiusdem opusculi capite non posui, quis cui scriberet, non in epistulis meis, sed in libris habeatur. illic ab exordio conscripta est etiam eius epistula. huius autem mei uoluminis titulus est: contra Secundinum Manicheum. quod mea sententia omnibus, quae aduersus illam pestem scribere potui, praepono.

Hic liber sic incipit: *Beniuolentia in me, quae apparet* 2
litteris tuis.

5 Aug. de haer. 46. Confess. III, 10, 18

1 quo* (q *ras.*) *CD* 3 *num. om. BFPQ*, X *v* 4 manicheum secundinum *S*, secundinum (*om.* manicheum) *B*, secundum man. D^1 5 secundus D^1 quos] quodā *H* 6 his *Q* uocant—facie D^2 *in ras.* quaem *C* na̧e *C*, nec D^2E^2a facia̧e *C* 7 uelut] quasi *O* obpugnarem *BFHS* 8 illam *M in ras.* heresem C^1D^1M, heresim *cet. v* ammonens *FMN*, admones *H* 9 ad* *D* potius sectandam *v* exortans C^1DEV 10 repraehensione et catholicae *M*, catholicae reprehensione *v* 11 opuscoli *V* cui] cuius C^1D^1 scriberem *a* 12 in *om.* $C^1D^1HR^1$ aepistulis *HM*, epistolis *cet.* libro *B* habeatur C^1D^1, habetur *cet. v* 13 aepistula *H*, epistolaın (o *ex* u) *C*, epa̧stola (i *sup.*) *Q* uoluminis] libri *a* 14 meam *M* sentia CD^1, sententiam *M* 15 paestem *M* 16 praepono *CDR*, facere praepono *P*, facile praepono *cet. v* 17 beniuolentiam *M*, beneuolentiam *PV* tua in me beniuolentia *a* appareret *P* 18 litteris CD^1, in litteris *cet. v*

CAPVT XXXVII. (XI.)

CONTRA HILARVM LIBER VNVS.

1 Inter haec Hilarus quidam, uir tribunicius, laicus catholicus, nescio unde aduersus dei ministros, ut fieri assolet, irritatus morem, qui tunc esse apud Carthaginem coeperat, ut hymni ad altare dicerentur de Psalmorum libro siue ante oblationem, siue cum distribueretur populo, quod fuisset oblatum, maledica reprehensione, ubicumque poterat, lacerabat asserens fieri non oportere. huic respondi iubentibus fratribus, et uocatur liber: contra Hilarum.

2 Hic liber sic incipit: *Qui dicunt mentionem ueteris testamenti.*

CAPVT XXXVIII. (XII.)

QVAESTIONES EVANGELIORVM, LIBRI DVO.

1 Sunt quaedam expositiones quorundam locorum ex euangelio secundum Matheum et aliae similiter secundum Lucam; in unum librum illae, in alterum istae redactae sunt. titulus operis huius est: quaestiones euangeliorum. sed quare illa sola de supra dictis euangelistis exposita fuerint, quae his libris

2 non extat 5 Aug. Confess. VIIII, 7, 15 (p. 208, 17)

1 *num. om.* *BFPQ*, XI *v* 2 hillarum C^1, hilarium RS^1a, hylarum *FH*, hylarąum *O* 3 hilarius M^1Ra, hylarus *OQ*, ilarus E^1, ilarius E^2 uir tribunicius *om.* *H* tribunitius *EFQRV*, trinicius C^1 4 undąe *C* aduersum *HV* į̧n ministros *Q* assollet C^1, adsolet $GHPS^1V$ irritans C^1D^1, inrigatus *H* 5 morem *om.* *P* tunc esse] cum essē *R* cartaginem *BC*, charthaginem *GS*, karthaginem *EN* ymni *BEFHMRV* 7 detribueretur C^1D^1, distribuerentur *F* 8 repraehensione *DM*, reprehinsione *V*, responsione *F* ubicumquae *D* afferens E^1Q^1 9 iubentibus (bus *in ras.*) *C*, uiuentibus *H*, uidentibus *F* 10 liber C^1D^1R, liber ipse *cet.* *v* illarum C^1, hylarum HOQ^1, hilarium E^2R, hylarium Q^2 11 •mentionem *C* 12 *num. om.* *BFPQ*, XII *v* 13 euangelii *O* 14 expositionis H^1 corundam C^1D^1 15 mattheum *EMNOPV* similiter et aliae *H* 16 iste *CD*, ista E^1 titulus] t. autem *a* 17 operes D^1 huius operis *BFOa* sóla (la *m. 2 s. l.*) *C*, *om.* D^1 18 euangelistis D^1EQ^2R; •euangelistis (a *ras.*) C^1, euangelistis libris *FGNS*, euangelistarum libris *B*, euangelicis libris *cet.* *v* expositae CD^1 fuerunt *S*

meis continentur, et quae ista sint, prologus meus adiunctis
atque adnumeratis eisdem quaestionibus ita, ut quisque legere
quod uoluerit numeros secutus inueniat, satis indicat.
In primo ergo libro in eo, quod positum est, *dominum* 2
seorsum duobus discipulis suam rettulisse passionem,
mendositas codicis nos fefellit; nam *duodecim* scriptum est,
non *duobus*. in secundo uolens exponere, quomodo duos 3
patres potuerit habere Ioseph, cuius coniux dicta est uirgo
Maria, illud, quod perhibetur fratrem duxisse defuncti fratris
uxorem, ut ei semen secundum legem suscitaret, ideo dixi
*esse infirmum, quoniam qui nasceretur nomen defuncti lex
eum iubebat accipere.* non est uerum; nomen enim defuncti,
quod dictum est, ad hoc lex ualere praecepit, ut eius filius
diceretur, non ut hoc quod ille uocaretur.
Hoc opus sic incipit: *Hoc opus non ita scriptum est.* 4

(XIII.)

CAPVT XXXVIIII.

ADNOTATIONES IN IOB, LIBER VNVS.

Liber, cuius est titulus: adnotationes in Iob, utrum meus 1
habendus sit an potius eorum, qui eas, sicut potuerunt uel

4 Quaest. euang. I, 27 5 Matth. 20, 17 sqq. Marc. 10, 32. Luc. 18, 31 7 Quaest. euang. II, 5 10 Deut. 25, 5 sqq. Matth. 22, 24. Marc. 12, 19. Luc. 20, 28 11 Retract. II, 33, 2. Aug. Quaest. in Heptat. V, 46 (p. 404, 7 sqq.). enarr. in Ps. XXXXIIII, 23

1 ista (e *m. 2*) *C* sunt B^1E adiunctis] & adiuncti *H* 2 adnuratis D^1, numeratis *E*, enumeratis *a* eiusdem *B* 3 qđ C^1 *s. l.* sequutus *EHV* 4 ergo] enim *H* in eo] meo *Q* seorsum dominum *R* 5 duobus *om.* Q^1 rettulisse *DV*, retulisse* (t *ras.*) *C*, retulisse *cet.* passione D^1 6 cudicis *V* fefelit C^1 7 secundo C^1D^1ER, secundo libro *cet. v* exponerē *H* 8 poterit C^1O coniunx C^2D^2GNR, coniunx** (it *ras.*) *Q* 9 quod C^1 *s. l.* perhibitur D^1 duxisse R^2 *in ras.*, dixisse D^1H^1 fratris *om.* NQ^1, *exp.* D^2 10 ei] eius *N* suscitaret (s *pr. ex* n) *CD* dixi esse] dixisse *BFGNS* 11 quod *ante* nomen *add.* E^2 *s. l.* 12 eum lex *F* eum] enim C^1D^1 iuberet E^2 *s. l.*, iubeat Q^2 enim *om. S* 13 ualere lex *FO* praecipit *OPS* eis D^1, es E^1 14 non] n. ad hoc *a* 16 *num. om. BFPQ*, XIII *v* 17 annotationes $BFMOQS^2$ 18 titulus est *F* titulus *om. B* meus (u *in ras. m. 2*) *C* 19 habendus (nd *s. l.*) *V* eas sicut (s *in ras.*) *M*

uoluerunt, redegerunt in unum corpus descriptas de frontibus codicis, non facile dixerim. suaues enim paucissimis intellegentibus sunt, qui tamen necesse est offendantur multa non intellegentes, quia nec ipsa uerba, quae exponuntur, ita sunt descripta in multis locis, ut appareat, quid exponatur; deinde breuitatem sententiarum tanta secuta est obscuritas, ut eam lector ferre uix possit, quem necesse est plurimà non intellecta transire; postremo etiam mendosum conperi opus ipsum in codicibus nostris, ut emendare non possem nec editum a me dici uellem, nisi quia scio fratres id habere, quod studio non potuit denegari.

2 Hic liber sic incipit: *Et opera magna erant ei super terram.*

CAPVT XL. (XIIII.)

DE CATECHIZANDIS RVDIBVS LIBER VNVS.

1 Est etiam liber unus de catechizandis rudibus hoc ipso titulo praenotatus. in quo libro, ubi dixi: *nec angelus, qui cum spiritibus aliis satellitibus suiṣ superbiendo deseruit oboedientiam dei et diabolus factus est, aliquid nocuit deo, sed sibi;*

9 cf. Retract. I, 26 16 De catech. rud. 18, 30

1 redigerunt *GM*^{1}*PSV*, redigere *a* 2 cudícis *V*, codices *D*^{1} facilem *C*^{1}*D*^{1} suaues (es *m. 2*) *D*, suauit *C*^{1} 4 descripta (*om.* sunt) *S*, descripta sunt *v* 5 in *om.* *P*^{1} locis *om.* *B* ut] uix *add.* *P*^{2} *s. l.* appareret *BFGM*^{2}*NS* 6 breuiętatem *E* sententiam *Q*^{1} sequuta est *E*, sequutę (*om.* est) *H*, est secuta *a* 7 uix ferre *Fv* necessạe *C* 8 transsire *C*^{1}*G* etiam *D*^{1}*R*, *t*am *C*, tam *cet.* *v* mendosā *E*^{1} 9 quodicibus *Q* emendari nollem (*om.* non—uellem) *O* posse *D*^{1}, possim *BFGNS* 10 quod *C*^{1}*D*^{1}*R*, quorum *cet.* *v* stutio *C*^{1}*D*^{1} 12 hoc *F*^{1}*Sa* liber] opus *a* sic *om.* *H* et *om.* *BD*^{2}*FGNQ*^{1}*S* erat *D*^{1} eis *BD*^{2}*FGNPQ*^{1} 13 *num. om.* *BFPQ*, XIV *v* 14 (15) cathecizandis *C*^{1}*DHN*, cathezizandis *C*^{2}*EO*, cathicizandis *V*, catecizandis *GS*, catezizandis *FR*, cathechizandis *B* 15 aetiam *D*, enim *BFGNS* unus *CD*^{1}*EQ*^{2}*R*, *om.* *B*, noster *cet.* *v* cathecizandis *CDM* 16 praenonotatus *C*, praenotatis *E*^{1} ubi] quod *OP* 17 sp̄italibus *CD*^{1} sate*llitibus *D* obedientiam *CD*, obaedientiam *V* 18 diabulus *C*^{1}*H* deo—nouit *Q*^{2} *in mg.*

nouit enim deus ordinare deserentes se animas, conuenientius diceretur: *deserentes se* spiritus, quoniam de angelis agebatur.

Hic liber sic incipit: *Petisti me, frater Deogratias.* 2

(XV.)

CAPVT XLI.

DE TRINITATE LIBRI QVINDECIM.

Libros de trinitate, quae deus est, quindecim scripsi per 1
aliquot annos. sed cum eorum duodecim non perfecissem et eos diutius tenerem, quam possent sustinere, qui uehementer eos habere cupiebant, subtracti sunt mihi minus emendati, quam deberent ac possent, quando eos edere uoluissem. quod posteaquam conperi, quia et alia eorum apud nos exemplaria remanserant, statueram eos iam ipse non edere, sed sic habere, ut alio aliquo opusculo meo, quid mihi de his euenerit, dicerem. urguentibus tamen fratribus — quia resistere non eis ualui — emendaui eos, quantum emendandos putaui, et con-

1 deum M^1 deserentes se] desserent ēē *H* animas—diceretur *om.* S^1 se animas—agebatur G^2 *in ras. et in mg.* 2 deserentes se *om.* *S*, deserentes ēē *R* 3 petisti C^2 *in ras.*, petis *E* me] a me EQ^2 4 XL*I *C*, XL *H*, *om.* *BFPQ*, XV *v* 5 liber *F* quindecem C^1, unus *F* 6 trinitatae *C* quindecim *om.* *O* scripsi (si *m. 2 s. l.*) *C* 7 aliquod $C^1D^1EM^1RS^1$ annus B^1 duodecim C^1D^1 duodecimum *cet.* *v* non C^1D^1, nondum *cet.* *v* perfecissē (- *m. 2*) *C* 8 eos *om.* *H* diutius (uti *s. l. m. 2*) *C* tenerem *C* possent] non p. *E* ueimenter M^1 9 eos CD^1E^2R, illos *cet.* *m*, *om.* *a* cupiebat C^1D^1 10 deberent *C*, debe**rent (re *ras.*) *D* possent ac deberent *N* edere eos *F* 11 et alia] talia *R* eorum *om.* S^1 nos C^2 *in ras.* 12 remanserunt C^1D^1 staturam C^1D^1, studueram C^2 13 alio C^1D, in alio *cet.* *v* aliquo* *C* opusculo* *C*, oposcolo E^1 meo* *C* eis BD^2FGNQS eueneret C^1, aesuenerit *P* 14 dicere C^1D^1, dicemur H^1, diceremur H^2 urguentibus C^1DPRV, ungentibus B^1, gentibus H^1, exigentibus H^2, urgentibus *cet.* quia C^1D^1EOPR, quibus *cet.* *m* non eis ualui] non eis ualuit (uoluit C^1) C^1D^1, non eis eualui E^1R, non ea ualui *H*, non ualui *cet.* *v* 15 aemendaui *P*, (men *ex* nim *corr.*) *Q* emendandum C^1, emendandus D^1

pleui et edidi adiungens eis a capite epistulam, quam scripsi ad uenerabilem Aurelium, episcopum Carthaginiensis ecclesiae, quo tamquam prologo exposui et quid accidisset et quid facere mea cogitatione uoluissem et quid fratrum conpellente caritate fecissem.

2 In quorum libro undecimo, cum de corpore uisibili agerem, (2)
dixi: *quocirca id amare alienari est.* quod secundum eum
amorem dictum est, quo aliquid sic amatur, ut eo fruendo
existimet beatum se esse, qui hoc amat; nam non est alienari
in laudem creatoris amare speciem corporalem, ut ipso crea-
3 tore fruens quisque uere beatus sit. itemque in eodem ubi
dixi: *nec auem quadrupedem memini, quia non uidi, sed
phantasiam tamen facillime intueor, dum alicui formae uolatili,
qualem uidi, adiungo alios duos pedes, quales itidem uidi,*
haec dicens non potui recolere uolatilia quadrupedia, quae
lex commemorat. neque enim conputat in pedibus duo posteriora

7 De trin. XI, 5, 9 12 De trin. XI, 10, 17 16 Leu. 11, 20

1 aedidi *P*, ededi S^1 a capite (a *alt. ex* i *corr.*) *C*, accipite D^1 aepistulam C^1D^1M, epistolam *cet.* 2 aurilium D^1 kartaginiensis *BEO*, karthaginiensis *N*, carthaginensis *FRSV* aecclesiae *D* 3 quo] qua D^2Q, cui *R* pro (*om.* logo) *H* accedisset D^1V, accedissent C^1 4 mea] ea H^1ORa (*mg.*), in ea *a* cogitatione (o *in ras.*, gi *s. l. m. 2*) *C* noluissem *O* conpellente caritate *CD*, caritate conpellente *cet. v* 5 fecisse D^1 7 quodcirca *R* damare (*om.* id) *H* alienari* *C* est *om.* *BFGNS* eum] meum *R*, illud *B* 8 amorem] morem D^2EOPVa, amare *BFGNS* quod *BFGHN* eum C^1D^1 fruendo (ū *ras.*) *CD* 9 se *om.* *O* alienarū *R* 10 creaturis C^1D^1 ut] et *C* creature C^1D^1, creatori *B* 11 fruens (e *in ras.*) *D* 12 ne C^1 auem] *om.* BCD^1FR, solem GNS^2 *mg.* quadrupedem] nec q. M^2 13 fantasiam *BFHQRS*, phantasia *D* tamen C^1D^1ER, talem *cet. v* facillime* *CM* intuor P^1, intue*or (r *ras.*) *F*, intueri *N* alicui (licui *m. 2 in ras.*) *C*, alicuius *R* uolatilem C^1D^1, uolatilę *R* 14 adiunxi S^2 pedes *om.* C^1D^1R quales itidem] qualem s*it*idem *C*, qualem sit idem *H*, quale sit idem *D* 16 enim] e. lex *H*, e. non Q^1 computantur $EFGM^2NQS$, comparantur *B*, non putantur D^2 in pedibus comparantur *B* 16 pedi**bus *E*

crura, quibus locustae saliunt, quas dicit mundas, et ideo discernit ab inmundis talibus uolatilibus, quae non saliunt illis cruribus, sicut sunt scarabei. omnia quippe huius modi uolatilia quadrupedia uocantur in lege.

(3) In duodecimo uelut expositio uerborum apostoli, ubi ait: 4
omne peccatum, quodcumque fecerit homo, extra corpus est, non mihi satisfacit, nec sic puto intellegendum, quod dictum est: *qui autem fornicatur, in corpus proprium peccat,* tamquam ille hoc faciat, qui propter adipiscenda ea, quae per corpus sentiuntur, ut in his finem boni sui ponat, aliquid agit. hoc enim longe plura peccata conplectitur quam illa fornicatio, quae concubitu perpetratur inlicito, de qua locutum, cum hoc diceret, apostolum apparet.

Hoc opus excepta epistula, quae postmodum ad eius caput 5
adiuncta est, sic incipit: *Lecturus haec, quae de trinitate disserimus.*

(XVI.) CAPVT XLII.

DE CONSENSV EVANGELISTARVM LIBRI QVATTVOR.

Per eosdem annos, quibus paulatim libros de trinitate 1
dictabam, scripsi et alios labore continuo interponens eos

5 De trin. XII, 10, 15 6 I Cor. 6, 18 12 Retract. I, 18, 9. Serm. 162

1 lucustae M^1 locustae saliunt] locuta es aliud *R* ed:•it GS^1 mundus E^1 2 immodis H^1 uolatibus *C* 3 sunt *om. H* scarabaei *C* modi P^2 *s. l.*, mundi F^1 4 in *om. F* 5 uelut (ut *s. l.*) *V*, uelud C^1, ł uero *O s. l.* 6 omnem C^1D^1 quoquumque C^1, quocumquae D^1, quodque H^1 *post* homo *add.* M^2 *s. l.:* peccatum 7 satisfacit (a *alt. in ras.*) *M*, satisfecit *R* 8 quod] quū *ex* quur *corr. H* fornicantur C^1D^1 proprium corpus *BR*, corpus suum *O* 9 peccati *F* ille *om.* D^1 10 adhipiscenda *N* sentiuntur (*pr.* nt *m. 2 in ras.*) *D*, sensiuntur Q^1, ał. sequuntur *a in mg.* in C^2 *s. l.* 11 bonis inponat (*om.* sui) *E* *post* ponat *add.* P^2 *s. l.* cū plus a peccato *R* 12 forni*catio *C* concubito D^1V, concupito C^1 13 inlecito *V* loquutum *EHP* dicerit C^1D^1 14 epistula C^1H, aepistula M^1, epistola *cet.* modum (*om.* post) *N* 15 lectorus D^1 16 disseruimus *Ba*, discerimus Q^1 17 *num. om. BFNPQ*, XVI *v* 18 consenso C^1, consu D^1 aeuangelistarum *C* quatuor *C*, ·II. *N* 19 libros] in l. *E* 20 labore *om.* F^1, labore* (s *ras.*) *CD* eos] eos libros *H*

illorum temporibus, in quibus sunt libri quattuor de consensu
euangelistarum propter eos, qui tamquam dissentientibus calum-
niantur. quorum primus liber aduersus illos conscriptus est,
qui tamquam maxime sapientem Christum uel honorant uel
honorare se fingunt et ideo nolunt euangelio credere, quia
non ab illo illa conscripta sunt, sed ab eius discipulis, quos
existimant ei diuinitatem, qua crederetur deus, errore tri-
buisse.

2 In quo libro *ex Abraham coepisse gentem Hebreorum* est
quidem et hoc credibile, ut Hebrei uelut Abrahei dicti esse
uideantur, sed ex illo uerius intelleguntur appellati, qui
uocabatur Heber, tamquam Heberei, de qua re in libro sexto
3 decimo de ciuitate dei satis disserui. in secundo, cum agerem
de duobus patribus Ioseph, ab altero dixi genitum, ab altero
adoptatum; sed dicendum fuit: alteri adoptatum. defuncto
enim, quod magis credendum est, secundum legem fuerat

9 De cons. euang. I, 14, 21 12 Aug. Quaest. in Heptat. I, 24 13 Aug. de ciu. dei XVI, 11 (II p. 146 sqq.) 14 De cons. euang. II, 3, 5 15 Retract. II, 33, 2. 38, 3 16 Deut. 25, 5 sq. Matth. 22, 24. Marc. 12, 19. Luc. 20, 28

1 quatuor C^1S^2 de consensu G^2 *s. l.* 2 qui *om.* *B* numquam *H* dissidentibus *V*, discenti∗∗∗bus *E*, dissentiunt *H*, dissentientes *a* calomniantur C^1V 3 primis *E* libe D^1 illos C^2 *in ras.*, illus *H*, eos *a* 4 maximạe *D* sapientạem *C* Christum] sp̄m *H* honorant] honorat C^1, honorarent *B* 5 se *om.* *V* 6 illo CD^1ER, eo *Q*, ipso *cet.* *v* sedẹ *Q* discipolis *V* quos] quod *CD* 7 ei] eam *P* diuitatem Q^1 quaṁ *C*, quia G^1 tribusse C^1 9 libro C^1D^1R, libro quod dixi *cet.* *v* abraam *G*, habraham *R* cepisse C^1 hebraeorum *EMNO*, ebreorum *H*, aebreorum *P* 10 quidem (qui *in ras.*) *M* credebile *V*, credibile∗∗ *G* ut] et *H* ut hebrei D^2 *in ras.* haebraei *M*, heraei C^1, ebraei *V*, aebrei *P*, hẹbrei *G*, ebrei *Q* uelud C^1H habrahei *R*, abraei *MO*, abra^{a}ei *V*, habraei *P*, habrei *B*, abrei *F*, abrahae *H* 11 uerius *om.* *H* dicuntur *B* 12 uocatā *H* eber BF^1GNQS, *om.* *H* tamquam *om.* *H* heberei D^2MPRS^2, heberaei *V*, hebei C^1, hebrei C^2FGQ^1, hẹbraei *E*, ebrei *H*, hebrer Q^2 in *om.* *H* 13 satis *om.* *F* serui *H* secundo] s. autem EQ^2a 14 patribus *om.* *H* dixi] fuisse *O* 15 adobtatum C^1 sed—adoptatum *bis scripta exhib.* *H* adoptum D^1, aptatum *P* 16 magis *om.* Q^1

adoptatus, quoniam qui eum genuit eius matrem, fratris
defuncti coniugem, duxerat. item ubi dixi: *Lucas uero ad* 4
ipsum Dauid per Nathan ascendit, per quem prophetam deus peccatum ipsius expiauit, per cuius nominis prophetam dicere debui, ne putaretur idem fuisse homo, cum alter fuerit, quamuis et ipse hoc uocaretur.

Hoc opus sic incipit: *Inter omnes diuinas auctoritates.* 5

(XVII.)

CAPVT XLIII.

CONTRA EPISTVLAM PARMENIANI LIBRI TRES.

In quibusdam libris contra epistulam Parmeniani, Donatistarum 1
Carthaginiensis episcopi successorisque Donati, quaestio noua uersatur et soluitur, utrum in unitate eorundem communione sacramentorum mali contaminent bonos et quemadmodum non contaminent disputatur propter ecclesiam toto orbe diffusam, cui calumniando scisma fecerunt.

In quorum libro tertio, cum dissereretur, quomodo sit acci- 2
piendum, quod ait apostolus: *auferte malum ex uobis*

2 De cons. euang. II, 4, 12   3 Luc. 3, 31   4 Retract. I, 25, 62
10 Optat. Mil. I, 10 (p. 12, 22 ed. Ziwsa)   16 c. ep. Parmen. III, 1, 2
17 I Cor. 5, 13

1 defuncti fratris *M* 2 defunctis *S* 3 natham *EM* (4) profetam *H* 4 ipsius CD^1ER, illius *cet.* *v* 5 alter* *CD* 6 *post* hoc *add.* E^2 (*s. l.*) *N:* nomine 7 omnis *V* 8 *num. om.* *BFPQ*, XVII *v* 9 epistulam *HM*, aepistulam C^1, epistula D^1, epistolam *cet.* permaeniani *C* 10 quibusdam C^1D^1, tribus *cet.* *v* epistulam C^1D^1M, epistolam *cet.* 11 karthaginiensis *N*, kartaginiensis *EO*, cartaginiensis *B*, chartaginensis *F* episcopi] ecclesiae C^1DR successorisquae D^1, successoresque Q^1R, suocessorisque H^1 noua CD^1RS^2 (*mg.*), magna *cet.* *v* 12 et soluitur *om.* *O* in *om.* *EOPV*, *eras.* *C* unitatem E^1PV eorunundem C^1, eorunde D^1, et eorum diem *H*, et eorundem *cet.* *v* communionem *PV* 13 contaminant *BFGNQS* bonos—contaminent *om.* *R* bonus C^1D^1 quemammodum *M* non *om.* *a* 14 contaminetur C^1, contaminet D^1 aecclesiam *D* orbem CS^1 difusam D^1 15 calomniandu C^1 se.hi.scisma *C*, ***scisma *D* 16 cum] quo *BFGHNS* disseretur Q^1V, dissereret *B* *s. l.*

ipsis, illud, quod dixi: *ut ex se ipso quisque auferat malum*, non sic esse intellegendum, sed sic potius, ut homo malus auferatur ex hominibus bonis, quod fit per ecclesiasticam disciplinam, sicut graeca lingua indicat, ubi sine ambiguitate scriptum est, ut intellegatur: hominem m a l u m, non: hoc m a l u m, quamuis et secundum istum intellectum responderim Parmeniano.

3 Hoc opus sic incipit: *Multa quidem alias aduersus Donatistas.*

CAPVT XLIIII. (XVIII

DE BAPTISMO LIBRI SEPTEM.

1 Contra Donatistas auctoritate beatissimi episcopi et martyris Cypriani se defendere molientes septem libros de baptismo scripsi, in quibus docui nihil sic ualere ad refellendos Donatistas et ad eorum prorsus ora claudenda, ne aduersus catholicam suum scisma defendant, quomodo litteras factumque Cypriani.

2 Vbicumque autem in his libris commemoraui *e c c l e s i a m*

18 De bapt. I, 17, 26. III, 18, 23. IIII, 3, 5. VII, 10, 19 Eph. 5, 27

1 quisquae C^1D, quisquis *V* 2 potius sic *F* 3 omnibus *E* pro ecclesiastica disciplina *a* aecclesiasticam C^1D, ecclesiasticam (asticam *s. l. m. 2*) *S* 4 sicut D^1RS^2 *mg.*, sicut* *C*, sicut satis *B*, et hoc satis *N*, satis *cet. v* grega C^1 indicat (in *in ras. m. 2*) *C* sine C^2 *in ras. et s. l.*, se D^1 5 hominem D^1R, hominem *C*, hunc hominem *B*, hic (malus) *a*, hunc *cet. m* 6 et *om. B*, et in D^1 responderem *E* 8 multi *B* alias] et alia D^2EOPQa aduersum *V*, aduerso S^1 10 XL*IIII *ex* LXIIII *C*, *om. BFPQ*, XVIII *v* 11 septem] VI *F* 12 donatista C^1D^1 auctorita D^1 martiris G^1, martires D^1 13 cipriani *BG*, cibriani *S* molientis C^1, mulientes D^1 14 ducui M^1 donastas C^1, do*natistas (s *ras.*) *D* 15 prorsus *om. a* ora—aduersus *om. H* cludenda $GNOQ^1RV$ catholicam] c. ecclesiam NOQ^2a 16 suam *H* scisma (scis *m. 2 in ras.*) *C*, **scisma *D*, cisma Q^1 defendant] d. ecclesiam *V* 17 cipriani *BNQ*, cybriani *S* 18 his *om. BFGNS* ęcclęsiam C^1, aecclesiam *D*

non habentem maculam aut rugam, non sic accipiendum
est, quasi iam sit, sed quae praeparatur, ut sit, quando
apparebit etiam gloriosa. nunc enim propter quasdam igno-
rantias et infirmitates membrorum suorum habet, unde cottidie
tota dicat: dimitte nobis debita nostra. in quarto libro, 3
cum dicerem *uicem baptismi posse habere passionem,* non satis
idoneum posui illius latronis exemplum, quia utrum non fuerit
baptizatus incertum est. in libro septimo de uasis aureis et 4
argenteis in domo magna constitutis sensum Cypriani secutus
sum, qui haec accepit in bonis, in malis autem lignea et
fictilia, ad illa referens quod dictum est: alia quidem in
honorem, ad haec autem quod dictum est: alia uero in
contumeliam. sed magis approbo, quod apud Tyconium
postea repperi uel aduerti, in utrisque intellegendum quaedam
in honore, non sola scilicet aurea et argentea, et rursus in
utrisque quaedam in contumelia, non utique lignea et
fictilia.

1 Aug. de haeres. 88. cf. de gest. Pel. 12, 27 3 Eph. 5, 27. Colos. 3, 4 5 Matth. 6, 12 6 De bapt. IIII, 22, 29 7 Retract. I, 25, 63 8 De bapt. VII, 51, 99 9 Cyprian. ep. 54, 3 (II p. 622, 15 sqq.) 11 II Tim. 2, 20 12 Aug. op. inperf. c. Iul. I, 126 sqq. c. Cresc. II, 43, 48. c. Gaud. II, 3, 14. ep. 108, 3, 11 13 Tycon. de sept. reg. r. VII. (Patrol. lat. XVIII p. 63 M.). cf. Aug. ep. 41, 2. Quaest. in Heptat. II, 102

1 aut] neque *B* 2 quasi] q. accipiendum *BFGN* sed quae] atque *H* 3 appareuit C^1D^1 nunc] non C^1D^1 enim] autem *B* propter (*alt.* p *in ras.*) *C* quosdam H^1 4 cotidie $C^2D^2EHMNOPQ$ 5 demitte C^1 6 *uicem (d *ras.*, ui *in ras.*) *G* 7 latronis illius *M* quia] qui *v* non *om.* *a* 8 VII^{mo} (mo *m. 2*) *CD* 9 constitutis (* over s) *C*, constitutus *B* cipriani *B* sequutus *EH* 10 quia CD^1 accipit *EOPa* bobis *GS* 11 fictilea D^1 illud P^2 alia—dictum est *om.* CDQ^1 12 honore *EMOPQR* praedictum Q^2 *in mg.* ueru C^1 13 contumelia* (s *ras.*) *M*, contumelia *OP* aprobo *M* tyconium CD^1EH, thichonium *F*, tychonium *cet.* *v* 14 auerti G^1 utriusque C^1D^1 quaedam] q. in (va) contumeliam (cat) *Q* 15 honorem C^2RVv solu H^1 scilicit *V* 16 utrique C^1D^1 contumeliam *CHNVv* utiquae C^1D lignea C^1D^1R, sola lignea *cet.* *v* fictilea D^1

5 Hoc opus sic incipit: *In eis libris, quos aduersus epistulam Parmeniani.*

CAPVT XLV. (XVIIII.)

CONTRA QVOD ADTVLIT CENTVRIVS A DONATISTIS LIBER VNVS.

Cum aduersus partem Donati multa crebris disputationibus ageremus, adtulit ad ecclesiam quidam laicus tunc eorum nonnulla contra nos dicta uel scripta in paucis uelut testimoniis, quae suae causae suffragari putant. breuissime respondi. huius libelli titulus est: contra quod adtulit Centurius a Donatistis, et incipit sic: *Dicis eo, quod scriptum est in Salomone: a b a q u a a l i e n a a b s t i n e r e.*

CAPVT XLVI. (XX.)

AD INQVISITIONES IANVARI LIBRI DVO.

1 Libri duo, quorum est titulus: ad inquisitiones Ianuari, multa de sacramentis continent disputata, siue quae uniuersaliter siue partiliter, id est non peraeque in omnibus locis,

4 non extat 11 Prou. 9, 18 sec. LXX

1 eius Q^1 quos] qd *H* epistulam C^1D^1EHMV, epistolam *cet.* 2 parmeniam *G* 3 XLV *ex* LXV *corr.* C^2, *om.* *BFPQR*, XIX *v* 4 (10) quid *a* centurio *V* donatistas S^1 5 lb .I. C^2 *in ras.* unus *om.* *GH* 6 patrem C^1D^1 donati (on *in ras.*) *C* multi *E* crepris *V* 8 dicta D^1E, dicta** (ta *ras.*) *C*, dictata *cet. v* pacis *B* uelut** (lut *in ras. m. 2*) *C* 9 sufragari *E* breuissime C^1D^1ER, his breuissime *cet. v* 10 centurio *V* 11 sic incipit *B* dicis] de *H* eo (o *euan.*) *C* sit *R* in] in* *D*, a *OPRVv* salemone *R*, salmone D^1 12 aliaena *C* abstinere C^1, *om.* *V*, abstine te *cet. v* (*cf. Aug. ep. 108, 1. 6.*) 13 XLVI *ex* LXVI *corr.* C^2, *om.* *BFPQ*, XX *v* 14 inquisitionem C^1D^1 (15) ianuari C^1D^1, ianuarii *cet. v* 15 titulus est *B* inquesitiones C^1, inquisitionis D^1 16 disputa C^1D^1 q; (a *m. 2*) *C* 17 siue C^1D^1, siue quae *cet. v* partiliter] particulariter $BFOPRS^2a$, partaliter Q^2 *s. l.*, alibi particulariter *E* perę*que (ę *in ras.*) *M*, per eaquę *CDa* omnibus locis] omni benedicis *H*

seruat ecclesia, nec tamen commemorari omnia potuerunt, sed satis ad inquisita responsum est. quorum librorum prior epistula est — habet quippe in capite, quis ad quem scribat — sed ideo inter libros adnumeratur hoc opus, quoniam sequens, qui nomina nostra non habet, multo est prolixior et in eo multo plura tractantur.

In primo ergo, quod de manna dixi: *quia unicuique secundum* 2
propriam uoluntatem in orę sapiebat, non mihi occurrit, unde possit probari, nisi ex libro Sapientiae, quem Iudaei non recipiunt in auctoritatem canonicam. quod tamen fidelibus potuit prouenire, non illis aduersus deum murmuratoribus, qui profecto alias escas non desiderarent, si hoc eis saperet manna, quod uellent.

Hoc opus sic incipit: *Ad ea, quae me interrogasti.* 3

(XXI.) CAPVT XLVII.

DE OPERE MONACHORVM LIBER VNVS.

Vt de opere monachorum librum scriberem, illa necessitas 1
conpulit, quod cum apud Carthaginem monasteria esse coepissent, alii se suis manibus transigebant optemperantes apostolo, alii uero ita ex oblationibus religiosorum uiuere

7 Ep. 54, 3, 4 (p. 163, 10 ed. Goldb.) 9 Sap. 16, 20 20 I Thess. 4, 11

1 s*eruat (i *er.*) C^1, saruat D^1, obseruat *cet.* *v* aecclesia *CD* omnia commemorari *a* 2 inquesita C^1 priora *H* 3 epistula C^1D^1H MS^1V, epistola *cet.* quippe (p *pr. in ras.*) *C* 4 admuneratur *G* sequens] s. liber *V* 5 multo *exp.* D^2, multus' P^1 6 multa BC^1FQ^1a 7 priori (e *s. l.*) *V* ergo] igitur *v* quia] quoniam *a* 9 posset *V* probari (b *ex* u *corr.*) *C* iudei *FRV* 11 pro**uenire (o *m. 2*) *M*, prouire B^1 mormoratoribus C^1, murmoratoribus *P* 12 hoc (c *s. l. m. 2*) *C* eis *om.* *E* saperent D^1 15 XLVII *ex* LXVII *C, om.* *BFPQ*, XXI *v* 16 operȩe *C*, o*pere *D* manachorum *F* 17 ut] et *G* conscriberem *a* *post* illa *add.* S^2a: me 18 conpolit *V* quod cum C^2, quod (*om.* cum) C^1D^1R, cum *cet.* cartaginem *BGQS*, karthaginem *N*, kartaginem *EO* monast̄ *C* cepisse C^1 19 alius P^1 se *er.* *E* transigebat C^1, transiebant *FGN* optemperantes C^1DPQR, obtemp. *cet.* 20 apostulo *V* relegiosorum C^1D, religiosiorum *G*

uolebant, ut nihil operantes, unde necessaria uel haberent uel supplerent, se potius implere praeceptum apostolicum existimarent atque iactarent, ubi dominus ait: respicite uolatilia caeli et lilia agri. unde etiam iam inter laicos inferioris propositi, sed tamen studio feruentes existere coeperant tumultuosa certamina, quibus ecclesia turbaretur, aliis hoc, aliis aliud defendentibus. huc accedebat, quod criniti erant quidam eorum, qui operandum non esse dicebant. unde contentiones hinc rixantium, inde quasi pugnantium pro partium studiis augebantur. propter haec uenerabilis senex Aurelius, ecclesiae ipsius ciuitatis episcopus, ut hinc aliquid scriberem iussit, et feci.

2 Hic liber sic incipit: *Iussioni tuae, sancte frater Aureli.*

CAPVT XLVIII. (XXII.)

DE BONO CONIVGALI LIBER VNVS.

1 Iouiniani heresis sacrarum uirginum meritum aequando pudicitiae coniugali tantum ualuit in urbe Romana, ut non-

3 Matth. 6, 26. 28 16 Aug. de haeres. c. 82. Hieron. c. Iouin. I, 3 (Patrol. lat. XXIII p. 214) Ambros. ep. 42 (Patrol. lat. XIII p. 1168)

1 ut (t *s. l. add.*) *V* aberent C^1D^1 2 se] sed D^2GNQ^1SVa implere (im *s. l. m. 2*) *E* apostolicum CD^1R, euangelium *O*, euangelicum çụṃ *P*, euangelicum *cet. v* 3 atque—ait Q^2 *in mg.* 4 iam CD^1R, *om. cet. v* laicos] aliquos BD^2FGNQ^1S, aliquot *a* inferiorum C^1 5 studiose *BEFGNQS* exsistere *M* 6 aecclesia *D* turbentur *F* *alt.* aliis *om.* B^1, aliis aliis *V* aliud aliis *O* 7 illud *R* huc] hoc C^1 accidebat *M* 9 rixantium D^1RS^2, rixantium (******) *C*, repraehindentium *V*, reprehendentium *cet. v* purgantium $D^2HMOPQVm$, repugnantium *B* studis C^1D^1 10 hoc D^2Ma aurilius D^1 11 ipsius *om. O* ciuitatis (ui *m. 2 in ras.*, is *ex* es) *C* screberem C^1, creberem D^1 12 et *om.* D^1 fecit CD^1 13 hic—Aureli *om. R* liber sic *om. B* scae C^1DHM aurelius P^1, aurili**** (anus *ras.*) *D* 14 XLVIII *ex* LXVIII *corr. C, om. BFPQ*, XXII *v* 15 *tit. om. FQ* 16 iouiniana *Oa* hereses NS^1 17 pudiciciae BC^1FQ uoluit *R* orbe D^1V, orbem P^1 romana CD^1 (*cf. Confess. IIII, 14, 21*), roma *cet. m* nonnullus C^1, non ullas Q^1

nullas etiam sanctimoniales, de quarum inpudicitia suspicio nulla praecesserat, deiecisse in nuptias diceretur hoc maxime argumento, cum eas urgeret dicens: 'tu ergo melior quam Sarra, melior quam Susanna siue Anna?' et ceteras commemorando testimonio sanctae scripturae commendatissimas feminas, quibus se illae meliores uel etiam pares cogitare non possent. hoc modo etiam uirorum sanctorum sanctum caelibatum commemoratione patrum coniugatorum et conparatione frangebat. huic monstro sancta ecclesia, quae ibi est, fidelissime ac fortissime restitit. remanserant autem istae disputationes eius in quorundam sermunculis ac susurris, quas palam suadere nullus audebat. sed etiam occulte uenenis repentibus facultate, quam donabat dominus, occurrendum fuit, maxime quoniam iactabatur Iouiniano responderi non potuisse cum laude, sed cum uituperatione nuptiarum. propter hoc librum edidi, cuius inscriptio est: de bono coniugali. ubi de propagine filiorum, priusquam homines mortem peccando mererentur, quoniam concubitus mortalium corporum

1 aetiam *D* sanctimonialis C^1, sanctę monialis *G* inpudititia *D*, pudicitia *BEOPVv* sus*spicio *G*, suscipio *P*, sui C^1D^1R 2 processerat $BD^2FGNOPQ^1a$ maximae *D* 3 ea surgeret CD^1H, eas argueret $BD^2EFGNQ^1S^1a$ *in mg.* melior****** *H*, melior es D^2Q 4 sara $D^2EFGOPQ$, siue sara *B* susanna *om. B*, sussanna *H* commorando E^1 6 se (e *m. 2*) *D* illae meliores se *V* 7 possunt M^1, possint M^2 uirorum etiam G^1 8 commemoratione* *C* patrum] pari B^2 *s. l.* et conparatione *om. R* conparatione *BDEFN*, conpara*****tione (pręedicatione *ras.*) *C*, comparatione et praedicatione (et *m. 2*) *S*, praedicatione *cet.* frangebant B^1M 9 sancta* ecclesia* *C* fidelissime ac] e *ult. add. m. 2 C*, me ac D^2 *in ras.* 10 fortissimae *D* istae D^2 *in ras.* 11 sermonculis C^1, sermuncolis *V* susurriis C^2O quos *B* 12 suadere] audire *H* nullis *BFGNS* aetiam *D*, eius iam E^2 occulte *om. V*, occultae *M* uenenis occulte BD^2 (*in ras.*) *FGNQS* repetibus *H* 13 *ante* facultate *add.* P^2: cui maximąe *CD* 14 iactabatur* *D* iouiano B^1, iuuiano E^1 posse *a* 15 nubtiarum *P* propter hoc] propterea *M* 16 ededi *V* inscriptio* *C*, scriptio *OP* bonum C^1 17 propagine CD^1ER, propagatione *cet. v* 18 morerentur C^1 concupitus C^1

res uidetur, quaestio magna dilata est, sed in aliis postea
litteris nostris satis, quantum arbitror, explicatur.
2 Dixi etiam quodam loco: *quod enim est cibus ad salutem* (2)
corporis, hoc est concubitus ad salutem generis, et utrumque
non est sine delectatione carnali, quae tamen modificata et
temperantia refrenante in usum naturalem redacta libido esse
non potest. quod ideo dictum est, quoniam libido non est
bonus et rectus usus libidinis. sicut enim malum est male
uti bonis, ita bonum bene uti malis, de qua re alias, maxime
contra nouos hereticos Pelagianos diligentius disputaui. de
3 Abraham quod dixi: *ex hac oboedientia pater ille Abraham,*
qui sine uxore non fuit, esse sine unico filio et a se occiso
paratus fuit, non satis approbo. magis enim filius si esset
occisus, resuscitatione sibi mox fuisse reddendum credidisse
credendus est, sicut in epistula legitur, quae est ad Hebreos.
4 Hic liber sic incipit: *Quoniam unusquisque homo humani*
generis pars est.

2 Aug. de ciu. dei XIIII, 21 sqq. 3 De bon. coni. 16, 18 10 Aug. de nupt. et conc. II, 21, 36. c. Iulian. III, 7, 16. V, 16, 60 11 De bon. coni. 23, 31 14 cf. Aug. Serm. II, 1, 1 15 Hebr. 11, 19

1 *post* res *add.* Q^2 *s. l.*: esse magma *C* diluta *R*, dilata (ta *sup.*) *E*, ligata S^1 litteris nostris postea R^1 3 est enim C^1, enim (*om.* est) *O* cybus *C* 4 corporis D^1ER, ******* | corporis *C*, corporis hominis *B*, hominis *cet. v* concubitos *H* 5 delictatione D^1, dilectatione *HS*, delectione *G*, dilectione *N* modoficata C^1 6 esse—libido D^2 *in ras. et in mg.* 7 *alt.* est *om. a* 8 usus libidinis *CDEPRV*, us libidinis *H*, usus libidinis naturalis *BFGNQS*, usus M^1, usus naturalis libidinis M^2 *in mg.* 9 bonis] bonus C^1 bonum] b. est FQ^2S^2v uti *om.* Q^1 maxime alias M^1 maximąe *C* 10 contra (tra *m. 2 s. l.*) *C* nouos (no *m. 2*) *D* pelagionos *H*, pelagnos D^1 11 *pr.* habraham *ER* oboedientia (oboe *in ras. m. 2*) *C*, obaedientia *V* habraham *R* 12 occiso] octiso *E*, occidendo M^2 *s. l.*, otioso B^1F 13 filius C^1D^1, filium *cet. v* si esset filium *B* esset occisurus BD^2FGQS^1, occisurus esset *N* 14 resuscitatione *C*, resurrectione *BF* sibi *om. V* sibi mox *in ras. M* reddendum] credendum *S* crededisse *V* 15 est] ********* (credendus *eras.*) *B* epistula $C^1D^1HMS^1$, epistola *cet.* ebreos D^1SV 16 unus quis S^1 homomọ *Q*

XIII.)

CAPVT XLVIIII.

DE SANCTA VIRGINITATE LIBER VNVS.

Posteaquam scripsi de bono coniugali, expectabatur, ut 1
scriberem de sancta uirginitate, nec distuli atque id dei munus et quam magnum et quanta humilitate custodiendum esset uno, sicut potui, uolumine ostendi.

Hic liber sic incipit: *Librum de bono coniugali nuper* 2
edidimus.

XIIII.)

CAPVT L.

DE GENESI AD LITTERAM LIBRI XII.

Per idem tempus de Genesi libros duodecim scripsi ab 1
exordio, donec de paradiso dimissus est Adam et f l a m m e a r u m p h e a p o s i t a est c u s t o d i r e u i a m l i g n i u i t a e. cum autem ad hoc usque undecim libri peracti essent, duodecimum addidi, in quo diligentius de paradiso disputatum est. titulus horum librorum inscribitur: de Genesi ad litteram, id est non secundum allegoricas significationes, sed secundum rerum gestarum proprietatem. in quo opere multa quaesita

12 Gen. 3, 24 17 cf. Retract. I, 9 et 17

1 XLVIIII *ex* LXVIIII *C*, *om.* *BFPQ*, XXIII *v* 2 sancta *om.* *B* 3 coniuli C^1D^1, iugali *F* 4 de *C* atque] utique *O* id] ut B^1, in F^1N 5 minus S^1 magna Q^1 et quanta *om.* Q^1 6 potuit C^1 7 sic incipit S^2 *s. l.* 8 ededimus *V* 9 L *ex* XL *R*, *om.* *BFPQ*, XXIV *v* 11 de C^2 *s. l.* 12 exortio *H* paradyso *FPR* paradiso—15 diligentius de Q^2 *in mg.* missus *H* est (se *ras.*) *C* flamma C^1D^1 13 rumphea CD^2EQ, rumfea *V*, *om.* B^1, romfea *HPR*, romphea *cet.* uiam C^2 *s. l.* 14 autem *om.* *F* ad hoc] adhuc *F*, ab hoc C^2, hoc D^2HMOV usque] u. ad CD^1 undecimum (um *add. m. 2*) *C* essent (e *pr. m. 2 s. l.*) *CD* duodecimum (um *m. 2*) *D*, duodecimo C^1 15 addedi *V* ligentius D^1 paradyso *BFMNPR* disputatum (is *in ras. m. 2*) *M* 16 eorum *m* genisi C^1 17 id ē ñ M^2 *in ras.* secund**um (ar *ras.*) *B* 18 propriaetatem *D* opera *E* multa *DER*, multa *C* (*cf. Retract. I, 17, 1*), plura *cet.* *v* (*supple: potius; cf. Cyprian. p. 573, 6 ed. Hart.; Sulp. Seu. D. I, 27, 4. Paulin. Nol. p. 121, 4. 284, 10*)

quam inuenta sunt et eorum, quae inuenta sunt, pauciora
firmata, cetera uero ita posita, uelut adhuc requirenda sint.
hos sane libros posterius coepi, sed prius terminaui quam de
trinitate; ideo eos nunc ordine, quo coepi, recolui.
2 In quinto libro et ubicumque in eis libris posui *de semine,*
cui repromissum est, quod dispositum sit per angelos in
manu mediatoris, non sic habet apostolus, sicut ueriores
codices post inspexi, maxime graecos. de lege enim dictum
est, quod tamquam de semine dictum multi latini codices
3 habent per interpretantis errorem. in sexto libro quod dixi:
Adam imaginem dei, secundum quam factus est, perdidit pec-
cato, non sic accipiendum est, tamquam in eo nulla remanserit,
4 sed quod tam deformis, ut reformatione opus haberet. in
duodecimo de inferis magis mihi uideor docere debuisse, quod
sub terris sunt, quam rationem reddere, cur sub terra, terra
cum esse credantur siue dicantur, quasi non ita sit.
5 Hoc opus sic incipit: *Omnis diuina scriptura biper-*
tita est.

5 De Gen. ad litt. V, 19, 38. VIIII, 16 6 Gal. 3, 19 10 De Gen. ad litt. VI, 27, 28 (p. 199, 1) 14 Id. XII, 33 (p. 428, 9)

1 sint *E* et eorum—sunt *om. H* 2 possita C^1 uelud C^1DH sit S^1, sunt C^1H 3 posterius (ius *in ras. m. 2*) *C* *post* posterius *ras. 12 litt. C om.* coepi sed prius caepi *D* 4 quo *om.* Q^1R coepe C^1 5 ubicumquae D^1 *alt.* in *om.* H^1 de *om. BFGNS* semini B^2 6 est C^2 *in mg.* dipositum *Q*, disputatum *O* sit] est Q^1 angelus C^1D^1 7 sic] sit C^1, sicut *a* habet *om. H* 8 (9) cudices *V* aspexi *a* maximąe C^1D, habere *F* grecos *CD* 9 femine *E* 10 interpraetantis *D* 11 Adam] ad P^1, hominem P^2 *s. l.* imagine *H* perdidit D^1R, perdidit (*** s. l.) *C*, perdedisse *V*, perdidisse *cet. v* peccatum CD^1, peccando *V* 13 reformationem CD^1M 14 mihi magis *O* uideor* (or *in ras. m. 2*) *C*, uidetur *E* 15 *pr.* sub—*alt.* terra *om. H* *pr.* sup C^1D^1 teris D^1 sunt BC^1, sint *cet.* sunt—*alt.* terra *om.* Q^1 ratione *S* quur EP^1 terrą(is) terrą(is) çụm (is *corr.*, cum *del. m. 2*) *CD*, terra cum *R*, terris (*om.* terra cum) *cet. v* 16 siue *M in ras.* sin*t *C*, sint RD^1 17 omnes C^1D^1 diuinas *C* uipartita D^1

(XXV.)

CAPVT LI.

CONTRA LITTERAS PETILIANI LIBRI TRES.

Antequam finirem libros de trinitate et libros de Genesi 1
ad litteram, inruit causa respondendi litteris Petiliani Donatistae, quas aduersus catholicam scripsit, quam differre non potui, et scripsi in hanc rem tria uolumina, quorum primo primae parti epistulae ipsius, quam scripsit ad suos, quia non tota in nostras manus uenerat, sed prior parua pars eius, quanta potui celeritate et ueritate respondi. etiam ipsa epistula est ad nostros, sed ideo inter libros habetur, quia ceteri duo in eadem causa libri sunt. postea quippe inuenimus totam eique tanta diligentia respondi, quanta Fausto Manicheo, uerba scilicet eius sub eius nomine prius ponens particulatim et sub meo per singula responsionem meam. sed prius, quod scripseram, antequam totam reperiremus, peruenit ad Petilianum, et iratus respondere conatus est in me potius dicens, quidquid eum libuit, in causa uero omnino deficiens. quod cum possit conlatis utriusque nostrum scriptis facillime aduerti, tamen propter tardiores hoc ipse respondendo demonstrare curaui. sic est additus eidem operi nostro liber tertius.

1 *num. om. BFPQ*, XXV *v* 2 petaliani P^{2}, peciliani *R* 3 finerem P^{1} trinitatąe *C* 5 scripsit] s. ecclesiam *Va*, ecclesiam scripsit *O*, fidem scripsit Q^{2} quam *om.* Q^{1} differe C^{1} 6 scribsi *HM*, scripsit FS^{1} 7 *epistulae (a *ras.*) *C* quam] quę *H* quia] qua $C^{1}D^{1}$ toto S^{1} 8 manus nostras *B* pars eius parua *a* 9 caeleritate *D*, caeritatae C^{1} et ueritate *om. P* ueritatąe· *C* ipsā *E* 10 libro Q^{1} 11 eiquae $D^{1}M^{1}$ 12 tanta *ex* et ante *corr.* C^{2} quanto $C^{1}G^{1}M^{1}$ fausta *E* manicheo *M* 13 scilicit C^{1}, cilicet E^{1} *pr.* eius *om. B alt.* eius $DE^{1}R$, eius (**** *supra*) *C*, ipsius *cet. v* ponens] nomine *F* 14 meo (me *m. 2 in ras.*) *D* 15 scribseram *M* repperiremus $C^{1}DEFGMPRS$, repperimus *H* 17 eum] ei* D^{2}, enim *H* causam *OP* 18 possit $CDMOQ^{1}$, posset *cet. m* utriusque (trius *m. 2 in ras.*) *M*, utrisque *BFGHN* nostrum *om. Pa*, non *O* facillimąe *C*, non facillime *a* auerti *O* 19 ardiores D^{1} ipsąe *C*, ipso *FGNS*, ipsi *B*, ipsum $D^{2}Q^{1}$ 20 sic** (ut *ras.*) *E* idem *H* operi nostro *CDER*, nostro operi *cet. v* opis P^{1}

2 Hoc opus in primo libro sic incipit: *Nostis nos saepe uoluisse;* in secundo autem sic: *Primis partibus epistulae Petiliani;* in tertio autem sic: *Legi, Petiliane, litteras tuas.*

CAPVT LII. (XXVI.)

AD CRESCONIVM GRAMMATICVM PARTIS DONATI LIBRI QVATTVOR.

1 Grammaticus etiam quidam Donatista Cresconius cum inuenisset epistulam meam, qua primas partes, quae in manus nostras tunc uenerant, epistulae Petiliani redargui, putauit mihi esse respondendum et hoc ipsum scripsit ad me. cui operi eius libris quattuor respondi, ita sane, ut tribus peragerem, quod uniuersa responsio flagitabat. sed cum uiderem de sola Maximianensium causa, quos suos scismaticos damnauerunt et eorum aliquos rursus in suis honoribus receperunt baptismumque ab eis extra suam communionem datum non repetiuerunt, responderi posse ad cuncta, quae scripsit, etiam quartum librum addidi, in quo id ipsum, quantum potui, diligenter

8 Retract. II, 51

1 libro primo *GNQS* nostis *mss.*, nosti *v* nos sepe ualuisse G^2 (*in ras.*) S^1, nosse praeualuisse $D^2Q^1S^2$, sic preualuisse *N* 2 primis] in pr. *O*, primus Q^1 aepistulae *D*, *om. M* 3 autem *om.* Q^1 sic *om.* $BFGNQ^1$ lego *B* petiliani C^1, petilianae *P*, peciliane *R* litteras] epistulas D^2SV, epistolas *BFGNOPQ* 4 *num. om. BEFPQ*, XXVI *v* 5 *titulum om.* E^1Q crisconium *GN*, cresconiā *F* grammaticum çụṃ *D* partibus *R* 6 quatuor *C* 7 gramaticus *CD*, grammacus S^2, *om.* E^1 crisconius *GNS* 8 ạepistolam (o *ex* u) *CD* meam] nostram *a* quam C^1 partis D^1 9 meas *a* uenerat C^1D^1a aepistulae *DH* redarguit *F* putaui *GS* mihi putauit *H* 10 ipsum ñ scripsit *H*, scripsit ipsum *B* opere D^1 11 eius] citius *Oa* 12 uiderē* (t *ras.*) *N*, uiderit *FGS* de] me *a* 13 quos] quod $BFHNQ^1R$, quo *a* **scismaticos (hi *ras.*) *C*, hiscismaticos D^1, schismaticos *HMPQ*, cismaticos EQ^1 donauerunt Q^1 14 alios *a* reciperunt C^1 baptismumqụẹ (q; *superscr.*) *M*, baptismumquạe *CD* 15 his *M* sua *F* repetiuerunt (i *in ras. m. 2*) *D* 16 respondere *C* ad cuncta] adiuncta *B* posse] non posse *a* librum quartum *O* 17 addedi *V* ịḍ id ipsum *D* quantum] quartum (*om.* potui) *H* euidenter atque diligenter *H*

atque euidenter ostendi. hos autem quattuor libros quando scripsi, iam contra Donatistas dederat leges Honorius imperator.
Hoc opus sic incipit: *Quando ad te, Cresconi, mea scripta* 2
peruenire possent, ignorans.

XVII.)

CAPVT LIII.

PROBATIONVM ET TESTIMONIORVM CONTRA DONATISTAS LIBER VNVS.

Post haec, ut ad Donatistas peruenirent, contra eorum 1
errorem et pro catholica ueritate necessaria documenta curaui siue de ecclesiasticis siue de publicis gestis siue de scripturis canonicis et primo ad illos eadem promissa direxi, ut ipsi, si fieri posset, exposcerent. quae cum uenissent in eorum quorundam manus, nescio quis extitit, qui suo nomine tacito contra haec scriberet, ita se confitens Donatistam, tamquam hoc uocaretur. cui ego respondens alium librum scripsi. illa uero documenta, quae promiseram, eidem libello, quo eadem promiseram, iunxi et ex utroque unum esse uolui eumque

2 Aug. c. Cresc. gr. III, 43, 47. ep. 105, 2, 9. Cod. Theod. XVI, 5, 38—43. 52. 54 6 non extat

1 quado C^1, quos (os *m. 2 in ras.*) *D* 2 scribsi *HM*, descripsi D^1 donatistas (tis *in ras.*) *M* dederat leges (es *ex* is) *CD*, leges dederat *cet. v* honori*us (b *ras.*) *CD* imperatur C^1D^1 3 hoc—ad te M^2 *in ras.* crisconi *GNQS*, cresconia *H* scripta] scribta M^1, ta *obduxit* C^2 4 peruenere C^1 possint *HV* 5 *num. om. BFPQ*, XXVII *v* 6 probationum (u *in ras.*) *V*, probatio CD^1R, prouationum S^1, probationem P^1 (*cf. p. 164, 2*) et *om.* $C^1D^1GRS^1$ 8 hec C^1 ut] uit *F* donatis C^1D^1 contra—catholica *om.* C^1D^1, *add.* C^2D^2 *in mg.*, *sed postea in C rursus erasa sunt* 9 ueritati C^2 10 de *om. E* aecclesiasticis *D* puplicis C^1 gentis C^1 11 ipsi C^1D^1, ipsi ea *cet. v* 12 possed *D*, possit *M*, posse C^1, poscet *H*, possent *F* **exposcerent (et *ras.*) *M*, exposcent C^1, expossent *D* 13 quis] qui RS^1 tacito *H* 14 hoc *a* confidens *Va* donatis *C*, donatista *H* tamquam (tam *m. 2 s. l.*) *D* 15 hoc] hoc nomine *N* ego] ergo $C^2D^2M^1O^1RS^1$ et alium *M*, alterum *V*, illum *B* ille F^1 16 promisseram *H*, promisero *F* eidem—promiseram *om. H* quod *N* eadem *del.* D^2, eam M^1OP^1V, ea M^2P^2Q, *om. a* 17 iuncxi *H* utraquae D^1 eum quae *D*

sic edidi, ut in parietibus basilicae, quae Donatistarum fuerat, prius propositus legeretur. cuius titulus est: probationum et testimoniorum contra Donatistas.

2 In quo libro absolutionem Felicis Abtugnensis, ordinatoris
Caeciliani, non ordine posuimus, quo postea nobis claruit
consulibus diligenter inspectis, sed tamquam post Caecilianum
3 fuerit absolutus, cum ante sit factum. illud etiam, quod
commemorato Iudae apostoli testimonio, ubi ait: *hi sunt, qui segregant semet ipsos, animales, spiritum non habentes,* adiunxi etiam dicens: *de quibus et Paulus apostolus dicit: animalis autem homo non percipit, quae sunt spiritus dei,* non sunt isti illis coaequandi, quos omnino ab ecclesia scisma praecidit. istos quippe idem apostolus Paulus paruulos dicit esse in Christo, quos nondum escam ualentes capere lacte nutrit tamen, illi autem non in

4 Optat. Mil. I, 18, 27. Aug. breu. conl. III, 24, 42. p. conl. c. Don. 33, 56. ep. 43, 2, 3 sqq. 88, 3. 105, 8. c. Cresc. gr. III, 61, 67 sqq. 8 Iud. 19 11 I Cor. 2, 14 14 I Cor. 3, 1 sq.

1 ededi *V* basilicae] balicae C^1D^1, b. ecclesiae *Q*, eccłe D^2 2 propositus D^2 *s. l.*, prositus G^1, positus *R*, p*positus *Q* probationem D^1, prouocationum *R* et *om. P* 4 absolucionem C^1, ad solutionem *N* felices C^1D^1 abtugnensis *CD*, abtunensis *M*, aptugnensis *EO*, abtugenensis *BFGN*, aptugensis *P*, aptungensis *SVm* (*ap. Optatum I, 18 uocatur Autumnitanus*) ordinatores C^1D^1 5 ceciliani *CDV* ordine C^1D^1, hoc ordine *cet. v* possumus *H* quo] quod CD^1, qui $BD^2E^1GNQ^1$ 6 consolibus C^1D^1 post (ost *m. 2*) *D* cecilianum *CDHV*, cecilianus S^2 7 factus *BFN* aetiam *D*, *om. a* 8 commemoratu M^1 Iudae] unde *H* testimonium C^1D^1 ubi ait *om. V* hi* (i *ras.*) *C*, hii *DEGHNOR*, ii *m* 10 adiuxi *O*, adiunxit NS^1 et *om. a* apostolos C^1D^1 11 dicet C^1D^1 percepit *V*, percit C^1, pepercit *D* quae] **quae (ea *ras.*) *M*, ea quae E^2OPa 12 *post* non *add.* P^2 enim coaequandi (co *ex* quo *corr.*) *C*, quoaequandi D^1, coequandi *BGHMQS*, coequendi *O*, coequando *F*, ęquandi *a* 13 **scisma (hi *ras.*) *CD*, schisma HMQ^1RSV, cisma *Q* praecedit C^1DO^1 (quip)pe idem M^2 *in ras.* 14 paruolus C^1D^1 dicit esse *CDER*, esse dicit *cet. v* 15 escas BD^2FGNQS ualente D^1 tamen *om. V* autem *om. Oa*

filiis paruulis, sed in mortuis et perditis conputandi sunt, ut, si quis eorum correctus ecclesiae fuerit copulatus, recte de illo dici possit: mortuus erat et reuixit, perierat et inuentus est.

Hic liber sic incipit: *Qui timetis consentire ecclesiae catholicae.* 4

XVIII.)

CAPVT LIIII.

CONTRA DONATISTAM NESCIO QVEM LIBER VNVS.

Alterius libri, quem superius commemoraui, titulum esse 1
uolui: contra nescio quem Donatistam. ubi similiter de absolu- 2
tione ordinatoris Caeciliani uerus ordo temporis non est. illud 3
etiam, quod dixi: *ad multitudinem zizaniorum, ubi intelleguntur omnes hereses*, minus habet unam necessariam coniunctionem; dicendum enim fuit: *ubi intelleguntur* et *omnes hereses* [aut: *ubi intelleguntur* etiam *omnes hereses*]. nunc uero ita dictum est, quasi praeter ecclesiam tantummodo sint zizania, non etiam in ecclesia, cum ipsa sit regnum Christi, de quo conlecturi sunt angeli eius messis tempore omnia scandala. unde et Cyprianus martyr: etsi uidentur, inquit,

3 Luc. 15, 32 7 non extat 8 Retract. II, 53 11 Matth. 13, 36 sqq. 17 Matth. 13, 41 18 Cyprian. ep. 54, 3 (II p. 622, 15)

1 paruolis C^1D^1 et *om.* *B* 2 copolatus *V* 3 possit] posset P^1V, potest *C*, potest D^1Oa, solet *F* **erat (fu *eras.*) *M* reuixi *O* 5 *ecclesiae (a *ras.*) *CD* cathocae C^1 6 LIII *G*, *om.* *BFPQ*, XXVIII *v* 7 donatistam nescio quem CD^1, nescio quem donatistam *cet.* quem] quae *P* libri duo *F*, liber (*om.* unus) *O* 8 superius *CD*, supra *cet.* *v* 9 donatistarum *BFGN* obsolútione P^1 10 ceciliani *CD* uerus uerus *H* 11 etiam] autem *M* zezaniorum C^1V 12 omnis *V* haereses *M*, heretici *a* minus—13 omnes hereses *add.* C^2D^2 *in mg.*, *om.* *R* unam necessaria *C* (m *expunxit m. 2*) coniunctionem *C*, communionem *B* 13 et *om.* *V*, etiam GE^2Sa 14 haeretici *a* aut—hereses *inclusi*, *om.* $CDEQ^1R$ intelleguntur *om.* *P* etiam *om.* *V* omnis *V* 15 ita *om.* BG^1 est *om.* *B* aecclesiam *CD* tamquammodo *B* si*t *D* 16 zezania *V*, zizaniam *C* aeciam *D* ecclesiam C^1P^1, aecclesiam D^1 17 quo] eo Q^1 missis C^1D^1 18 cypriamus *N* inquit uidentur *a* inquid C^1D^1EV

in ecclesia esse zizania, non tamen inpediri debet aut fides aut caritas nostra, ut, quoniam zizania esse in ecclesia cernimus, ipsi de ecclesia recedamus. quem sensum etiam nos alias et maxime aduersus eosdem praesentes Donatistas in conlatione defendimus.

4 Hic liber sic incipit: *Probationes rerum necessariarum quodam breuiculo collectas promisimus.*

CAPVT LV. (XXVII

ADMONITIO DONATISTARVM DE MAXIMIANISTIS, LIBER VNVS.

1 Cum uiderem multos legendi labore inpediri a discendo, quam nihil rationis atque ueritatis habeat pars Donati, libellum breuissimum feci, quo eos de solis Maximianistis admonendos putaui, ut posset facilitate describendi in manus plurium peruenire et ipsa sui breuitate facilius commendari memoriae, cui titulum inposui: admonitio Donatistarum de Maximianistis.

4 Aug. c. Cresc. III, 31, 35. IIII, 56, 67. c. Gaud. II, 3, 3 sqq. post conl. c. Don. 6, 9. 20, 28 5 Aug. breuic. conl. III, 10, 19 sq. 9 non extat

1 zezania *V*, zizaniaṁ *C*, zezann F^{1} non tamen *om. R* debat D^{1} 2 fideles Q^{1} *alt.* aut D^{2} *s. l.* uestra *a* ut] et *O* quoniam] quod *E* zezania *V* 3 esse *in* est* *corr. m. 2*, esse *restituit post. m. M* cernimus—ecclesia *om.* M^{1} rece**damus (de *ras.*) M^{1}, recedimus F^{1} 4 aduersum *V* 5 eosdem praesentes donatistas *CDERm*, praes. eosdem d. *cet.*, don. eosdem praesentes *a* in *om. V* conlacione C^{1} 6 necessarium $BE^{1}F$ 7 breuiculo $C^{2}R$, brebicolo C^{1}, brebiculo D^{1}, breuiario *cet. a* promissus *CD* 8 *num. om. BFPQR*, XXIX *v* 9 ammonicio $C^{1}D^{1}$, ammonitio *EFMP* maximianistas H^{1} 10 libri duo *O* 11 a] ad $D^{2}GNQS$ discendum $D^{2}QS^{2}$ 12 atque *om. a*, et *F* haberet D^{2} 13 maximanistis C^{1} (16) ammonendos $C^{1}DFMNOPSV$ 14 putaui* (t *ras.*) *H* possit *BGHNS*, possis *F* facilitate *ex* falicitate *corr.* C^{2}, facillitate $DE^{2}M^{1}$ discribendi GM^{1}, scribendi H^{1} plurimum $B^{1}C^{1}D^{1}OQ^{1}$, plurimorum $C^{2}E^{2}$ peruenit $C^{1}D^{1}$ 15 sui] sibi *C*, sua $D^{2}NQR$, ibi D^{1} brauitate *B* cummendari C^{1} 16 imposui* *B*

Hic liber sic incipit: *Quicumque calumniis hominum et criminationibus mouemini.* 2

(XXX.)

CAPVT LVI.

DE DIVINATIONE DAEMONVM LIBER VNVS.

Per idem tempus accidit mihi in quadam disputatione necessitas, ut de diuinatione daemonum libellum scriberem, cuius titulus iste ipse est. 1

In eius autem quodam loco, ubi dixi: *daemones aliquando et hominum dispositiones non solum uoce prolatas uerum etiam cogitatione conceptas, cum signa quaedam ex animo exprimuntur in corpore, tota facilitate perdiscere,* rem dixi occultissimam audaciore asseueratione, quam debui; nam peruenire ista ad notitiam daemonum per nonnulla etiam experimenta conpertum est. sed utrum signa quaedam dentur ex corpore cogitantium illis sensibilia, nos autem latentia, an alia ui et ea spiritali ista cognoscant, aut difficillime potest ab hominibus aut omnino non potest inueniri. 2

Hic liber sic incipit: *Quodam die in diebus sanctis octauarum.* 3

8 De diuin. daem. 5, 9

1 quicumquae *D* calomniis C^1D^1 2 mouimini *V* 3 *num. om. BFPQ*, XXX *v* 4 diuinacione (di *add. 2 s. l.*) *C* doemonum *EG* libri C^1 5 accedit C^1D^1V in D^1ER, in (**) *C*, ex *cet. v* disputacione C^1 6 necessitas *om. F* necessitas—diuinatione *add.* E^2 *in mg.* ut] ṳṇ (*del. m. 2*) *C* demonum C^1 librum *O* scribere CD^1 8 quodam autem eius *a* ubi *om. a* dixi *om. O*, dixit C^1 9 disposiciones C^1, dispositionis D^1 uoce* (s *ras.*) *E* prolatus C^1D^1 11 facilitate (*) *C*, facillitate D^1, felicitate E^1 rem *add.* E^2M^2 *s. l.* 12 audatiore *CR*, audaciori D^2N, audatione Q^1 as se uera*tione *C* 13 noticiam BC^1FR, notiam E^1 demonum *C*, daemon*um (i *ras.*) *S* per—15 autem S^2 *in mg.* 15 nos] nus C^1D^1, non nos S^2 et ea *om. V*, et ideo *G* 16 cognuscant C^1, cognoscat *H* diffillicime Q^1 ab (b *m. 2 in ras.*) *M* 17 inuenire M^1 18 inpit *E* octabarum P^2

CAPVT LVII. (XXXI.)

QVAESTIONES EXPOSITAE CONTRA PAGANOS NVMERO SEX.

1 Inter haec missae sunt mihi Carthagine quaestiones sex, quas proposuit amicus quidam, quem cupiebam fieri Christianum, ut contra paganos soluerentur, praesertim quia nonnullas earum a Porfyrio philosopho propositas dixit. sed non esse arbitror Porfyrium Siculum, cuius celeberrima est fama. harum quaestionum disputationes in unum librum contuli non prolixum. cuius est titulus: sex quaestiones contra paganos expositae. earum autem prima est *de resurrectione*, secunda *de tempore Christianae religionis*, tertia *de sacrificiorum distinctione*, quarta *de eo, quod scriptum est: in qua mensura mensi fueritis, remetietur uobis*, quinta *de filio dei secundum Salomonem*, sexta *de Iona propheta*.

2 In quarum secunda quod dixi: *salus religionis huius, per*

10 Aug. ep. 102 13 Matth. 7, 2 16 Aug. ep. 102, 2, 15 (p. 557, 24 ed. Goldb.)

1 *num. om.* *BFPQ*, XXXI *v* 2 quaestiones expositae] q. sex e. *B*, de quaes expositis D^1 *post* paganos *add.* *M:* LIB̄ numero sex *om.* *B*, libri VI D^1 sex] VI liber ·I· *R* 4 Intermissae (*om.* haec) *a* carthagine $C^1D^1M^1$, carthaginē C^2, a c. BD^2FGHM^2Vv, a cartagine *GS*. a chartagine *OP*, a karthagine *N*, a kartagine *E*, ad chartagine *Q* quaestiones *add.* C^2 *in mg.* 5 propusuit C^1 quedam *D* cupi*bam *V* 6 pacanos *V*, paganus D^1 praesertim *om.* *a* nonnulla *R* 7 (ear)ū a—philoso(pho) M^2 *in ras.* porfirio *CD*, porphirio *BEFGNPQS*. porphyrio *cet.* phylosopho *V*, filosofo *H* p̄positas *H*, sitas E^1 non** CD^1, non eum *cet.* *v* es*se (t *ras.*) *C* 8 porfyrium *C*, porphirium *BEFGNOQS*, porfirium *D*, porphyrium *cet.* siculum *CDOR*, illum siculum *cet.*, siculum illum *m* 9 quaestiones *H* disputationum GS^1, disputationem S^2 in *om.* C^1 contulli C^1 10 titulum C^1D^1 titulus est *B* quaestionum D^1 *expositae (s *ras.*) *C* 11 resurreccione *D* *alt.* de *om.* C^1D^1 12 christiana GS^1 relegionis C^1D, religiones *H* dictione *H* 13 mensura (en *in ras.*) *D* 14 remedietur C^1, remitietur GHQ^1S^2, rementietur *E*, remietur S^1 15 salamonem *E*, salemonem *R* profeta *H* 16 quarum] quarta et *R* relegionis C^1D^1 religionis—salus *om.* O^1

quam solam ueram salus uera ueraciterque promittitur, nulli umquam defuit, qui dignus fuit, et cui defuit, dignus non fuit, non ita dixi, tamquam ex meritis suis quisque dignus fuerit, sed quemadmodum ait apostolus non ex operibus, sed ex uocante dictum esse: maior seruiet minori, quam uocationem ad dei propositum asserit pertinere. unde dicit: non secundum opera nostra, sed secundum suum propositum et gratiam; unde item dicit: scimus, quia diligentibus deum omnia cooperantur in bonum his, qui secundum propositum uocati sunt. de qua uocatione ait: ut dignos uos habeat uocatione sua sancta.

Hic liber post epistulam, quae postmodum a capite addita est, sic incipit: *Mouet quosdam, et requirunt.* 3

(XXII.) CAPVT LVIII.

EXPOSITIO EPISTVLAE IACOBI AD DVODECIM TRIBVS

Inter opuscula mea repperi expositionem epistulae Iacobi, quam retractans aduerti annotationes potius expositorum quorundam eius locorum in librum redactas fratrum diligentia, 1

4 Rom. 9, 12 sq. 7 II Tim. 1, 9 8 Rom. 8, 28 11 II, Thess. 1, 11 16 non extat

1 ueram] uera $BD^{2}MQS^{2}$ uera] *om.* $BE^{1}GNQ$, *del.* D^{2}, uera**** *C* ueraciterque (uera *in ras.*) *V*, ueraciter qui *H* nulliụş *E* 2 defui $C^{1}D^{1}$ 3 ita non *B* ex] et E^{1} quisque] quęque *H*, quisquam *r* 4 fuerit (e *in ras. m. 2*) *M*, fuit *H* quemammodum $C^{1}DM$ 5 es**se (se *ras.*) *C* seruiat *GS* 6 ad] a $C^{1}D$ 8 propositum suum *a* gratiam eius *M* unde $CD^{1}EMR$, et undem *Q*, et unde *cet.* idem *F* 9 quia] quoniam *HOPVa* 10 iis *m* secundum *om. H* sunt] sunt sancti $BEFQ^{2}v$ 11 uocatione* (m *ras.*) *CD* dignus CD^{1} 13 hic (c *ex* l) *M* epistulam $D^{1}HMV$, epistolam *cet.* 14 mouit CD^{1} requirunt *ex* quierunt E^{2} 15 *num. om.* *BFPQ*, XXXII *v* 16 exposicio C^{1} aepistulae $D^{1}H$ Iacobi] i. apostoli *HV* ad—tribus *om. BV* tribubus C^{1} *post* tribus *add. EORV:* liber ·I· 17 *epistolae (a *ras.*) *CD* 18 adnotationes *BEHPRV* corundam C^{1} 19 loco*rum *V*, loquorum *P* libro *R* sedactus *R* diligentia* (m *ras.*) *S*

qui eas in frontibus codicis esse noluerunt. adiuuant ergo aliquid, nisi quod ipsam epistulam, quam legebamus, quando ista dictaui, non diligenter ex graeco habebamus interpretatam.

2 Hic liber sic incipit: *Duodecim tribubus, quae sunt in dispersione, salutem.*

CAPVT LVIIII. (XXXII)

DE PECCATORVM MERITIS ET REMISSIONE ET DE BAPTISMO PARVVLORVM AD MARCELLINVM LIBRI TRES.

1 Venit etiam necessitas, quae me cogeret aduersus Pelagianam heresem scribere, contra quam, cum opus erat, non scriptis, sed sermonibus et conlocutionibus agebamus, ut quisque nostrum poterat aut debebat. missis ergo mihi a Carthagine quaestionibus eorum, quas rescribendo dissoluerem, scripsi primum tres libros, quorum titulus est: de peccatorum meritis et remissione.

4 Iac. 1, 1 11 Aug. Serm. 26. 27. 30. 131. 153. 155. 156. 158. 165. 169. 174. 176. 181

1 que C^1 cudicis *V*, codices M^1 adiubant C^1, adiuuat *EOPa* 2 quam] quod *V* 3 grego C^1, greco *cet.* interpraetatam *D*, interpretatum *R* 4 duodecem C^1 tribus B^1FG^2HRS, *om.* G^1 5 dispersionem *FR*, dispersiones (*om.* salutem) *H* salus *B*, salute D^1 6 *num. om. BFPQ*, XXXIII *v* 7 meretis C^1 *pr.* et *add.* $C^2D^2M^2$ *s. l.*, per M^1, et de *F*, ac *a* re**missione *M*, remissione et meretis *C*, remissione et meritis D^1 *alt.* de *om. R* 8 marcellianum *R* IIII *R* 9 eciam C^1 necessita D^1 cogerit C^1D^1 aduersus C^1D^1R, ut aduersus nouam *GOS*, aduersus nouam *cet. v* pelagianum E^1, pelagianam nouam D^2 10 heresim $BC^2D^2FHM^2OPRSV^2$ scriberem *GOS* quam CD^1R, quam prius *cet. v* cum *in ras. V*, quam *R* 11 sed *om.* CD^1HM^1R et] sed *add.* C^2 *s. l.* conloquutionibus *H*, locutionibus *BN*, locationibus *F* ut] et C^1D^1, *corr. m. 2 s. l.* s& D^2 12 nostrum *om. a* debeat H^1 misis *H* karthagine *EN*, kartagine *O*, cartagine *BGS*, chartagine *Q* 13 scribendo *R* dissoluerąm M^1Oa, resoluerem D^2 14 libros tres *v* titolos B^1 meretis C^1D^1 15 remisione *H*

Vbi maxime disputatur de baptismate paruulorum propter 2
originale peccatum, et de gratia, qua iustificamur, hoc est iusti efficimur, quamuis in hac uita nemo ita seruat mandata iustitiae, ut non sit ei necessarium pro suis peccatis orando dicere: dimitte nobis debita nostra. contra quae omnia sentientes illi nouam heresem condiderunt. in his autem libris tangenda adhuc arbitratus sum nomina eorum sic eos facilius posse corrigi sperans, immo etiam in tertio libro, quae est epistula, sed in libris habita propter duos, quibus eam conectendam putaui, Pelagi ipsius nomen non sine aliqua laude posui, quia uita eius a multis praedicabatur, et eius illa redargui, quae in suis scriptis non ex persona sua posuit, sed quid ab aliis diceretur exposuit, quae tamen postea iam hereticus pertinacissima animositate defendit. Caelestius uero discipulus eius iam propter tales assertiones apud Carthaginem in episcopali iudicio, ubi ego non interfui, excommunicationem meruerat.

2 Rom. 3, 24. Tit. 3, 7 3 I Io. 3, 24 5 Matth. 6, 12 7 Aug. de gest. Pel. 23, 47 10 De pecc. mer. et rem. III, 3, 5 11 Aug. de gest. Pel. 22, 46 14 Aug. de haeres. 88

1 de baptismate disputatur *E* 2 uriginale C^1 de *om. a* gratia C^1D^1R, gratia dei *cet. v* qua] que C^1, quae D^1, quia *H* hoc— efficimur *om. BF* 3 efficimur (ef *in ras. m. 2*) *D* hac] ac C^1 seruat CD^1, seruet *V*, seruet *cet. v* 4 iusticiae *C* 5 demitte C^1D deuita C^1, debitta *Q* quae (ae *in ras.*) *V*, quam *Oa* 6 heresim $BC^2D^2FHM^2ORV$ conderunt *O* 7 libri G^1 tangenda C^1D^1, tacenda *cet. v* facilius eos *B* 8 separans Q^1 in *om. B* 9 aepistula *H* duos (bu *ras.*) *C* 10 eam] etiam (ti *m. 2*) *S* conectandam *BF* pelagi C^1D^1, pelagii *cet. v* laude aliqua *B* 11 illa eius *V* 12 redarguit *GSa* 13 quid] quod *B*, quid et E^1Oa ab *om. V* exposui *H* 14 hereticos C^1D^1 pertinacissima (a *alt. m. 2 in ras.*) *C*, pertinatissima *F* cęlestios *H*, celestis *B*, celestinus *N* 15 discipolus *V* adsertiones *EHV*, assertione *CD*, assertiones eius *B* cartaginem *BGS*, karthaginem *E*, carthagine C^1D^1 16 episcopale C^1 iudio C^1D^1 ubi *om. B* non *om. a* excommunicatione *M* 17 merat C^1D

3 In secundo libro quodam loco: *hoc quibusdam*, inquam, *etiam in fine largietur, ut mortem repentina commutatione non sentiant*, seruans locum diligentiori de hac re inquisitioni. aut enim non morientur aut de ista uita in mortem et de morte in aeternam uitam celerrima commutatione tamquam in ictu oculi transeundo mortem non sentient.

4 Hoc opus sic incipit: *Quamuis in mediis et magnis curarum aestibus.*

CAPVT LX. (XXXIII

DE VNICO BAPTISMO CONTRA PETILIANVM AD CONSTANTINVM LIBER VNVS.

1 Eo tempore librum de unico baptismo amicus quidam meus a nescio quo Donatista presbytero accepit indicante, quod Petilianus episcopus eorum Constantiniensis eum scripserit. hunc ad me ille adtulit ac uehementer, ut ei responderem, rogauit. librum autem etiam meum, in quo respondi, eundem titulum habere uolui, hoc est de unico baptismo.

1 De pecc. mer. et rem. II, 31, 50 5 I Cor. 15, 52

1 secundo (sec *m. 2 in ras.*) *C* quodam] quę iam *H*, in q. *a* hoc (in *ras.*) *C* inquam etiam *BFNQS*, etiam C^1D^1R, inquam *cet. v*, *om. G* 2 finem C^1D^1 largiatur *P* repentinam *CD* communione E^1 non *om. H* 3 seruant C^1D^1 inquisitione (t *ex* c C^2) *CFGNS* enim *om. B* 4 uita ista *Ov*, hac uita *B*, ista (*om.* uita) *N* *alt.* morte *C* 5 uitam *om. BF* uitam aeternam *O* celeberrima Q^1 hictu *Q* 6 transeundo *om. a* sentiant E^1OPVa, sentiunt *BFGNS* 8 actibus *M* 9 LXI *R*, *om. BFPQ*, XXXIV *v* 10 petiliano C^1D^1, pecilianum *R* ad constantinum] *om. V*, ad constantinum *C*, constantinensem *EP* 13 a *om. FGNS*, *eras. E*, aṇ *C* nescio (n *m. 2*) *C*, nescio E^2, nescio* *D* quodam P^2 presbitero *EFM* iudicante *Q*, indicantem *OP* 14 earum *H* constiniensis CD^1, constantinensis $BD^2GHMOPQ^1SV$, constantiensis *F* scripserit D^2 *in ras.*, scribserit *HM*, scriberit C^1 15 illum *E* *ac (h *ras.*) *CD* respondere C^1D^1 16 librum C^1D^1R, et factum est. librum *cet. v* autem *om. B* etiam *om. FOa* meum (eum *in ras.*) *M* in quo] inquam Q^1 eundem] eum G^1, uñ *a* 17 abere *P*

In quo libro illud, quod dixi: *Constantinum imperatorem Donatistis criminantibus ordinatorem Caeciliani Felicem Aptugnensem non negasse accusationis locum, quamuis eos in Caecilianum fictis criminibus calumniosos fuisset expertus*, in ordine temporum postea consideratum aliter inuentum est. nam prius memoratus imperator causam Felicis fecit audiri a proconsule, ubi legitur absolutus, et postea ipse Caecilianum cum accusatoribus eius auditum comperit innocentem, ubi eos expertus est in eius criminibus calumniosos. qui ordo temporum per consules declaratus multo uehementius in ea causa calumnias Donatistarum conuincit penitusque subuertit, quod alibi ostendimus. 2

Hic liber sic incipit: *Respondere aduersa sentientibus.* 3

XXV.) CAPVT LXI.

DE MAXIMIANISTIS CONTRA DONATISTAS LIBER VNVS.

Scripsi etiam librum inter cetera contra Donatistas non breuissimum, sicut antea, sed grandem multo diligentius; in 1

1 De un. bapt. 16, 28 4 Aug. de fid. et opp. 4, 6 6 Aug. ep. 43, 2, 5 12 Retract. II, 53, 2 15 non extat

2 ciciliani *CD*^{1} aptugensem *PS*, aptungensem *HVm*, aptugenensem *FGN*, abtugenesem *B* 3 accusationibus *E* eos] eum (** s. l.) *C*, eum *D*^{1}*GNR*, eum sint *S* 4 caecilianum *BC*^{1}*D*^{1}*GNQRS*, caeciliano *F*, caeciliani *cet. v* calomniosos *V*, calomniosus *C*^{1}*D*^{1}, calumniosum *C*^{2}, calumniosus *FGHNS* fuisse *C*^{2}*OPV*, fuisse et *GNS* expertos *C*^{1}*D*^{1} 5 inuentus *EP* 6 memoratur *H* imperatur *H* audire *P* 7 proconsole *C*^{1}, proconsulae *G*^{1} ipsae *S*, ipse ịp̣ṣẹ *E* cecilianum *CD* 8 acusatoribus *C*^{1}, accussatoribus *H* aditum *H* comperet *C*^{1}*D*, comperi *a* 9 eos expertus] eo sextus *H* in] et in *R* eis *R* calomniosus *C*^{1}*D*^{1}, calomniosos *V*, calumniosus *G* qui] quia *BD*^{2}*FGNQ*^{1}*S* ordo *om. H* 10 consoles *C*^{1}*P*^{1}, consules (sules *m. 2*) *D* declaratur *D*^{2} mul uehimentius *H* 11 colomnias* *C*^{1} dona istarum *D*^{1} conuincit] c. ordo temporum *V*, conuicit *D*^{2}*FGNRa*, conuenit *Q*^{1} subuerti *C*^{1}*D*^{1} 12 ibi *a* 13 aduersa *BCD*^{1}*FGRS*, diuersa *cet.* 14 LXII *R*, *om. BFPQ*, XXV *v* 15 maximianis *B*^{1} libri duo *O* 16 scribsi *G*^{1}*HMP*^{1}, scripsit *O* eciam *C*^{1} librū (ū *m. 2 in ras.*) *C* inter] in *M* contra *C*^{2}*D*^{2} *s. l.* 17 brebissimum *C*^{1} sed (ed *m. 2 s. l.*) *C* grande *R* multo *G*^{2} *s. l.*

quo apparet, quemadmodum eorum aduersus ecclesiam catholicam inpium ac superbissimum errorem sola funditus Maximianistarum causa subuertat, quod scisma factum est ex ipsa parte Donati.

2 Hic liber sic incipit: *Multa iam diximus, multa iam scripsimus.*

CAPVT LXII. (XXXV

DE GRATIA TESTAMENTI NOVI AD HONORATVM LIBER VNVS.

1 Eo ipso tempore, quo contra Donatistas uehementer exercebamur et contra Pelagianos exerceri iam coeperamus, amicus quidam misit mihi quinque a Carthagine quaestiones et rogauit, ut eas illi scribendo exponerem. quae sunt: *quid sibi uelit uox illa: deus, deus meus, ut quid me dereliquisti?* et *quid sit, quod ait apostolus: ut in caritate radicati et fundati praeualeatis conprehendere cum omnibus sanctis, quae sit latitudo et longitudo et altitudo et profundum;* et *quae sint quinque uirgines stultae*

2 Aug. de haeres. 69. ep. 76, 3 sq. 14 Ps. 21, 1. cf. Matth. 27, 46 15 Eph. 3, 17 sq. 18 Matth. 25, 1 sqq.

1 quemammodum *M* aeclesiam *H* catholicam *om.* S^1 2 inpium] ipsius C^1D^1 solo D^1, sua *F* fonditus C^1D^1 3 subuertit D^2H **scisma (hi *ras.*) *CD*, schisma (s *pr. m. 2*, ism *in ras. M*) $FMPQ^2SV$, schisma erat Q^1 factam C^1 5 multa—diximus *om. M* *pr.* multū *H* 7 LXIII *R*, *om. BFPQ*, XXVI *v* 8 gracia C^1D noui testamenti D^2GR 10 quod C^1D^1 11 pelagianus D^1 exerciri C^1, exercere D^1 ceperamus *M* 12 quidam] meus *add.* Q^2 *s. l.* mihi misit *v* cartagine *BGS*, charthagine *FH*, karthagine *EN* 13 scribendo *om. a* sibi] si *V* 14 uellit D^1 uox illa C^1D^1R, illa uox *B*, uox illa domini *cet. v* *pr.* deus CD^1ENR, deus meus *cet. v* dereliquisti (e *alt. m. 2 in ras.*) *G*, derelisti *N* 15 ait D^2 *s. l.* radificati *S* 16 et *om. P* praeualeatis (ti *in ras.*) *M* compraehendere *DM*, comprehindere *V* 17 sanctis *om. F* *pr.* et *om. E* *alt.* et *om. O* 18 profundo C^1D^1H sunt E^1FGN quinque *exp.* D^2 uirgines st. quinque *B*

quaeue sapientes; et *quae sint tenebrae exteriores;* et *quomodo intellegendum sit: uerbum caro factum est.* ego autem intuens supra dictam heresem, nouam inimicam gratiae dei, sextam mihi proposui quaestionem *de gratia testamenti noui*, de qua disputans interposita expositione Psalmi uicensimi primi, in cuius capite scriptum est, quod dominus exclamauit in cruce, quod ille amicus in primis mihi proposuit exponendum, omnia illa quinque dissolui non hoc ordine, quo erant proposita, sed sicut mihi disserenti de gratia noui testamenti tamquam suis locis congruenter occurrere potuerunt.

Hic liber sic incipit: *Quinque mihi proposuisti tractandas* 2
quaestiones.

XXVII.)

CAPVT LXIII.

DE SPIRITV ET LITTERA AD MARCELLINVM LIBER VNVS.

Ad quem scripseram tres libros, quorum titulus est: de 1
peccatorum meritis et remissione, ubi diligenter disputatur etiam de baptismo paruulorum, rescripsit mihi se fuisse permotum, quod dixerim fieri posse, ut sit homo sine peccato, si uoluntas eius non desit ope adiuuante diuina, quamuis nemo tam perfectae iustitiae in hac uita uel fuerit uel sit uel futurus sit. quaesiuit enim, quomodo dixerim posse fieri,

1 Matth. 22, 13 2 Io. 1, 14 8 Aug. ep. 140

1 quaeue] et quaeue C^1D^1, quae *H* exteriores (o *in ras.*) *D* comodo C^1 2 sit *om. H* ego autem *om. H* 3 dicto C^1D^1 heresem C^1D^1M, heresim *cet. v* 4 sextam *in ras. M* posui *P* 5 interposito C^1, interpositione (*om.* expositione) *B* exposicione C^1 uice*simi *D*, uigesimi C^2V 6 in cuius *om. H* clamauit *F* 8 ille *H* quinque] quippę Q^1 solui *F* hoc] in hoc *BFGNS* erat $C^1D^1G^1$ 9 gratiam C^1D^1 10 congruentur C^1D^1 11 *post* proposuisti *num. seq. capitis* (LXIIII) *ras. del. C* tractandum Q^1, trac***tandas (tan *ras.*) D^1 quaestiones tractandas *B* 13 LXIIII *R*, *om. BFPQ*, XXXVII *v* 14 marcelli*num *C* 16 scribseram *HM* tris M^1 titulos C^1 17 remisione *H* diligentur C^1 18 rescribsit *HM* fuisset C^1. fuisse (e *in ras. m. 2*) *D* 19 fieri *ex* fueri C^2 20 adiubante C^1 22 quaesiui *R* fieri posse *B*

cuius rei desit exemplum. propter hanc eius inquisitionem scripsi librum, cuius est titulus: de spiritu et littera, pertractans apostolicam sententiam, ubi ait: *littera occidit, spiritus autem uiuificat.*

2 In quo libro, quantum deus adiuuit, atrociter disputaui contra inimicos gratiae dei, qua iustificatur inpius. cum autem agerem de obseruationibus Iudaeorum a quibusdam escis secundum ueterem legem abstinentium, dixi: *quarundam escarum ceremoniae.* quod nomen non est in usu sanctarum litterarum, ideo tamen mihi congruens uisum est, quod a carendo appellatas ceremonias quasi carimonias memoria tenebam eo, quod obseruantes careant his rebus, a quibus se abstinent. quod si est origo huius nominis, quae abhorret a uera religione, secundum hanc ego non sum locutus, sed secundum istam, quam supra memoraui.

3 Hic liber sic incipit: *Lectis opusculis, quae ad te nuper elaboraui, fili carissime Marcelline.*

3 II Cor. 3, 6   6 Rom. 4, 5   8 De spir. et litt. 21, 36   Aug. ep. 82, 18   10 Gell. Noct. Att. IIII, 9, 8

1 inquisicionem C^1, inquisitione D^1 2 scribsi HMP^1 titulus est *BFQ*, titulus (*om.* est) *M*   protractans C^1, pertranctans *F*   3 littera] l. autem *S*   4 autem sp̄s *O*, spiritus (*om.* autem) E^1 5 adiuuauit *GS*, adiuuat E^1 atrociter BCD^1FGNRS, acriter *cet. v*   6 inimicus D^1 dei] xp̄i *N*   7 iudeorum *BCEFQRV*   8 uetherem C^1 dixi *om. B*   9 ceremoniae *C*, caeremoniae *D*, caerimoniae *cet.*   usum C^1 scarum litterarum sc̄arum *CD*, litterarum sanctarum *cet. v*   10 tamen] autem *R*   carendam S^1 appellatur *OPVa*   11 ceremonias *CD*, caerimonias *cet.*   quasi carimonias *om.* M^1 caremonias C^2D^2, carimonia *V*, cerimonias *R*   memoriam *SV*, momemoria *E*   tenebat *V*, retinebam *S*   12 a *om. OPa*   se *om. H*   13 origo *DR*, orico C^1, origo alia *cet. v*   mominis H^1 abhorret a uera *bis, a m. 1. et 2., exh. D*   aborret C^1D^1V a uera] aurea *Q*, a sua *a*   relegione D^1M, relegioni C^1 14 ergo Q^1 sum] **sum *M*, solum CD^1 loquutus *H*   15 **memoraui *C*, momoraui *G*, commemoraui *BDEFGNQRS*   16 letis *B*   opuscolis C^1D^1 17 fili* *R*   marcelli*ne (a *ras.*) *CD*

XXVIII.)

CAPVT LXIIII.

DE FIDE ET OPERIBVS LIBER VNVS.

Interea missa sunt mihi a quibusdam fratribus laicis quidem, 1
sed diuinorum eloquiorum studiosis scripta nonnulla, quae ita distinguerent a bonis operibus Christianam fidem, ut sine hac non posse, sine illis autem posse perueniri suaderetur ad aeternam uitam. quibus respondens librum scripsi, cuius nomen est: de fide et operibus. in quo disputaui, non solum quemadmodum uiuere debeant gratia Christi regenerati uerum etiam quales ad l a u a c r u m r e g e n e r a t i o n i s admitti.

Hic liber sic incipit: *Quibusdam uidetur.* 2

XVIIII.)

CAPVT LXV.

BREVICVLVS CONLATIONIS CVM DONATISTIS, LIBRI TRES.

Posteaquam facta est cum Donatistis nostra conlatio, 1
breuiter commemoraui, quae gesta sint, litterisque conprehendi secundum tres dies, quibus cum eis contulimus, idque opus utile existimaui, quo quisque commonitus uel sciat sine labore, quid actum sit, uel consultis numeris, quos rebus

10 Tit. 3, 5

1 *num. om.* *BFPQ*, XXXVIII *v* 2 et *om.* CD^1 operatione E^1 3 missi P^1 fratribus *om.* *B* aicis E^1 4 studiosa *a* scribta C^1HM 6 hac] ac C^1, hic *H* *alt.* possit *H* peruenire C^1EM^1 7 scribsi *HM* cui Q^1 8 quo* *C* solum] s. autem *R* 9 quemammodum *DM* debeant q^os (nt q^os *m. 2 in ras.*) *E* gracia C^1 generati *B*, regenerauit *E* 10 lauacrum (uacrum *m. 2 in ras.*) *C* ammitti C^1DM 12 *num. om.* *BEFPQ*, XXXIX *v* 13 breuiculus *om.* D^1, brebiculus C^1 cumlationis C^1, comlationes P^1, lationis D^1 14 liberi C^1 IIII^or *F* 15 posteacum *H* cum] contra BD^2FGNQS donatis C^1D^1, donatistas BD^2FGNQS nostra *om.* *H* 16 breuiter *del.* D^2, *******brebiter *C* commemoraui] cum c. *C* sunt $EGOPS^1a$ litterisquae D^1G^1, litteris *P* 17 contu*limus (l *ras.*) *C* idquae P^1 18 ut ille *R* exhistimaui *V*, existimabam *OPa* quisquae *D* conmonitis E^1, communi *H* 19 quid (d *m. 2 in ras.*) *C*, *om.* *O* nimeris P^1

singulis annotaui, legat in eisdem gestis ad locum, quodcumque uoluerit, quoniam fatigant illa nimia prolixitate lectorem. huius autem operis titulus est: breuiculus conlationis.
2 Hoc opus sic incipit: *Cum catholici episcopi et partis Donati.*

CAPVT LXVI. (XL.)

POST CONLATIONEM CONTRA DONATISTAS LIBER VNVS.

1 Librum etiam scripsi grandem satis, quantum existimo, diligenter ad ipsos Donatistas post conlationem, quam cum episcopis eorum habuimus, ne ab eis seducerentur ulterius. ubi respondi etiam quibusdam uanitatibus eorum, quae ad nos peruenire potuerunt, quas uicti, ubi poterant et quomodo poterant, iactabant, praeter illa, quae dixi de gestis conlationis, unde, quid actum sit, breuiter nosceretur. multo autem breuius id egi in quadam ad eosdem rursus epistula, sed quia in concilio Numidiae omnibus, qui ibi eramus, hoc fieri placuit, non est in epistulis meis. sic quippe incipit: *Siluanus*

15 Aug. ep. 76 17 ep. 141

1 singulis** (is *in ras. m. 2*) *H* annutaui C^1D, adnotaui *EGHPRV*, annotauit *F* quocumque *V* 2 uoluerit *om. F* illa] i. sua BD^2EFNQ, sua illa *S* prolixitatē *F* 3 lectorum P^1 titulus (s *ex* m *m. 2*) *C* brebiculus C^1D^1 collationis D^2, collationum *a* 4 et partis C^2 *in ras.*, et pa^{rtis} (rtis *m. 2*) *D* 5 LXV C^1, *om. BFPQ*, XL *v* 6 pos D^1 con**lationem (so *ras.*) *C*, consolationem D^1H 8 scribsi *HM*, *om. B* quantum (a *ex* i) *C* 9 istos *G* conlationes (s *ex* m) *M* quas *M* 10 episcopis eorum] eorum episc. *B*, eis D^2Q^1 seducerentur (c *ex* r) *S*, succederentur D^2 11 respondit C^1D^1 uunitatibus *M pr.* ad (d *m. 2 s. l.*) *CD* 12 *pr.* potuerant *OP*, poterant *a alt.* potuerant *BEFGNOSa* et—poterant *om. H* 13 potuerant *FGNS*, potuerunt *B* iactabant CD^1E^1R, iactitabant *cet.* *m* collationib; (b; *in ras.*) *R* 14 unde] ubi *Oa* sit *om. R* 15 breuius (ui *m. 2 s. l.*) *CD* egi] igi D^1, ei *G*, est E^1 quasdam *R* rursum *M* aepistula *H*, epistolam C^1S^1, epistulam D^1 16 numidiae] num idie *D*, uno die (uno *m. 2 in ras.*) *C* aderamus *a* 17 epistulis *HM*, epistolis *cet.* sic (c *ex* t) *E* saluanus *G*

senex, Valentinus, Innocentius, Maximinus, Optatus, Augustinus, Donatus et ceteri episcopi e concilio Zertensi ad Donatistas.

Hic liber sic incipit: *Quid adhuc, Donatistae, seducimini?* 2

(XLI.)

CAPVT LXVII.

DE VIDENDO DEO LIBER VNVS.

De uidendo deo librum scripsi, ubi de spiritali corpore, 1
quod erit in resurrectione sanctorum, inquisitionem diligentiorem distuli, utrum uel quomodo d e u s, qui s p i r i t u s e s t, per corpus tale uideatur; sed eam postea quaestionem sane difficillimam in nouissimo, id est in uicensimo et secundo libro de ciuitate dei, satis, quantum arbitror, explicaui. inueni etiam in quodam nostro codice, in quo et iste liber est, quoddam commonitorium a me factum de hac re ad episcopum Siccensem Fortunatianum, quod in opusculorum meorum indiculo nec inter libros nec inter epistulas est notatum.

Hic liber sic incipit: *Memor debiti*, illud autem: *Sicut* 2
praesens rogaui et nunc commoneo.

7 ep. 147 9 Io. 4, 24 11 Aug. de ciu. dei XXII, 29 16 ep. 148

1 senix *V*, senes P^1 *post* ualentinus *add. a:* aurelius innocentius—augustinus *om. E* miximinus *C*, maximus D^2FQ, maximianus *B* obtatus *GRS*, *om. F* 2 donatos H^1, *om. BF* e C^1, & D^1, de *cet. v* zerthensi *V*, certensi *P*, czertensi *G* 4 athuc E^1 donatiste C^1D, (at *in ras.*) *M* seducimini (ini *in ras. m. 2*) *M*, seducemini *N*, se seducimini *B* 5 *num. om. BFPQ*, XLI *v* 6 (7) fidendo *H* deum D^2 7 deum D^2FGS scribsi HP^1 librum scripsi *CD*, scripsi librum *cet. v* 8 resurrectione* *C*, resurreccione* *D* inquisitionem *del.* D^2 diligentiorem inquisitionem *N* 9 comodo C^1D^1 10 per C^1D^1, et per *R*, etiam per *cet. v* uideatur*** *C* 11 dificillimam *CD* *alt.* in *om.* R^1 uicensimo C^1HM^1V, uigesimo C^2, uicesimo *cet.* 13 cudice *V* 14 quoddā (dā *in ras. m. 2*) *M* cummonitorium C^1, communitorium *V*, communiturium D^1 hac] ac C^1D^1 15 in *om. M* indiluculo *E* 16 aepistulas *H* notatum] nominatum *a* 17 sicut D^2, sic C^1 18 praesens—commoneo C^2D^2 *in ras. et in mg.* praesens] et pr. *B* rogaui] r. te *Q* et—commoneo *om. v* commonui *OP*

CAPVT LXVIII. (XLII.)

DE NATVRA ET GRATIA LIBER VNVS.

1 Venit etiam tunc in manus meas quidam liber Pelagi, ubi
hominis naturam contra dei gratiam, qua iustificatur inpius
et qua Christiani sumus, quanta potuit argumentatione defendit.
librum ergo, quo huic respondi defendens gratiam non contra
naturam, sed per quam natura liberatur et regitur, de natura
2 et gratia nuncupaui. in quo uerba quaedam, quae uelut Xysti
Romani episcopi et martyris Pelagius posuit, ita defendi,
tamquam re uera eiusdem Xysti essent; id enim putaueram.
sed postea legi Sexti philosophi esse, non Xysti Christiani.
3 Hic liber sic incipit: *Librum, quem misistis.*

CAPVT LXVIIII. (XLIII.)

DE CIVITATE DEI LIBRI VIGINTI DVO.

1 Interea Roma Gotthorum inruptione agentium sub rege Allaricho atque impetu magnae cladis euersa est. cuius euer-

4 Rom. 4, 5   9 De nat. et gr. 64, 77   Hieron. ep. 133, 3. (ad Ctesiph.) in Hierem. c. 22. in Ezech. c. 18

1 *num. om.* *BFNPQ*, XLII *v*   2 naturae (*om.* et) *V*   gracia C^1D^1 3 ueninit *C*   nunc M^1 meas] nostras *E*   liber *om.* *E*   pelagi C^1D^1, pelagii *cet.* *v*   pelagii liber *m*   4 homines C^1D^1 gratia C^1D^1 quam Q^1 5 qua] quia GM^1P^1 potui E^1OP argumentatione* *C*   defendi E^1OP 6 quod E^1 7 quam] quem *BFGNS*   *alt.* naturam *H*   legitur *H*   8 gracia C^1 nuncupauit C^1, noncupaui P^1, nuncupatur *Q*   quae *om.* *B*   uelud $C^1D^1HP^1$, uel *a*   xisti *H*, *xisti (e *ras.*) *E*, ex xysti N^1, sixti *BOa*, ex sixti *F*, syxti *R*   9 epi* *C*   et *om.* *B*   martiris *D*   10 tanquem E^1 rera E^1 xisti *H*, syxti *OR*, sixti *BFa*   11 sextii *H*, sixti BC^2M^2a, syxti *R*, sexqui Q^1 filosophi *S*, filosofi *H*, phylosophi *GR*   **xysti (sy *ras.*) *H*, xisti *E*, sixti BCD^1F, syxti *OR*, *om.* *a*   13 LXVIII C^1, *om.* *BFPQ*, XLIII *v*   14 ciuitate (ci *in ras. m. 2*) *C*   libri (ri *m. 2 in ras.*) *C*   15 interea] i. cum *BFGNSa*   romo *H*   gotthorum C^1, gothorum *cet.* *v*   agencium C^1 16 allaricho C^1D^1, halarico *ERV*, alarico *cet.* *v*   impetum *O*   magnae (m *m. 2 s. l.*) *C*   cladis] elatis E^1, clades *H*   cuius (c *m. 2 in ras.*) *C*, *al.* eius *a in mg.*   eiuersionem *H*

sionem deorum falsorum multorumque cultores, quos usitato nomine paganos uocamus, in Christianam religionem referre conantes solito acerbius et amarius deum uerum blasphemare coeperunt. unde ego exardescens zelo domus dei aduersus eorum blasphemias uel errores libros de ciuitate dei scribere institui. quod opus per aliquot annos me tenuit eo, quod alia multa intercurrebant, quae differri non oporteret et me prius ad soluendum occupabant. hoc autem de ciuitate dei grande opus tandem uiginti duobus libris determinatum. quorum quinque primi eos refellunt, qui res humanas ita prosperari uolunt, ut ad hoc multorum deorum cultum, quos pagani colere consuerunt, necessarium esse arbitrentur et, quia prohibentur, mala ista exoriri atque abundare contendunt. sequentes autem quinque aduersus eos loquuntur, qui fatentur haec mala nec defuisse umquam nec defutura mortalibus et ea, nunc magna nunc parua, locis, temporibus personisque uariari, sed deorum multorum cultum, quo eis sacrificatur, propter uitam post mortem futuram esse utilem disputant.

4 Ps. 68, 10. Io. 2, 17

1 eorum *H* multorumquae *D*, multorum (*om.* que) *V*, *al.* mutorumque *a in mg.* usitatu D^1, sustato E^1 2 paganus C^1D^1 uocamus] nos u. *E* relegionem C^1D^1 refferre *B*, referre* *Q* 3 solitu *H*, silito C^1, *om.* *O* aceruius $C^1D^1S^1V$ uerum deum *B* 4 ceperunt C^1 ego B^2 *s. l.*, ergo EQ^1 exartescens C^1, exardiscens *V*, exadescens D^1 aduersum *V* 5 eorum] ḍẹuṃ ipsorum *E* blasphemas E^1, blasphemare *F* de *ex* d̄i C^2 ciuitate (te *s. l. m. 2*) *C* 6 aliquod *E*, quot H^1 eo] ee *E* 7 intercorrebant D^1 differri CD^1, differre *cet. v* oporterit C^1D^1, *ł* poteram Q^2 *s. l.* 8 prius] *al* plus *a in mg.* occulpabant *E* 9 XX duobus *C*, duobus G^2 *in ras.* libros R^1 determinatum *CD* (*cf. Confess. VI, 3, 4*), determinatur E^1R, est terminatum *cet. v* 10 quinquae *D* 11 cult**um (or *ras.*) *D* cos C^1D^1 12 consueuerunt *RSV* * necessarium (ñ *ras.*) *B* arbitrạentur *H* 13 prohibe*tur (n *ras.*) *C*, prohibetur *Vm* isti E^1 *post* exori[ri] ([ri] *add. in ras.*) *rasura maior V* habundare $B^1C^1DEHMOS^1$ 14 quinquae *D* aduersum *V* locuntur *BFGNOPRSV* 16 temporis *H* 17 daeọrum *D* multorum] meorum Q^1 cul*tum *C* quoḍ *CD* sacrificetur E^1, sanctificatur P^1

his ergo decem libris duae istae uanae opiniones Christianae religioni aduersariae refelluntur.

2 Sed ne quisquam nos aliena tantum redarguisse, non autem (2.)
nostra asseruisse reprehenderet, id agit pars altera operis huius, quae libris duodecim continetur, quamquam, ubi opus est, et in prioribus decem, quae nostra sunt, asseramus et in duodecim posterioribus redarguamus aduersa. duodecim ergo librorum sequentium primi quattuor continent exortum duarum ciuitatum, quarum est una dei, altera huius mundi, secundi quattuor excursum earum siue procursum, tertii uero, qui et postremi, debitos fines. ita omnes uiginti duo libri cum sint de utraque ciuitate conscripti, titulum tamen a meliore acceperunt, ut de ciuitate dei potius uocarentur.

3 In quorum decimo libro non debuit pro miraculo poni *in Abrahae sacrificio flammam caelitus factam inter diuisas uictimas cucurrisse,* quoniam hoc illi in uisione monstratum est.

4 in septimo decimo, quod dictum est de Samuhel: *non erat de filiis Aaron,* dicendum potius fuit: non erat filius sacer-

14 De ciu. dei X, 8 (I p. 458, 5) 17 De ciu. dei XVII, 5 (II p. 221, 19) Retract. II, 81, 4

1 decim C^1 uariae *Q*, uarie D^2 opinionis C^1D, oppiniones *P* christiani *G* 2 relegionis C^1D^1, religione E^1HS^1 refellentur *HP* 3 redarguis•se (e *ras.*) *C*, redargisse E^1 4 reprehenderit C^1, reprehinderet *V* id agit E^3 *in mg.*, roagit E^1, rogauit E^2 *s. l.* 5 duodecim libris *a* quanquam *C* 6 *pr.* et *om.* *M* prioribus] p. operibus *S* decim C^1 sunt nostra *B* 7 posterib'ribus *F* 8 primi] libri *O* quattuor *om.* C^1D^1R 9 est] et D^1 altera] a. est *B* 10 uero] u. quattuor *BS* 11 deuitos C^1D^1, debitus *H* omnes H^2 *in ras.* duo C^1D^1, et duo *cet.* *v* 12 de utraquae *D*, utraque de H^1, ex utraque *F* ciuitati G^1 ^{ti}tulum *P* 13 meliore] me *S* acciperunt *HS* acceperunt a meliore *C*, *signis supra scriptis transposuit m. 1* potius *om.* *B* 14 duodecimo *BEFGNOQRS* p̧roni *P* 15 habrahae *PR*, abraę *a* flammam (mam *s. l.*) *V* caelitis D^1 16 cocurrisse *V*, concurrisse *CD* hoc *om.* *V* memoratum *V* 17 decimo] d. libro *v* de] n̄ *H* samuhel CD^1, samuele *BFR*, samuehle *Q*, samuhele *cet.* *v* 18 potius fuit] potuit *N* filiis P^1

dotis. filios quippe sacerdotum defunctis sacerdotibus succedere magis legitimi moris fuit; nam in filiis Aaron reperitur pater Samuhelis, sed sacerdos non fuit nec ita in filiis, ut eum ipse genuerit Aaron, sed sicut omnes illius populi dicuntur filii Israhel.

Hoc opus sic incipit: *Gloriosissimam ciuitatem dei.* 5

XLIIII.)

CAPVT LXX.

AD OROSIVM PRESBYTERVM CONTRA PRISCILIANISTAS LIBER VNVS.

Inter haec Orosi cuiusdam Hispani presbyteri consultationi 1
de Priscilianistis et de quibusdam Origenis sensibus, quos catholica fides inprobat, quanta potui breuitate ac perspicuitate respondi. cuius opusculi titulus est: ad Orosium contra Priscilianistas et Origenistas. et ipsa enim consultatio responsioni meae a capite adiuncta est.

Hic liber sic incipit: *Respondere tibi quaerenti, dilectissime* 2
fili Orosi.

1 filius C^1D^1GS, filiis *N* sacerdotum *om. H* 2 legitime C^1 mores C^1D^1, maris *H* fui *H* in C^2D^2 *s. l.* repperitur *FGHMRV* 3 samuhelis *om. F* sed D^2 *in ras.* 4 omnis *V* illius] filios *BFGN*, filius S^1, filii S^2 populis C^1D^1 5 filiisishł *C*, filii* israhel (s *ras.*) *D* 7 *LXX (X *ras.*) *H*, *om. BFPQ*, XLIV *v* 8 rosium *H* presbiterum *HS*, prespiterum *G*, *om. m* priscilianistas *CDHP*, priscillianistas *cet. v* *post* prisc. *add.* RS^2m et origenistas 10 orosi $C^1D^1E^1$, horosii *O*, orosii *cet. v* hyspani *HM*, yspani D^2F, spani BC^1D^1GS presbiteri *CEM*, praesbiteri *D* consulationi D^1, consultatione *R*, consolationi GS^1 11 priscilianistis (is *ex* as H^2) *CDH*, priscillianistas P^1, priscillianistis *cet. v* originis C^1D^1 12 catholicae *H* preuitate E^1 hac *PQ* 13 orosium (iu *m. 2 in ras.*) *M*, orosium prb̄m *E* 14 priscilianistas CD^1H, priscillianistas *cet.* originistas C^1D^1, oregianistas *H* consulatio D^1 responsionis E^1M 16 respondi BD^2FGNQS dilectissimae *D* 17 fili *om. E*, fili** (is *ras.*) *C*, filii D^1 orosii *R*

CAPVT LXXI. (XLV.)

AD HIERONYMVM PRESBYTERVM LIBRI DVO, VNVS DE ORIGINE ANIMAE ET ALIVS DE SENTENTIA IACOBI.

1 Scripsi etiam duos libros ad presbyterum Hieronymum sedentem in Bethlem, unum de origine animae hominis, alterum *de sententia apostoli Iacobi, ubi ait: quicumque totam legem seruauerit, offendat autem in uno, factus est omnium reus,* de utroque consulens eum. sed in illo priore quaestionem, quam exposui, ipse non solui; in posteriore autem, quid mihi de illa soluenda uideretur, ipse non tacui, sed utrum hoc annueret etiam ille consului. rescripsit autem laudans eandem consultationem meam, sibi tamen ad id respondendum non esse respondit. ego uero, quousque esset in corpore, hos libros edere nolui, ne forte responderet aliquando et cum ipsa responsione eius potius ederentur, illo autem defuncto ad hoc edidi priorem, ut, qui legit, admoneatur aut non quaerere omnino, quomodo

4 epp. 166. 167 6 Iac. 2, 10

1 *num. om.* $BFPQ$, XLV *v* 2 hieronimum $BC^2DEGHMPS$, hyeronimum C^1V, iheronimum FNO, ieronimum R presbiterum P unus *om.* D^1 unus—iacobi *om.* V 3 alter (*om.* et) B sentia P^1, sententia quadam B iacobi apłi D^2F 4 eciam C^1 duobus E^1 presbiterum EMQ hyeronimum C^1V, iheronimum NO, ieronimum F, hieronimum *cet.* hieronymum presbyterum *v* 5 bethlem CE, bethleem BD^2 $GHMNOPQSV$, betlem D^1, bethlehem *cet. v* anime C^1 6 sequentia C^1D^1 iacobi apostoli $BRVv$ 7 seruaberit C^1, obseruauerit O autem *om.* FH 8 factum S^1 utroquae D consolens C^1D^1 9 illi M^1 priorem M, priori E quaestione E exposui C^1D^1EO PQ^2R, proposui *cet. v* solū H in *om.* H 10 posterore D^1 ipse $CDEOPR$, *om. cet.* 11 urum C^1D^1 hoc M^2 *in ras.* annueret (et *ex* it *corr.* C) CD^1R, annueret approbaret S, adprobaret*** (ad *m. 2*, hoc *ras.*) M, adprobaret *cet. v* ille *om.* B, illum $FGNQS$, illud D^2 consolui C^1D^1H 12 rescribsit M laudans (ud *m. 2 in ras.*) C 13 ad *id (h *ras.*) C, ad *cet. v* non C^1D^1R, uacuum otium non S, otium non *cet. v* esse non B respondit (o *in ras. m. 2*) C, respondet P^1 14 quousquae D hedere Q 15 et] ut E^2 *s. l.* 16 ederentur potius B^1 hederentur Q, ał haberetur *a mg.* ededi V 17 qui] quid C^1D^1 amoneatur C^1, ammoneatur *cet.* quaere D^1V^1

detur anima nascentibus, aut certe de re obscurissima eam solutionem quaestionis huius admittere, quae contraria non sit apertissimis rebus, quamuis de originali peccato fides catholica nouit in paruulis, nisi regenerentur in Christo, sine dubitatione damnatis, posteriorem uero ad hoc, ut quaestionis, de qua ibi agitur, etiam quae nobis uisa est solutio ipsa noscatur.

Hoc opus sic incipit: *Deum nostrum, qui nos uocauit.* 2

LVI.)

CAPVT LXXII.

AD EMERITVM EPISCOPVM DONATISTARVM POST CONLATIONEM LIBER VNVS.

Ad Emeritum, Donatistarum episcopum, qui in conlatione 1
nostra, quam cum illis habuimus, eorum causam maxime agere uidebatur, aliquanto post eandem conlationem scripsi librum satis utilem, quoniam res, quibus uincantur uel uicti esse monstrantur, commoda breuitate conplectitur.

Hic liber sic incipit: *Si uel nunc, frater Emerite.* 2

LVII.)

CAPVT LXXIII.

DE GESTIS PELAGI LIBER VNVS.

Per idem tempus in oriente, hoc est in Syria Palaestina, 1
Pelagius a quibusdam catholicis fratribus ad episcopalia gesta

1 Retract. I, 1, 8. II, 82 9 non extat 19 Aug. de gest. Pel. 1, 2. 11, 24. 35, 60

1 anima (i *in ras.*) *M* eam] mē ad *M*, mea *GS*, etiam *R* 2 solutione *GN* ammittere MP^1 amittere C^1D^1 contra *H* non sit *bis script. H* 3 quamuis *BDFGNRS*, qua***s (mui *ras.*) *C*, quas *cet. v* 4 paruolis C^1D^1 regenerentur] in r. *H*, regenerentur *a* xpm *V* 5 damnatis D^1R, damnat**is *C*, damnandis *cet. v* posteriore D^1 uiro C^1D^1 ut *om. H* 6 nuscatur C^1D^1V, nascatur *G* 7 dnm D^2E 8 *num. om. BFPQ*, XLVI *v* 9 donatistarum episcopum *EFOv* post conlationem *om. a* 10 conlaciońem C^1 11 episcopum *om. N* 12 illis] in i. *H* eorum] et eorum *BF* causa CD^1ERS^1 13 aliquando BFO^1PRSa scribsi HP^1 14 quoniam *ex* quod *S* quibus] qm̄ Q^1 uinc*antur CD^1, uincuntur *cet. v* 15 demonstrantur D^2, uidentur *B* commoda *om. R* ueritate *P* 16 si uel *ex* siue E^2 emeritae C^1D 17 *num. om. BFPQ*, XLVII *v* 18 pelagi D^1, pelagii *cet.* 19 siria *BCDE* palastina C^1D^1, palestine C^2, palestina *cet.*

perductus eisque absentibus, qui de illo libellum dederant, quoniam ad diem synodi non potuerunt occurrere, ab episcopis quattuordecim auditus est, ubi eum dogmata ipsa damnantem, quae inimica gratiae Christi aduersus eum de libello legebantur, catholicum pronuntiarunt. sed cum in manus nostras eadem gesta uenissent, scripsi de his librum, ne illo uelut absoluto eadem quoque dogmata putarentur iudices adprobasse, quae ille nisi damnasset, nullo modo ab eis nisi damnatus exisset.
2 Hic liber sic incipit: *Posteaquam in manus nostras.*

CAPVT LXXIIII. (XLVII

DE CORRECTIONE DONATISTARVM LIBER VNVS.

Eodem tempore scripsi etiam librum de correctione Donatistarum propter eos, qui nolebant illos legibus imperialibus corrigi. Hic liber sic incipit: *Laudo et gratulor et admiror.*

CAPVT LXXV. (XLVIII

DE PRAESENTIA DEI AD DARDANVM LIBER VNVS.

1 De praesentia dei scripsi librum, ubi nostra intentio contra heresem Pelagianam maxime uigilat non expresse nominatam.

2 Aug. c. Iulian. I, 5, 19. 7, 32 7 Aug. c. Iulian. I, 5, 19. op. inperf. c. Iulian. II, 66. ep. 186, 31 12 ep. 185

1 perductus*** *C*, perductus est *Oa* eisquae *D* 2 quoniam] quem *B* sinodi *DG*, sinhodi P^1, sydoni *ER* 3 auditus est *om.* C^1D^1 docmata *C* 4 gratia D^1 Christi] dei *a* aduersus (— *ras.*) *C* eam *EOa* 5 catholicam P^1 pronunciarunt C^1, pronunciauerunt *Ba* nostras *om.* *BF* 6 scribsi *EH* ne] de C^1D^1, ne ab *B* uelud *EHPQ*, uel *a* absoluta *F* 7 docmata CD^1 8 nullu D^1 nisi damnatus] indemnis *a* 10 *num. om.* *BFPQ*, XLVIII *v* 11 correctione (rectione *m. 2*) *D*, conrectione *V*, correptione *NR* 12 eo HMS^1 scribsi *H* etiam *om.* *B* correccionem C^1D^1, conrectione *V*, correptione *NR* 13 illos] eos *B* imperi**alibus *D* 14 conrigi *V*, corrigi* (t *ras.*) *D* et admiror *om.* *V*, etiammiror CD^1 15 *num. om.* *BFPQ*, XLIX *v* 16 bardanum D^1 17 presentia C^1 scripsi] descripsi *E*, ad dardanum scripsi *V* intentione *E* 18 heresim BC^2FHRa pelagianum C^1D^1 euigilat *H* non] nam E^1 expressim *R*

sed in eo etiam de praesentia naturae, quem deum et summum et uerum dicimus, et de templo eius operose ac subtiliter disputatur.

Hic liber sic incipit: *Fateor, frater dilectissime Dardane.* 2

(L.) CAPVT LXXVI.

CONTRA PELAGIVM ET CAELESTIVM DE GRATIA CHRISTI ET DE PECCATO ORIGINALI AD ALBINAM, PINIANVM ET MELANIAM LIBRI DVO.

Posteaquam Pelagiana heresis cum suis auctoribus ab 1
episcopis ecclesiae Romanae, prius Innocentio, deinde Zosimo, cooperantibus conciliorum Africanorum litteris conuicta atque damnata est, scripsi duos libros aduersus eos, unum de gratia Christi, alterum de peccato originali.

Hoc opus sic incipit: *Quantum de uestra corporali et* 2
maxime spiritali salute gaudemus.

(LI.) CAPVT LXXVII.

GESTA CVM EMERITO DONATISTA, LIBER VNVS.

Aliquanto post conlationem, quam cum hereticis Donatistis 1
habuimus, orta est nobis necessitas pergendi in Mauritaniam

10 Aug. de grat. Chr. I, 30, 32. II, 17, 19. 21, 24. Prosp. Tir. chron. 1261 ad ann. 416 (p. 468 ed. Momms.)

1 quam C^2Q^2RV et summum CD^1, summum *cet. v* uerum et summum *a* *alt.* et] ei D^1 4 fateor G^2 *in ras.* frater *om. E* dilectissimae D^1 5 *XXVI (L *desectum*) *M*, *om. BFPQ*, L *v* 6 celestium *C*, celestinum $BFGNS^1$ 7 et *om. H* de *om. BF*, *del.* D^2 originali peccato *EO* albinum *BFGNS*, albiniam *E* 8 pinianum *om. S* melanium G^1, melinam *O* 9 hereses GNQ^1S^1 10 aecclesiae *D* romanae] ille r. *H* innoncentio *B* 11 affricanorum *BGH* 12 scribsi HP^1 aduersus (-- *ras.*) *C* 14 corporali *CEPR*, et corporali *cet.* 15 maximae *D*, *om. B* gaudemus CD^1, gaudeamus *cet. v* 16 *num. om. BFPQ*, LI *v* 17 *F hunc titulum habet:* contra sermonē arrianonorum lib ·I· erito *P* donatista] donatistarum epo D^2Oa 18 aliquantum *V*, aliquando *H* 19 horta G^1S^1 mauretaniam MP^1Q, mauretaneam D^1, mauritaneam E^1, mauritania *HR*

Caesariensem. ibi apud ipsam Caesaream Emeritum, Donatistarum episcopum, uidimus, unum scilicet eorum septem, quos pro suae causae defensione delegerant, et qui in eadem causa maxime laborauerat. quae cum illo egerimus praesentibus episcopis eiusdem prouinciae et plebe Caesariensis ecclesiae, in qua ciuitate et ciuis et memoratorum hereticorum episcopus fuit, ecclesiastica gesta testantur, quae in meis habentur opusculis. ubi non inueniens, quid responderet, totum sermonem meum, quem de solis Maximianistis in auribus eius et omnium, qui aderant, explicaui, tamquam mutus audiuit.

2 Hic liber uel haec gesta sic incipiunt: *GLORIOSISSIMO HONORIO AVGVSTO XII ET CONSTANTIO ITERVM VV. CC. CONSVLIBVS XI KALENDAS OCTOBRIS CAESAREA IN ECCLESIA MAIORE.*

CAPVT LXXVIII. (LII.)

CONTRA SERMONEM ARRIANORVM LIBER VNVS.

1 Inter haec uenit in manus meas quidam sermo Arrianorum sine nomine auctoris sui. huic petente atque instante, qui

1 cf. Aug. ep. 87

1 caesariensem ibi] caesariensem sibi (sem *s. l. m. 2*) *C*, cessariem si ibi D^1, cesariensi ubi *R* ipsa *B* caesariam C^2HQ, cessariam D^1 2 uidemus C^1D^1 septem] de septem *H* 4 maximae D^1 illo *om. H*, ille C^1D^1 egerimus (e *pr. s. l. m. 2*) *C*, egerim $D^2HMOPSV$ 5 prouinciae (ae *in ras.*) *D* cesariensis *C* 6 aecclesiae *D* memoratum Q^1 7 aecclesiastica *D* testantur gesta *B* 8 opuscolis C^1D^1 respondere C^1D^1 9 quae D^1 maximianiseis E^1 10 explicui *H* 11 sic] ita *HM* gloriosissimo *mss.*, gloriosissimis imperatoribus *v* 12 honorio *om.* E^1 agusto S^1, *om.* E^1v XII *om.* E^1OPV, duodecies (es *in ras. F*) E^2FHMN et *om. H* constantio] constantino E^2F^1R, theodosio *v* iterum *om.* E^1, VIII *v* 13 ūū. c̄c̄. D^2OPQV, ū. c̄. CD^1GMS, *om. v*, ·IIII· cc. *R*, uo E^1, u. cs. *H*, uiro consule *N*, quinquies centies *F* consule E^2 XI *CENR*, dici XI *O*, die XI *cet. v* octobres *Q*, octob̄ *EMV*, octobrium *OP* 14 caesarea $C^1DEFHNSV$, caesaria C^2GQ, caesareae *cet.* aecclesiae *D* maiorias C^1, maioris *EHMOR*, maiori C^2, maiori* (s *ras.*) *D*, *om. P* 15 *num. om. BFPQ*, LII *v* 16 sermonēn *H* unus *eras. M* 17 in *om.* C^1D^1 nostras *a* 18 petenti BC^2 instanti BC^2

eum mihi miserat, quanta potui etiam breuitate et celeritate respondi adiuncto eodem sermone a capite responsionis meae et adhibitis ad singula numeris, quibus inspectis quid cui loco responderimus facile possit aduerti.

Hic liber post eorum sermonem, qui a capite adiunctus 2
est, sic incipit: *Eorum praecedenti disputationi hac disputatione respondeo.*

(LIII.) CAPVT LXXVIIII.

DE NVPTIIS ET CONCVPISCENTIA AD VALERIVM LIBRI DVO.

Scripsi duos libros ad inlustrem uirum, comitem Valerium, 1
cum audissem Pelagianos ei nescio quid scripsisse de nobis, quod scilicet nuptias damnaremus asserendo originale peccatum. quorum librorum titulus est: de nuptiis et concupiscentia. bonitatem quippe defendimus nuptiarum, ne putaretur earum esse uitium c o n c u p i s c e n t i a c a r n i s et l e x i n m e m b r i s r e p u g n a n s l e g i m e n t i s, quo malo libidinis bene utitur ad filios procreandos pudicitia coniugalis. ut autem duo libri essent, primus uenit in Iuliani Pelagiani manus, et scripsit

12 Aug. op. inperf. c. Iulian. praef. 16 I Io. 2, 16 Rom. 7, 23 18 Aug. c. Iulian. IIII, 1, 1. op. inperf. c. Iulian. II, 31

1 et *om.* *OSa*, ac *m* celeritate *om.* *Oa*, e *alt. in ras. m.* 2 *M* 2 sermonem C^1D^1 responsioniş *Q* 3 adhibetis D^1 quid *ex* quod *M* cui] cuique *N* 4 locorum *a* responderimus C^2ER, responderemus C^1D^1, responderim *cet.* *v* 5 post eorum] posterum E^1 6 eorum *om.* *ER* praecidenti D^1 disputationi] *om.* *PQa*, hac disputatione *V* hac] hanc C^2, hęc E^1 disputationē C^2, disputationi *O* 8 LXXVIII C^1, *om.* *BFGPQ*, LIII *v* 9 *titulum om.* *G* concupiscentia* (s *ras.*) *F*, concupiscentiis R^2 ualerinum P^1, ualerianum O^1, ualerium comitem *m* 10 liber C^1 11 scribsi *EHM* librus C^1 u*lerium *D*, ualerianum *F* 12 pelagianus C^1 ei *om.* BQ^1 scribsisse BMP^1 13 damnarē E^1 14 concupiscentiam *H* 15 bonitatem— concupiscentia *om.* Q^1 putetur *B*, putarent Q^2 16 uicium C^1 et lex] edex E^1 17 libidinis *om.* *N*, libidine S^2 utitur bene *Q* 18 pudititia *DEG* 19 prior *V* in *om.* *H*

aduersus eum libros quattuor, ex quibus quidam nonnulla descripsit et comiti Valerio misit, ille uero ad nos. quae cum accepissem, alio libro ad eadem ipsa respondi.

2 Huius operis primus liber sic incipit: *Heretici noui, dilectissime fili Valeri,* secundus autem sic: *Inter militiae tuae curas.*

CAPVT LXXX. (LIIII.)

LOCVTIONVM LIBRI VII.

1 Septem libros de septem libris diuinarum scripturarum, id est Moysi quinque et uno Iesu Naue et altero Iudicum, feci notatis locutionibus singulorum, quae minus usitatae sunt linguae nostrae, quas parum aduertendo sensum quaerunt, qui legunt, diuinorum eloquiorum, cum sit locutionis genus, et nonnumquam exculpunt aliquid, quod a ueritate quidem non abhorreat, non tamen id sensisse auctor, a quo id scriptum est, inuenitur, sed genere locutionis hoc dixisse credibilius apparet. multa autem in scripturis sanctis obscura

1 Aug. op. inperf. c. Iulian. I, 16. IIII, 3 2 ep. 200 et 207

1 aduersus (— *ras.*) *C* eos $C^1D^1Q^1$ librum Q^1 quibus *om.* *V* quidam (qui *s. l.*) *D*, quedam E^1, quidem *Ba* 2 descripsit CD^1E^1, decerpsit *cet.* *v* (*cf. Op. inperf. c. Iul. praef et II, 22. 25.*) 3 accepisse *H* ad *M in ras.* eadem] eodem *H*, ea $BD^2EFGNQ^1S^1$ 4 prior *V* liber *om.* *B* heretici—sic *om.* Q^1 dilectissimi C^1, dilectissimae *D* 5 ualerii *R*, ualere D^1 sic (c *s. l. m. 2*) *E*, sic incip̄ *N* milicia C^1, militia D^1 tuae (t *add. m. 2*) *C*, &uae D^1 6 curas *om.* *Q* 7 *XXX (L *desect.*) *M*, *om.* *BFGPQ*, LIV *v* 8 *titulum om.* *G* loquutionum *HO* liberi C^1 libri VII locutionum *B* 9 librus C^1 *alt.* septem (tem *in ras.*) *M* scribturarum *H* 10 moyse C^1DQ^1 hiesu *S*, ihesu *N* iudico *R* 11 loquutionibus EHP^1 12 quaerant Q^2 *s. l.*, quaerut D^1 13 eloquiorum] e. scripta S^2 *s. l.* loquutionis EHP^1 14 nonnunque C^1 exculpant $BEFGNRS^1Va$, exculpent *D* 15 aborreat C^1DEV, horreat P^1, abhorreat (eat *m. 2 in ras.*) *G* id D^1ERS^2, id *C*, hoc *cet.* *v* autor C^1, auctorem (*om.* a *seq.*) GS^1 quo] quod C^1D^1G 16 id *om.* $BDEFHNQS^2a$, hoc *m* est] esse GS^1 genera GS^1 loquutionis EHP^1 dixisset *H* 17 credebilius C^1D^1, credibilius est D^2 apparit C^1 scripturis *DER*, scripturis *C*, litteris *cet.* sanctis *CDER*, sacris *cet.*

cognito locutionis genere dilucescunt. propter quod cognoscenda sunt eadem genera locutionum, ubi sententiae patent, ut etiam, ubi latent, cognitio ipsa succurrat easque intentioni praesentes aperiat. huius operis titulus est: locutiones de Genesi, atque ita de singulis libris.

Quod autem in primo libro posui scriptum esse: *et fecit* 2
Noe omnia uerba, quae praecepit illi dominus, sic
fecit, eamque locutionem dixi esse similem ei, quod in condicione creaturae, posteaquam dicitur: *et sic est factum*, additur: *et fecit deus,* non omni modo simile hoc eidem mihi uidetur. denique ibi etiam sensus latet, hic sola locutio est.

Hoc opus sic incipit: *Locutiones scripturarum.* 3

(LV.)

CAPVT LXXXI.

QVAESTIONVM LIBRI VII.

Eodem tempore scripsi etiam libros quaestionum de libris 1
eisdem diuinis septem, quos ideo appellare sic uolui, quia, quae ibi disputantur, magis quaerenda proposui quam quae-

6 Locut. I, 18 Gen. 6, 22. 7, 5 9 Gen. 1, 15 sq. 1, 24 sq.

1 cognita E^1 delucescunt BHQ^1SV, dilucescent P quod] quẹ ụṭ (ut *del. m. 2*) C cognuscenda C^1 2 loquutionum EHP^1, locutionis Q locutionum genera B 3 eas quae D 4 praesentes *scripsi*, pręsentis C^1D^1R, leges B, legentis *cet. v* apperiat $EGPR$ loquutiones EHP^1, locutionis C^1D^1Ra gesi H^1 6 libro *om.* N posui *om.* BG^1 scribtum HM esse] ē B 7 quae C^1D^1 (*cf. script. optimi cod. C Quaest. in Heptat. II, 100*), quaecumque *cet. v* praecipit H dominus] *om.* B, deus E, dñs dš R 8 eamque D^2 *in ras.*, quae D^1 loquutionem EHP^1, locutione D^1 dixi esse] dixisse EH simili mei C^1D^1 condicione C, conditionem D^1, conditione *cet.* 9 quam (postea *om.*) B et *om.* H factum est $BFGNQS$ 10 omni modo] omnino B similem CD^1V^1 idem Ea 11 denique (i *in ras.*) M, deniquae D ubi C^2 *s. l.* etiam ibi F loquutio EHP^1 13 scributurarum H 14 LXXI C^1, *om.* $BFPQ$, LV *v* 15 questionum C liberi C^1, liber E^1 septimus E^1 16 eo E etiam scripsi F, scripsi (*om.* etiam) NQ libro C^1D^1 quaescionum D^1 17 quọṣ ịdẹọ quos ideo CD ideo] idem P sic appellare F^1a 18 quae D^1ER, **quae C, ea quae *cet. v* ibi *om.* H

sita dissolui, quamuis multo plura in eis mihi uideantur ita pertractata, ut possint etiam soluta et exposita non inmerito iudicari. Regnorum quoque libros eodem modo iam considerare coeperamus, sed non multum progressi in alia, quae magis urguebant, animum intendimus.

2 In primo autem libro, ubi agitur de uirgis uariatis, quas ponebat Iacob in aqua, ut in conceptu positae oues eas uiderent, cum biberent, et uarios fetus parerent, non bene a nobis exposita est causa, cur iterum concipientibus non ponebat, id est cum alios fetus conciperent, sed in priore conceptu. nam quaestionis alterius expositio, ubi quaeritur, cur dixerit socero suo Iacob: *decepisti mercedem meam decem agnabus,* satis ueraciter enodata demonstrat istam, sicut solui debuit, non solutam.

3 In tertio quoque libro, ubi de summo agitur sacerdote, (2) quomodo creabat filios, cum haberet necessitatem bis die ingredi in sancta sanctorum, ubi erat altare incensi, ad

6 Quaest. in Heptat. I, 93 7 Gen. 30, 37 sqq. 11 Quaest. in Heptat. I, 95 12 Gen. 31, 41 15 Quaest. in Heptat. III, 82. cf. 85

1 multa G pluri D^1 2 possit R, posuit E^1 et *add.* D^2 *s. l.* 3 quoquae D modo *om.* Q, (mo) do iam con(siderare) G^2 *s. l. et in ras.* 4 ceperam; C^1 multo OPa 5 urgebant $FHMOQ$, arguebant B 6 ubi *om.* C de uirgis uariatis ubi agitur R^1 7 iacob (c *ex* i) E aquam CR 8 bibent C^1D^1 uaries G^1S^1 foetus GN, fetos C^1D^1H pararent E^1, ponerent V 9 posita M (11) quur C^1D^1EH 10 alio D^1 foetus M, fetos $C^1D^1P^1$, foetos G conceperent C^1D in priore in H conceptu* C 11 exposicio C^1, exposito E^1 12 decepisti $CDER$. et decepisti *cet.* v meam *om.* B, şųą̄ meam H decim C^1 13 agnabus] uicibus R enotata E^1, enodatam V demonstrat* (t *m. 2 in ras.*) C, demonstratur BF demonstrat istam (t istam *m. 2 in ras.*) D sicut *om.* BF^1 14 solui *om.* B soluta V, salutē E^1 15 quoquae D^1 sacerdotem C^1D^1 16 comodo C^1D^1 ꝑcreabat (ꝑ *add. m. 2*, b *ex* u) C, procreabat B habere C^1D^1 necessitate* C die] *om.* E^1, diei $BC^1G^1S^1$, in die $E^2G^2S^2Vv$ 17 erant E^1

offerendum incensum mane et uespera, quo non posset, sicut lex dicit, inmundus intrare, et eadem lex dicat inmundum fieri hominem etiam ex concubitu coniugali, quem iubet quidem lauari aqua, sed et lotum dicit inmundum esse usque ad uesperam — unde dixi *consequens fuisse, ut aut continens esset, aut diebus aliquibus intermitteretur incensum* — non uidi non fuisse consequens. potest enim sic intellegi, quod scriptum est: inmundus erit usque ad uesperam, ut per ipsam uesperam iam non esset inmundus, sed usque ad ipsam, ut uespertino iam tempore incensum mundus offerret, cum propter creandos filios post matutinum incensum mixtus esset uxori. itemque ubi quaesitum est, quomodo prohibitus esset super 4
funus patris summus sacerdos intrare, cum eum fieri sacerdotem, quando unus erat, nisi post mortem sacerdotis patris non oporteret, dixi *propter hoc necesse fuisse nondum sepulto patre statim post eius mortem filium eius constitui, qui succederet patri, propter etiam continuationis incensum, quod bis in die necesse erat offerri,* qui sacerdos super mortem nondum sepulti patris prohibetur intrare. sed parum adtendi potuisse hoc

1 Ex. 30, 7 sq. 4 Leu. 15, 16 12 Leu. 21, 11 15 Quaest. in Heptat. III, 83

1 uesperam *M*, uespere *BE²FGNPQa*, uesperi *V* possit *BFGMNS* sicut *om.* F^1 2 dicat lex *BFGN* 3 ex] et E^1 concuuitu C^1 iubet *ex* nubit S^2 4 labari S^1 et *add.* *D* *s. l.* lutum C^1D^1, locum *M* 6 esse E^1 7 non *om.* *BFGN*Q^1*Sa*, *del.* D^2 potest (*pr.* t *in ras.* *m.* *2*) *C* 8 erat *G* ut—uesperam *om.* E^1 per] post $D^2E^2Q^2$*OPa* 9 essed D^1 sed E^2 *s. l.* ut] et *a* 10 mondus D^1 offerit C^1D^1, offeret *R*. offerat D^2 11 creandus C^1 filius C^1D^1 12 itemquae *D* ibi *a* comodo D^1 proibitus *D* est D^2 super] per *H* 13 funus *ex* fanus E^2 summus (os *R*) sacerdos *CDE*Q^2*R*, summus Q^1, sacerdos summus *cet.* *v* 14 unus] ius *R* erat unus *Q* patres S^1 15 fui*sse *V*, fuisset Q^1 nondum] non de *S* 16 statum Q^1 mortem eius *BE* filius Q^1 succederet] sua ęderet *R* 17 patri (ri *in ras.*) *M* etiam propter D^2*PQa* continuacionis C^1 18 necessa *H* sacerdus C^1 mortem *ex* montem C^2D^2 19 prohiberetur C^2

praecipi magis propter illos, qui futuri fuerant summi sacerdotes non patribus summis sacerdotibus succedentes, sed tamen ex filiis, id est ex posteris Aaron, si forte summus sacerdos aut filios non haberet aut ita reprobos haberet, ut nullus eorum patri deberet succedere, sicut Samuhel summo sacerdoti Heli successit, cum sacerdotis filius ipse non esset, sed tamen ex filiis, hoc est ex posteris esset Aaron.

5 De latrone etiam, cui dictum est: hodie mecum eris (3)
in paradiso, quod non fuerit uisibiliter baptizatus, quasi certum posui, cum sit incertum magisque illum baptizatum fuisse credendum sit, sicut ego quoque alibi postea disputaui.

6 item quod in quinto libro dixi, ubi commemorantur matres in generationibus euangelicis, *non eas positas nisi cum patribus,* uerum est quidem, sed ad rem, de qua agebatur, non pertinet. agebatur autem de his, qui ducebant fratrum uel propinquorum coniuges eorum, qui sine filiis defuncti essent, propter duos patres Ioseph, quorum alterum Matheus commemorat, alterum Lucas. de qua quaestione diligenter in hoc opere

5 I Regn. 1, 3 sqq. 6 I Regn. 3, 1 sqq. 7 Retract. II, 69, 3 8 Luc. 23, 43 10 Quaest. in Heptat. III, 84 (p. 305, 24) 11 Retract. I, 25, 63 13 Quaest. in Heptat. V, 46 (p. 406, 24)

1 praecepi C^1DM, praecipe *H* futuri fụtụrị *CD* fuerant (n *in ras.*) *M*, erant BG^1H 2 summis] summi *GNS* succedentes (s *in ras. m. 2*) *C*, succedentibus *BF* 3 Aaron] eorum *a in mg.* 4 sacerdus C^1D^1 aut—succedere *om.* S^1 aut *om.* E^1 reprobus $C^1D^1E^1$ 5 succederet *H* samuel *BFQRV* summu C^1 sacerdoti summo *E* 6 successerit *V* filius] illius *B* 7 ex filiis *om. R* filiis] f. ịpsẹ ṇọṇ *Q* hoc—posteris *om.* Q^1 8 latronem (e *ex* u *corr.*) *C*, latrone* *D* odie S^1 9 paradyso *FGPR* baptizatus (a *alt. in ras.*) *C* 10 *post* posui *ras. 4 litt. V* magisquae *D* ille *H* 11 fuisset E^1 sit] est *H*, fuit *B* 12 libro quinto *F* 14 est] et *H* ad F^2 *in ras.* de E^2 *s. l.* quo G^1 agebat *F* non—agebatur *om.* E^1 15 iis *m* quẹ E^1 docebant C^1D^1, agebant *H* fratrem S^1 16 coniuges] continges *H*, oxores *V* filius E^1 17 quorum D^2 *in ras.*, corum C^1, quarum E^1 18 alteram D^1 Lucas *om. H* qua *om. E*

disserui, cum retractaremus opus nostrum contra Faustum Manicheum.

Hoc opus sic incipit: *Cum scripturas sanctas, quae appellantur canonicae.* 7

(LVI.)

CAPVT LXXXII.

DE ANIMA ET EIVS ORIGINE LIBRI IIII.

Eodem tempore quidam Vincentius Victor in Mauritania 1
Caesariensi inuenit apud Hispanum quendam presbyterum Petrum nonnullum opusculum meum, ubi quodam loco de origine animae hominum singulorum, utrum ex illa primi hominis ac deinde ex parentibus propagentur an sicut illi uni sine ulla propagatione singulae singulis dentur, me nescire confessus sum, uerum tamen scire animam non corpus esse, sed spiritum, et contra ista mea ad eundem Petrum scripsit ille duos libros, quos mihi de Caesarea Renatus monachus misit. quibus ego lectis responsione mea quattuor reddidi, unum ad Renatum monachum, alterum ad presbyterum Petrum et duos ad eundem Victorem. sed ad Petrum quamuis habeat libri prolixitatem, tamen epistula est, quam nolui a tribus ceteris separare. in his autem omnibus, in quibus multa

1 Retract. II, 33, 2. 42, 3   11 Retract. I, 1, 8. II, 71, 1

1 diserui G^{1}, inferui *H*   retractarem** *D*   2 manichaeum *M*   3 appellatur S^{1} 4 canonica S^{1} 5 ***num. om.*** *BFPQ*, LVI *v*   6 libros *GN*   quatuor *G*, septem *F*   7 incentius uictur *H*   mauri*tania *C*, mauretania $D^{1}P^{1}Q$, mauritanea *R*   8 cesariensi $C^{1}DFGS$, caessariensi *P*   apud *om.* BE^{1} yspanum *F*, ispanum *D*, spanum (* sub m) $BC^{1}E^{1}GRS$ presbiterum $C^{1}DE$, praesbiterum $C^{2}H$ 10 origine *E*   animae *om.* $BFGNQ^{1}S$, animarum D^{2} homonum *G*   illa $C^{1}DQ^{1}R$, illa una *cet. v*   prima *HM*   11 ac *M s. l.*, *ac (h *ras.*) *CD*   an (*** supra, ||||| infra) *C*   14 istud meum *V*   *post* mea *add.* P^{2} dicta   eondem C^{1} 15 caesaria $C^{2}GQ$ 16 ergo *E*   quattuor] quattuor libros MQ^{2} reddidi* (t *ras.*) *C*   17 *pr.* ad] a E^{1} alium *V*   ad *om.* *E*   presbiterum *CEM*, praesbiterum *D*   18 *pr.* ad] et *H*   habeant *GNS*, habebat E^{1} 19 aepistula *D*   noluit *P*, uolui *G*   20 separare $C^{1}D^{1}$, separi E^{1}, separari *cet. v*   iis *m*

necessaria disseruntur, defendi de origine animarum, quae singulis hominibus dantur, cunctationem meam et multos errores atque prauitates praesumptionis eius ostendi. quem tamen iuuenem non praepropere detestandum, sed adhuc docendum quanta potui lenitate tractaui et ab eo scripta correctionis eius accepi.

2 Huius operis liber ad Renatum sic incipit: *Sinceritatem tuam erga nos;* ad Petrum autem sic: *Domino dilectissimo patri et conpresbytero Petro;* duorum uero nouissimorum ad Vincentium Victorem primus sic incipit: *Quod mihi ad te scribendum putaui.*

CAPVT LXXXIII. (LVII.)

AD POLLENTIVM DE ADVLTERINIS CONIVGIIS LIBRI II.

1 Scripsi duos libros de coniugiis adulterinis, quantum potui, secundum scripturas cupiens soluere difficillimam quaestionem. quod utrum enodatissime fecerim, nescio; immo uero non me peruenisse ad huius rei perfectionem sentio, quamuis multos sinus eius aperuerim, quod iudicare poterit, quisquis intellegenter legit.

1 necessarea E^1 defendi *om. H*, de*fendi (f *ras.*) *S* 2 cunctationem *ex* contractionem *C*, contacionem D^1, *al.* cogitationem *a in mg.* 3 praesumptionis (pt *in ras. m. 2*) *C* 4 iuuene D^1 detestandum (st *in ras. m. 2*) *C*, detestandē *H* ad hac *E* ducendum D^1 5 quantum *B* scripta CD^1, rescribta HP^1, rescripta *cet. v* correctionem *H*, correptionis *GNa in mg.* 6 huius *H* 8 domno *BF* 9 patri CD^1, *om. BF*, fatri *M*, fratri *cet. v* et *om. OPV* conpresbitero *DEMS*, consprosbitero *C*, conpresbitero meo *BF* nouissimum Q^1 10 prior C^2V incipit *om. a* 11 scri*bendum *C* 12 LXXXIII *add.* S^2, *om. BFPQ*, LVII *v* 13 pulentium $GNSV^1$, pullentium V^2 libri (ri *in ras. m. 2*) *C*, libros *G*, liber *P* duos *GS* 14 scribsi EHP^1 duos *om. P* potui] p. demonstraui *R* 15 scripturam D^1 dissoluere *a* quaestionem difficillimam *B* 16 enodatissimae *D* 17 rei *om. NQ*, *del.* D^2 perfeccionem *D* sentio] nescio *B* multus *H* 18 eius sinus *R* apperuerim *E* poterim D^1 19 leget *S*

Huius operis primus liber sic incipit: *Prima quaestio est, frater dilectissime Pollenti,* secundus autem sic: *Ad ea, quae mihi scripseras.* 2

(LVIII.)

CAPVT LXXXIIII.

CONTRA ADVERSARIVM LEGIS ET PROPHETARVM LIBRI DVO.

Interea liber quidam cuiusdam heretici siue Marcionistae 1
siue cuiuslibet eorum, quorum error opinatur, quod istum mundum non deus fecerit nec deus legis, quae data est per Moysen, et prophetarum ad eandem legem pertinentium uerus sit deus, sed pessimus daemon, cum apud Carthaginem multis confluentibus et attentissime audientibus in platea maritima legeretur, peruenerunt ad eum fratres studiosissime Christiani eumque mihi redarguendum sine ulla dilatione miserunt multum rogantes, ut nec ego respondere differrem. refelli eum libris duobus, quos ideo praenotaui: contra aduersarium legis et prophetarum, quia codex ipse, qui missus est, nomen non habebat auctoris.

Hoc opus sic incipit: *Libro, quem misistis, fratres dilectissimi.* 2

9 Io. 7, 19

1 operis (o *in ras. m. 2*) *C* primus] prior *V* quaescio *D* 2 dilectissimae *D* pullenti *EGNV*, pulenti *B* secund *C^1*, secundum *D^1*, secundos *E* 3 scribseras *EP^1*, scripsit eras *S* 4 *num. om. BFPQ*, LVIII *v* 5 (17) profetarum *H* 7 librum *M* marciamoniste *C^1D^1*, martionistae *C^2* 8 eorum] corum *C^1* 9 mundum *om. C^1D^1* deus non *BFa* legi *H*, legit *E^1* datata *H* 10 profetarum et ad *H* 11 pessimus *om. F*, pessimis *C^1*, pessim'** *D* *post* cum *add. P^2 s. l.* ergo cartaginem *BGS*, karthaginem *N* 12 adtentissimae *D* 13 fratres *om. E* fratres ad eum *a* stotiosissime *C^1D^1* 14 eumque (— *ras.*) *C*, eumquae *D* rearguendum *C^1D^1*, ***redarguendum (red *ras.*) *M* dilatione (dila *s. l. m. 2*) *E* 15 deferrem *C^1D^1* ****** libris *D* 16 quos] quod *H* praenuntiaui *C^1D^1* 17 codex] quod et *R* misus *H* 18 habeat *G* auctoris non habebat *a* 19 librum *$D^2FGNPQV$*

CAPVT LXXXV. (LVIIII

CONTRA GAVDENTIVM, DONATISTARVM EPISCOPVM, LIBRI II.

1 Per idem tempus Dulcitius tribunus et notarius hic erat in Africa executor imperialium iussionum contra Donatistas datarum. qui cum dedisset litteras ad Gaudentium Tamugadensem, Donatistarum episcopum, unum illorum septem, quos in nostram conlationem auctores suae defensionis elegerant, exhortans eum ad unitatem catholicam et dissuadens incendium, quo se ac suos cum ipsa in qua erat ecclesia consumere minabatur, addens etiam, ut, si se iustos putarent, fugerent potius secundum praeceptum domini Christi quam nefandis se ignibus concremarent, rescripsit epistulas duas, unam breuem festinante, ut asseruit, perlatore, aliam prolixam quasi plenius diligentiusque respondens. has mihi supra memoratus tribunus existimauit esse mittendas, ut eas potius ipse refellerem. quas ambas uno libro redargui. qui cum in eiusdem Gaudenti peruenisset manus, rescripsit, quod ei uisum est,

5 Retract. II, 52, 1   12 Matth. 10, 23

1 LXXXV *om.* *BFPQ*S^1, LIX *v*   2 episcopum donatistarum *BF*   4 dultitius D^1E^1, dulcius H^1, dulcitus P^1 et notarius] adnotarius GS^1, ac notarius S^2 5 in *om.* *H*   affrica *BFGR*, frica C^1 executor BC^1DFQ, exsequutor E^2HP^1, exsequutur E^1, exsecutor *cet.*   imperalium *ex* imperium C^2D^2 iussionem *H*, uisionum S^1 6 didisset E^1 tamucadensem *M*, thamugadensem *E*, tamugaudensem D^2GQ, tamuadensem *H*, gaudensium *S in ras.*   8 nostram CD^1, nostra *cet. v*   conlationē *C*, conlatione *cet. v*   auctorem *P*   eligerant G^2S^1 9 exortans C^1DHS desuadens *FGQ*   10 in qua erat] inquirat C^1D^1 aecclesia *D*   consumere mi (nab.) M^2 *in ras.*   11 inabatur E^1 se (e *in ras.*) *C*   potarent *V*   fugirent *V*, fugerē *H*   12 dei *B*   Christi] nr̄i *G*   13 rescripsit CD^1R, rescripsit ille D^2m, ille rescripsit (rescribsit *EHP*) *cet.*   duas (u *ex* a) *M*   brebem C^1 14 festinanter E^2 ut festinante *B*   asserunt *CR*   perlatorem *EF*   alia C^1, alteram *V*   prolixa *H*   15 diligentius quae D^1 mihi supra *om.* *M*   memoratos D^1 16 esse *om.* *PSVv*   ut] et E^1 17 an̄bas (— *m. 2*) *CD*   reargui C^1D^1 in *om.* D^1 18 gaudenti C^1D^1N, gaudentii *cet. v*   rescribsit HP^1

ad me ipsum, nulla ratione respondens, sed magis se nec respondere nec tacuisse declarans. quod cum satis possit intellegenter legentibus et nostra atque ipsius dicta conferentibus apparere, nolui tamen sine rescripto relinquere, quidquid illud fuit. hinc factum est, ut hi nostri ad illum duo libri essent.

Hoc opus sic incipit: *Gaudentius, Donatistarum Tamugadensis episcopus.* 2

(LX.)

CAPVT LXXXVI.

CONTRA MENDACIVM LIBER VNVS.

Tunc et contra mendacium scripsi librum. cuius operis ea 1
causa extitit, quod ad Priscilianistas hereticos uestigandos, qui heresem suam non solum negando uerum etiam mentiendo existimant occultandam, uisum est quibusdam catholicis Priscilianistas se debere simulare, ut eorum latebras penetrarent. quod ego fieri prohibens hunc librum condidi.

Hic liber sic incipit: *Multa mihi legenda misisti.* 2

13 c. mend. 11, 25 (p. 503, 5) 21, 41 (p. 527, 20 sqq.) 15 c. mend. 7, 18 (p. 491, 14)

1 nullā CD^1 rationem CD^1 se *add.* E^2 2 tacuisse $C^1D^1E^1R$, tacere potuisse *cet. v* possit *CDHR*, possent *V*, posset *cet. v* 3 legentibus (i *in ras. m. 2*) *C* atque] et *B* 4 nolui* (t *ras.*) *D*, noli *V* rescribto *HP*, scripto *B* 5 fui *N* hic *R* hii *ENV* nostra C^1 6 duo E^2 *in mg.* 7 tamugazensis CD^1, tamagudensis *V*, tamugaudensis D^2GQS, thamugadensis E^2, tamguadensis *P*, tā uel gaudensis *H* 9 *num. om. BFPQ*, LX *v* 10 mendatium C^1EFG 11 et *om.* BD^2FGNQS, etiam *a* mendatium *BEMQ* 12 extetit *V* ad G^1S^2 *s. l.*, *om. a* priscilianistas C^1D^1H, priscianistas *E*, priscillianistas *cet. v* uestigandos (i *m. 2*) *D*, inuestigandos OP^2QRSa 13 qui *om. a* heresim *BFGHNPQRSV*, in heresem *E* solum G^2 *in ras.* negando C^1D^1R, negando atque mentiendo *cet. v* mentiendo C^1D^1R, perierando (r *pr. del.* C^2) C^2MV, peierando $BD^2EGHPQSv$, peiurando *F*, peierando uerum etiam *E* 14 occultandam *CD*, oculendam *EG*, occulendam *cet. v* priscilianistas C^1DH, priscilianistis E^1, priscillianistis *G*, priscillianistas *cet. v* 15 simulari V^1 penitrarent *V*, penetrent *R* 16 fieri *om. N* hunc *in ras. M* condedi *V*, scripsi *a*

CAPVT LXXXVII. (LXI.)

CONTRA DVAS EPISTVLAS PELAGIANORVM LIBRI QVATTVOR.

1 Secuntur libri quattuor, quos contra duas epistulas Pelagianorum ad episcopum Romanae ecclesiae Bonifatium scripsi, quia, cum in manus eius uenissent, ipse mihi eas miserat inueniens in illis calumniose interpositum nomen meum.

2 Hoc opus sic incipit: *Noueram te quidem fama celeberrima praedicante.*

CAPVT LXXXVIII. (LXII.)

CONTRA IVLIANVM LIBRI SEX.

1 Interea libri quattuor Iuliani Pelagiani, quos supra commemoraui, uenerunt etiam in manus nostras, in quibus comperi illa, quae ex eis decerpserat, qui ea comiti Valerio miserat, non omnia eo modo, quo a Iuliano dicta sunt, ad eundem comitem scripta, sed nonnulla eorum aliquantum inmutata. scripsi ergo sex libros aduersus illos quattuor, sed meorum duo primi testimoniis sanctorum, qui fidem catholicam post

12 Retract. II, 79, 1 17 Aug. op. inperf. c. Iul. IIII, 5

1 *num. om.* *BFPQ*, LXI *v* 2 (4) epistulas *HMP*, aepistulas *D*, epistolas *cet.* epistulas duas *H* libẹri *C* 4 secuntur C^1*GNOPRS*, sequntur *D*, sequuntur *cet. v* 5 ad] et C^1D^1 aecclesiae *D* bonifacium *B*C^2*DFGNQSV*, bonefacium P^1 scribsi *EH* 6 qui E^2*H* eas *om. a* 7 eis *F* calomniose C^1V, calumniosae *D* interpositum] tunc positum *a* nomen] nrm *H* 8 quidem te *B* quidem (dem *m. 2 s. l.*) *E* ceberrima D^1 9 praedicantem *C*D^1 10 LXXXVIII S^2, *om. BFPQ*, LXII *v* 12 liberi (i *alt. add. m. 2*) *C* memoraui *B*D^2*FGNQS* 13 meas *a* 14 quae] qua G^1 his *BEFN* descripserat D^1 qui ea] quaea C^1D^1, quia *R*, quia ea *BFN*Q^1 committi *Q* ua*lerio (1 *ras.*) *C*, ualeriano R^1 15 omnia *om. a* eodem *a* 16 scribta *H*P^1 aliquantulum *Q* immutata *R*, inçommutata C^1D^1, ininmutata *E*, fuisse mutata *cet. v* 17 scribsi *H*P^1 ego R^1 sex] VII *B* aduersus (— *ras.*) *C* meorum *C*D^1*EHPRV*, eorum *cet.* 18 duobus primis D^2*M*Q^2

apostolos defenderunt, Iuliani inpudentiam redarguunt, qui
tamquam Manicheorum dogma nobis obiciendum putauit, quia
ex Adam trahi dicimus originale peccatum, quod per lauacrum regenerationis non solum in maioribus uerum etiam
in paruulis soluitur. quantum autem ipse Iulianus quibusdam
sententiis suis adiuuet Manicheos, in primi libri mei parte
posteriore monstraui. ceteri autem nostri quattuor redduntur
illis singulis singuli. uerum in huius tanti tamque elaborati 2
operis quinto uolumine, ubi commemoraui deformem maritum
coniugi suae, ne deformes pareret, proponere in concubitu
formonsam solere picturam, nomen hominis, qui hoc facere
solebat, quasi certum posui, cum sit incertum, quia memoria
me fefellit. hoc autem Soranus, auctor medicinae, scripsit
regem Cyprium facere solere, sed nomen eius proprium non
posuit.

Hoc opus sic incipit: *Contumelias tuas et uerba maledica* 3
Iuliane.

2 Aug. op. inperf. c. Iulian. I, 2 3 Tit. 3, 5 9 c. Iulian. V 14, 51 13 de Sorano cf. Diels Doxogr. p. 207

1 apostolus C^1H^1, apostulos D^1 defederunt E^1 inpudentiam BCD^1S, imprudentiam E^2, inpudentia *cet. a* redarguunt C^1E^2, redarguuntur *S*, redarguitur *cet. a* 2 ma*nicheorum *C*, mon(a)ichorum E^1 docma C^1D^1 ubiciendum C^1D^1 quia] qui *NS* 3 trai *S* dicimus ḍịçịṃụș *C* origenale E^1 quo *P* lauacrum (u *pr. ex* ci) *E* 4 in *om.* C^1D^1 manibus Q^1 5 paruulis G^2 *in ras.*, paruolis C^1D^1 quintum C^1D quibusdam] in q. D^2Q, quidam E^1 6 adiubet C^1D^1 manicheus C^1D^1, manichaeus *cet.* 7 posterior*e (a *ras.*) *M* ceteri *ex* ceri P^2 quattuor nostri *a* 8 illis] libris illis BD^2EF^2GNQ, libris F^1 singolis singoli *V* tamquae *D* laborati *H* 10 coniuge M^1 deformis BC^1FGHMN, defurmis *D* parere P^1, appareret *F* concubito C^1D^1S, concubitus *H* 11 formonsam C^1DS, formosam *cet. v* solere (re *m. 2 s. l.*) *C* pictoram *V*, ficturam *C* qui—facere *bis scripta F* 12 posuit *B* 13 me] non Q^1 fellit $E^1F^1P^1$ auctor medicinae] medicinae artis magister *a* scribsit HP^1 14 ciprirum *F* pro*prium (p *ras.*) *E* 15 posuit D^1ER, posuit *C*, expraessit *H*, expressit *cet. v* 16 maledicta *CR*

CAPVT LXXXVIIII. (LXIII.)

DE FIDE, SPE, CARITATE LIBER VNVS.

1 Scripsi etiam librum de fide, spe, caritate, cum a me, ad quem scriptus est, postulasset, ut aliquod opusculum haberet meum de suis manibus non recessurum, quod genus Graeci ἐγχειρίδιον uocant. ubi satis diligenter mihi uideor esse conplexus, quomodo sit colendus deus, quam sapientiam esse hominis utique ueram diuina scriptura definit.

2 Hic liber sic incipit: *Dici non potest, dilectissime fili Laurenti, quantum tua eruditione delecter.*

CAPVT XC. (LXIIII.)

DE CVRA PRO MORTVIS GERENDA AD PAVLINVM EPISCOPVM LIBER VNVS.

Librum de cura pro mortuis gerenda scripsi, cum interrogatus litteris fuissem, utrum prosit cuique post mortem, quod corpus eius apud sancti alicuius memoriam sepelitur.

2 Hic liber sic incipit: *Sanctitati tuae, coepiscope uenerande Pauline.*

7 Ench. 2, 1 8 Iob 28, 28. cf. Aug. de trin. XII, 14, 22. XIIII, 1, 1. de spir. et litt. 11, 18. ep. 140, 18, 45. 167, 3, 11

1 *num. om. BEFPQ*, LXIII *v* 2 de fide $C^1D^1E^1R$, ad laurentium de fide *cet. v* spe] G^2 *s. l.*, et spe *FR* caritate BC^1D^1, et caritate *cet. v* 3 scribsi *H* eciam C^1 spe] et spe *ER* caritate C^1D^1, et caritate *cet. v* 4 scriptum C^1DSV aliquid C^1, aliquot *R* opusculum *om. B*, opuscolum *V*, opusculo D^1 5 meum] meis *B* cessurum E^1, necessurum D^1, recensurum *Q* greci *mss.* 6 enchiridion CD^1, enchyridion *BRV*, enchyrion *E*, ENXIPIΔIωN Q^1, enchiridyon Q^2 *s. l.*, encheridion *F*, HNXIPYΔIωN D^2 uideor (ui *m. 2 s. l.*) *Q* 7 quam *om.* E^1 8 diuinam E^1GS^1 scripturam $C^1D^1E^1GS^1$ difinit C^1D^1, definiuit *BR*, definiit *GMO*, diffiniit *N* 9 dilectissimae *D* 10 quantum—delecter *om. B* erudicione C^1DQ 11 *num. om. BFMPQ*, LXIV *v* 12 genda F^1P^1, agenda *B* 14 gerendas G^1 15 fuissem litteris *B* possit D^1 cuiquae *D*, cui H^1 mortem (te *in ras.*) *M* 16 sepellitur $C^1D^1E^2V$, sepellitus E^1, sepeliatur *a* 17 sanctitati] sanctitate *G*, diu sanctitati E^2Q^2Rv, diu sanctitate E^1

(LXV.) CAPVT XCI.

DE OCTO DVLCITI QVAESTIONIBVS LIBER VNVS.

Liber, quem praenotaui de octo Dulciti quaestionibus, non 1
esset in hoc opere commemorandus inter libros meos, cum sit confectus ex his, quae a me in aliis antea conscripta sunt, nisi et disputationis aliquid a nobis interpositum reperiretur in eo, et uni earum quaestionum non ex opusculo aliquo meo responsionem, sed tunc quae potuit occurrere reddidi.
Hic liber sic incipit: *Quantum mihi uideatur, dilectissime* 2
fili Dulciti.

(LXVI.) CAPVT XCII.

AD VALENTINVM ET CVM ILLO MONACHOS DE GRATIA ET LIBERO ARBITRIO LIBER VNVS.

Propter eos, qui, cum defenditur dei gratia, putantes negari 1
liberum arbitrium sic ipsi defendunt liberum arbitrium, ut negent dei gratiam asserentes eam secundum merita nostra dari, scripsi librum, cuius est titulus: de gratia et libero

14 Aug. ep. 214, 1. 215, 1 sq. 16 Aug. de gr. et lib. arb. 5, 10 sqq.

1 *num. om. BFNPQ*, LXV *v* 2 octe C^1, septem *H* dulciti C^1D^1, dulcidii E^1, dulcitii *cet. v* 3 praenuntiaui C^1D^1 dulciti E^1, duciti C^1D^1, dultici *B*, dulcitii *cet. v* 4 oc E^1 commemoratus E^1 inter *ex* in *S* 5 conspectus E^1 iis *m* antea CE^1, ạṇ [iam] *P*, quoque antea E^2, ante *cet.* 6 repperiretur $DE^2FHMPQRV$, repperetur E^1 7 uni earum] unicarum *M*, uni eorum E^1 aliquo] aliquo alio *HMOPSVv* 8 sed—incipit F^2 *in ras. et in mg.* potuerunt *R* occurre *Q* reddidi BC^1D^1FGNRS, reddidissem *cet. v* 9 hic liber] hoc opus *B* uideatur C^1D^1ER, uidetur *cet. v* dilectissimae *D* 10 filii *C* dulceti C^1M, dulcicii *R* 11 *num. om. BFPQ*, LXVI *v* 12 ualentinum] u. abbatem *R* cum illo] cum eo *E*, quosdam *B*, ad eos cum illo sunt (ad eos *et* sunt *s. l. m. 2*) *S* monachos] ad m. *F*, monachis *MP* 15 liuerum E^1 sic—arbitrium *om.* E^1HPQ^1 ipse G^1S^1 16 negent (t *add. m. 2*) *CD* asseren*tes (t *ras.*, t *m. 2*) *C*, efferentes E^1 17 titulus est *BFGNQSVv*

arbitrio. ad eos autem scripsi monachos Adrumetinos, in quorum monasterio de hac re coeperat esse contentio, ita ut me consulere eorum aliqui cogerentur.

2 Hic liber sic incipit: *Propter eos, qui hominis liberum arbitrium.*

CAPVT XCIII. (LXVII.

AD QVOS SVPRA DE CORREPTIONE ET GRATIA LIBER I.

1 Rursus ad eosdem scripsi alterum librum, quem de correptione et gratia praenotaui, cum mihi nuntiatum esset dixisse ibi quendam neminem corripiendum, si dei praecepta non facit, sed pro illo, ut faciat, tantummodo orandum.

2 Hic liber sic incipit: *Lectis litteris uestris, Valentine frater dilectissime.*

Haec opera nonaginta et tria in libris ducentis triginta et duobus me dictasse recolui, quando haec retractaui, utrum adhuc essem aliquos dictaturus ignorans, atque ipsam eorum retractationem in libris duobus edidi urgentibus fratribus, antequam epistulas et sermones in populum, alias dictatas alios a me dictos, retractare coepissem.

11 Aug. de corr. et gr. 3, 5. 4, 6. 6, 9   15 Aug. ep. 216

1 hadrumetinos *M*, ad rum et in eos E^1, adrum *H*   2 mona***sterio hac de *F*   hac] ac C^1 ut *om.* F^1 3 me (e *in ras. m. 2*) *M* consumere *B*   aliqui eorum *a*   4 homines *E*   6 CXLIII C^1, XCLII *V*, *om.* *BEFPQ*, LXVII *v*   7 quos] q. scripsi E^2 *in mg.*   correctione *BV*   9 librum *om.* *BF*   quem *ex* q: *corr.* C^2 correctione *BEV*   10 gracia C^1 nunciatum *D*   esse P^1 12 tantummodo *om.* *B*   13 hic—lectis D^2 *in ras.*   uestris] tuis *B*   dilectissime frater *G*, frater (*om.* dilectissime) *B*   14 *post* dilectissime *add.* *F litt. rubris:* Summa librorum meorum usque ad id temporis hęc esse dinoscitur   15 nonagenta C^1, noginta D^1 *pr.* et *om.* *OPv*   tria] quattuor *a*   docentis D^1 trigenta C^1 et *om.* *OPv*   17 adhuc essem aliquos *CDER*, aliquos adhuc essem *cet.*   ipsa C^1D^1 18 ededi *V*   urguentibus *EFGR*   19 aepistulas *H*   et *DER*, et (***) *C*, atque *cet.*, ac *m* in C^1D^1ER, ad *cet.* *v*   populo D^1 alias] et alios *O*   alias dictatas *C*, alios dictatos B^2 *in mg.*, alios dictatus D^1, alios dictatos *cet.* *v*   20 *retractare (& *ras.*) *E*   cepissem C^1D^1 do gratias. AURELII

(I *alt. m. 2*) AUGUSTI[NI] ([NI] *m. 2*) EPCPI *XPLICIT LIBER RETRACTACIONU SECUNDUS:. *C*, dō gracias amen *D*, finit (*m. 2*) AMEN FINIT (*m. 1*) LIB RETRACTATIONU (*m. 2*) *M*, EXPLICIT RETRACTATIONUM. LIBER. II. AURELII AUGUSTINI EPI HIPPONIENSIS REGIÆ *H*, EXPLICIUNT RETRACTATIONU SCI AUGUSTINI EPI LIBRI DUO *V*, AMEN *S*, AMEN (*om. NQ*) EXPLICIUNT AURELII AUGUSTINI EPISCOPI RETRACTATIONU LIBRI DUO *FGNQ*, Expł. ł ret[n] *B*, EXPLICIT RETRACTATIONU DOMPNI AUGUSTINI (*om. P*) LIBER SECUNDUS *OP*, EXPLICIUNT LIBRI DUO RETRACTATIONU AURELII AUGUSTINI EPISCOPI *E* *EFH praeterea addunt:* Libri qui post istorum editionem (emendationem *EF*) a sco epo augustino (augustino episcopo *E*) scripti (conscripti *EF*) et (*om. E*) editi sunt; retractationum ipsi (isti *E*) libri duo. liber qui appellatur speculum de testimoniis scripturarum (scributurarū *H*). ad prosperum et hilarium (hylarium *FH*) de sanctorum praedestinatione (praedistinatione *H*) libri duo. ad quoduuldeum (*sic!*) diaconum de heresibus (*om. F*) libri (liber *H*) duo. contra gesta habita cum maximino arrianorum episcopo (epm *H*) quoniam dies quo praesentes conferebant disputatione eius prolixa absumptus (assumptus *E*) est libri duo. contra iulianum pelagianum libri sex. septimum uero inperfectum reliquit (reliquit inperfectum *F*) octauum autem nec attigit. sunt enim ipsius heretici (hereticis *H*) libri octo quibus respondit eius uerba ponens (proponens *F*) cisque subiungens responsiones suas. *H adiungit:* DO GRATIAS: ~ LEGE FELIX FELICITER ET MEMENTO MEI: ~ HEK

———— ————

I. INDEX LOCORVM RETRACTATORVM.

(Numeri huius editionis paginas uersusque significant.)

II. INDEX SCRIPTORVM

A) INDEX LOCORVM SACRAE SCRIPTVRAE.

B) INDEX RELIQVORVM SCRIPTORVM.

a) SCRIPTORES ECCLESIASTICI.

b) SCRIPTORES PROFANI.

c) INDEX LOCORVM EX OPERIBVS S. AVGVSTINI.